本书受 2022 年河北省教育厅高等学校人文社会科学研究重点项目"新时期金融监管规则对合同效力影响研究"（项目编号：SD2022081）资助

资产管理法律理论与实务

顾长河　张　婧　编著

燕山大学出版社

· 秦皇岛 ·

图书在版编目（CIP）数据

资产管理法律理论与实务/顾长河，张婧编著. —秦皇岛：燕山大学出版社，2022.6

ISBN978-7-5761-0220-8

Ⅰ.①资… Ⅱ.①顾…②张… Ⅲ.①资产管理－法规－研究－中国 Ⅳ.① D922.291.4

中国版本图书馆 CIP 数据核字（2021）第 170161 号

资产管理法律理论与实务
顾长河 张 婧 编著

出 版 人：陈 玉			
责任编辑：张 蕊		策划编辑：张 蕊	
责任印制：吴 波		封面设计：刘韦希	
出版发行：燕山大学出版社		地 址：河北省秦皇岛市河北大街西段 438 号	
邮政编码：066004		电 话：0335-8387555	
印 刷：英格拉姆印刷(固安)有限公司		经 销：全国新华书店	
尺 寸：170mm×240mm 16 开		印 张：14.5	
版 次：2022 年 6 月第 1 版		印 次：2022 年 6 月第 1 次印刷	
书 号：ISBN 978-7-5761-0220-8		字 数：220 千字	
定 价：72.00 元			

版权所有 侵权必究

如发生印刷、装订质量问题，读者可与出版社联系调换

联系电话：0335-8387718

前　言

随着社会经济不断发展，我国资产管理（以下简称"资管"）行业规模极速增长。与此相应，相关法律及体系近年来也在不断发展和完善。资管法律规范体系建设是一项复杂工程，资管行业的运行依赖于多方面法律的综合协调规范。如果将合同法、物权法、侵权法和监管法比作理科，那么资管法就是工科，其涉及多方面法律的综合运用。

对于资管法律问题的讨论，特别是司法裁判当中的争议问题，基本都会落脚在民商事法律关系上，而这种关系又常常伴有违反监管规定的情形。因此，本书重点关注资管行业民商事法律和监管法律两方面内容。目前我国资管行业正处于快速发展期，各种交易结构层出不穷，在法律解释上形成相对统一的路径、方法和结论，在立法上针对新问题提出完善建议，在司法上回应裁判中的疑难案件等任务有相当的理论与实践价值，也具有急迫性。

对于资管法律而言，民商事法律与监管法律相互关联。监管规则是民商事法律规则设计的重要考量，监管利益受损可依行政处罚得以救济，但并不能在民商事法律层面通过利益分配直接得以弥补。民商事法律本质上是利益分配规则，资管民商事法律更是如此。本质上，民商事法律不但解决民商事主体之间的利益冲突问题，同时也解决民商事主体与公序良俗之间的利益冲突问题。但从利益分配规则的最终结论来看，民商事法律只表现为民商事主体之间利益分配问题，并无主体因公序良俗受损而得到民商事法律层面的赔偿。合同效力判断是监管规则对民商事影响的重要问题，表面上是判断合同有效与无效，实质上是不同利益的分配方案。此问题之所以成为裁决上的疑难问题，主要原因就在于，无论哪种利益分配方案，在现有法律体系中都很难实现对违反监管规则行为的综合否定性法律评价。这缘于民商事利益分配方案的有限性，在民商事利益总量守恒定律背景下，不同民商事利益分配方案的差异只是利益在不同主体之间的此消彼长，而缺乏共同受损或共同获益的选项。《中华人民共和国民法典》（以下简称《民法典》）取消了"没收"制度，在一定程度上更加凸显了上述问题。在违反监管规则时，民商事主体利益分配方案无法实现以下法律效果，一是相关主体利益同时减少；二是一方主体利益减少，另一方利益不变。由此，对于相关主体部分或全部违反监管规定的情形，或无法实现同时对违规者的否定性法律评价，或出现非违规者不正当获益，甚至会出现违规者获益的不合理法律效果，而这些效果会损伤监管法律的立法目的。实践中的情况更加复杂，比如在金融资产价值的大幅波动背景下，即便否定合同效力也会出现违规者获益现象。简言之，单纯民商事法律无法实现对违反监管规则主体的否定性评价。在相关问题法律解释、立法建议和司法裁判的结论要想实现妥当的否定性评价，必须借助民商事法律之外的法律，比如行政处罚法，从而实现综合否定性评价的法律效果。

以上认知为作者对资管法律问题的基本判断。资管法律几乎涉及整个金融法律体系，本书无力涉及所有，特选若干专题，以点带面，抛砖引玉。

本书受2022年河北省教育厅高等学校人文社会科学研究重点项目"新时期金融监管规则对合同效力影响研究"（项目编号：SD202281）资助。

目 录

第一章　资管行业发展现状
第一节　"资管新规"下的大资管时代 …………………………………1
第二节　"资管新规"要点 …………………………………………………2
第三节　"资管新规"重点监管内容 ……………………………………13
第四节　资管与资产证券化业务的关联 ………………………………19

第二章　资管交易民商事法律问题
第一节　资管基本交易结构 ………………………………………………22
第二节　金融监管对合同效力的影响 ……………………………………27
第三节　资金端与资产端交易特征 ………………………………………32

第三章　资管领域契约基金主体法定性及一般法定位
第一节　中国资管实践对契约基金主体地位的制度诉求 ……………36
第二节　中国契约基金法律性质的问题属性及契约说解释选择路径 …38
第三节　中国契约基金民商法层面的主体法定位 ……………………43
第四节　中国契约基金民商事主体法一般法的定位 …………………46

第四章　资管收益权的理论构建及立法发展
第一节　收益权的转让实务及存在原因 …………………………………53
第二节　我国金融领域收益权交易的现行法分析 ……………………57
第三节　金融收益权的民法理论建构与立法建议 ……………………60
第四节　金融法上金融收益权交易的规范建议 ………………………66

第五章　信托资管投资

  第一节　国外信托简述 ·················· 70
  第二节　信托在中国引进与发展 ············ 72
  第三节　信托基本问题 ·················· 76
  第四节　信托业发展的未来展望 ············ 80

第六章　银行资管

  第一节　银行资管现状 ·················· 85
  第二节　银行资管的特征 ················ 88
  第三节　商业银行资管业务面临的挑战 ········ 89

第七章　证券资管

  第一节　国外证券资管发展经验 ············ 92
  第二节　国内证券资管发展现状 ············ 92
  第三节　证券资管发展定位 ·············· 94

第八章　保险资管

  第一节　保险资管现状与特征 ············· 97
  第二节　"保险姓保"下的保险资管 ·········· 99
  第三节　保险股权投资监管 ·············· 107
  第四节　《保险资管公司监管评级暂行办法》的主要内容与意义 ········ 120

第九章　不良资产资管

  第一节　不良资产的发展与现状 ············ 123
  第二节　不良资产的处置方式 ············· 126
  第三节　不良资产资管的未来展望 ·········· 128

附录 ·························· 131

第一章 资管行业发展现状

第一节 "资管新规"下的大资管时代

《关于规范金融机构资管业务的指导意见》(以下称为"资管新规")标志着大资管格局的正式形成。从本质上讲,资管是指委托人将其资产委托给受托人,由受托人以被委托的资产进行投资与管理。资管行业生态链由投资端、资管和中介机构、资产端三部分组成。投资人自行承担投资的收益与风险,资管机构收取管理费和超业绩收益,最终目标是实现投资人资产的保值增值。资管业务无论是哪个类型的主体管理,包括银行、保险、信托、券商、公募基金、私募基金,在本质上都是资管法律关系。

大资管格局孕育于依据不同管理主体类型区别监管的格局当中。随着资管业务的发展和对其理解的不断加深,统一监管的呼声开始出现。2012年前后,在市场需求和政策推动的共同作用下,特别是随着一系列监管制度的调整,大资管逐步形成共识。

资管业务在缓解融资困难和投资理财之间建立起桥梁,对社会经济发展具有巨大的推动作用。2010年后,相关的监管制度和监管体系亟待建立,资管业务依据不同监管部分各自为战,各类型管理主体之间存在不合理的监管差异。投资者对于众多投资产品的风险认识不足,过分追捧高收益率产品。由于监管漏洞和融资诉求,商业银行、信托公司、保险公司、证券公司、期货公司、基金管理公司和私募基金管理人等各类机构在"逐利性"的推动下,将资管业务的概念和内涵泛化,以资管业务的名义开展各类金融业务,实施混业经营。在以机构监管而非功能监管划分的"分业经营、分业监管"体系下,负责分业监管的部门,往往重视机构监管边界之内的风险防范,而忽视风险向机构监管边界之外的溢出。其他政府部门和地方政府的目标及导向也与金融监管部门不完全一致，有时默许甚至支持金融机构的监管套利活动，以促进本部门或本地区实现更好的发展。分业监管的合集无法全面覆盖混业经营的风险合集，金融监管出现盲区。

2018年4月27日，"资管新规"正式发布，在统一资管业务监管标准、防范化解金融风险、促进资管业务回归本源方面迈出了关键一步。随着金融监管部门加强协调、"资管新规"和各项配套规则的贯彻落实，金融乱象得到整治，金融风险进一步化解。大资管业务规模在2017年触顶回落，至2018年底已经不足100万亿元，2019年持续压降。资管业务结构得到优化，具有刚性兑付、监管套利性质的老产品规模明显下降，净值型银行理财产品规模不断提升，公募基金中的权益类基金在2019年下半年迎来拐点，2020年第一季度出现了多年未见的大额净申购现象。总体上看，"资管新规"实施两年来，监管当局和市场主体在遏制套利和防范风险上的共识已经达成，投资者的风险意识和风险识别能力也在不断提升，市场秩序实现了根本性的好转，资管业务回归本源的大方向已经不可逆转。

资管行业事实上打通了金融不同业态间的资金链条，极易引发跨行业、跨市场、跨地域的金融风险传染。近年来，影子银行和交叉金融风险经过专项整治虽已有明显好转，仍不能放松警惕。一方面，需要继续巩固整治成果，格外警惕脱离实体经济需求的"野蛮增长"。另一方面，随着金融产品结构日趋复杂，在创新业务品种、拓展业务空间等方面，还要继续坚持严控风险的底线思维，遵循金融本质规律，扎牢监管制度藩篱，依法合规展业。[1]

第二节 "资管新规"要点

一、立法背景及目标

2018年4月27日，由中国人民银行、中国银行保险监督管理委员会、

---

[1] 尚福林：《推动资管行业健康转型发展》，中国银行业，2020年第5期，第14页。

中国证券监督管理委员会、国家外汇管理局联合印发的"资管新规"，正文共31个条文，在前言中，规定了"资管新规"的背景及立法目标。

前言部分首先肯定了资管业务在投融资等方面的价值和作用。此处的肯定是方向性的，对于资管行业的发展至关重要。金融业通常涉及巨额资金，不但受到民商事法律、经济法的调整，而且受到刑法的约束。在互联网经济背景下，金融业务的创新与犯罪往往如影随形，换句话说，金融业务的创新往往游走于违规、犯罪的边缘。在实践中，确实存在很多打着资管的幌子而行非法集资之实的情况，也有虽然具有相应牌照但运作不合规等乱象，这些问题是可以通过严格的立法和执法等措施进行限制的。对于资管行业，不应禁止，而应鼓励，其在金融领域发挥的作用不可替代。

就目前而言，资管行业存在的问题主要包括部分业务发展不规范、多层嵌套、刚性兑付、规避金融监管和宏观调控等问题。以上问题有些是独立的，有些是相通的，比如实践当中的很多交易结构正是通过多层嵌套的路径而实现规避监管的目的，由于存在多层嵌套也重复统计进而影响对宏观数据的收集和分析。

此次立法的目标具体包括：(1)规范金融机构资管业务；(2)统一同类资管产品监管标准；(3)有效防控金融风险；(4)引导社会资金流向实体经济，更好地支持经济结构调整和转型升级。这4个立法目标是针对问题而来：规范金融机构资管业务是针对业务发展不规范问题，统一同类资管产品监管标准是针对多层嵌套问题，有效防控金融风险和引导社会资金流向实体经济是针对规避宏观调控问题。以上体现出"资管新规"内容的务实性，直指实践当中的要害和痛点。

二、立法原则

"资管新规"列出了规范金融机构资管业务主要遵循的五大原则。

（一）坚持严控风险的底线思维

底线思维是我国金融立法坚守的一个重要原则，反映出国家对金融风险的危害有着充分的认知。简单而言，不发生系统性金融风险就是底线。资管行业几乎涉及了金融业当中的所有经营主体，具体包括银行、券商、信托、基金等机构。从近些年实际管理规模来看，资管行业的发展直接影响着金融业的系统性风险。

（二）坚持服务实体经济的根本目标

简单讲，一是鼓励直投实体经济；二是限制资金在资本市场空转。近年来，在房价暴涨、结构调整、动能转换的背景下，我国实体经济面临着相对困难的局面，而资本市场的收益相对较高。受此影响，资管行业的资金进入实体经济的意愿不断降低，存在资金在资本市场空转的发展倾向。资本市场本身不能直接创造价值，只有实体经济才可以直接创造价值。因此，国家正本清源，旗帜鲜明地提出金融服务实体经济的定位，从总体方向上鼓励资管所汇集的资金直接投入实体经济，限制单纯的债权信贷业务，特别是消减单纯提供通道业务的嵌套业务。

（三）坚持宏观审慎管理与微观审慎监管相结合、机构监管与功能监管相结合的监管理念

过去 10 年，我国资管行业极速扩张，募集资金规模极速膨胀，已经成为宏观金融数据当中的重要组成部分。从宏观层面对资管行业进行审慎管理事关是否守得住系统性金融风险的大局。另外，实践中的资管业务存在不受任何监管的野蛮情形，甚至存在没有取得资管许可情形下直接开展资管业务的非法机构。过去监管主要针对取得许可的资管机构，那些没有取得许可的机构反而没有被覆盖纳入监管。新规要求从实质上判断，只要从事资管业务都应纳入监管，范围更加全面。

（四）坚持有的放矢的问题导向

当下我国经济受益于互联网的发展，金融业在互联网的影响下，在盈利模式、募集方式、投资通道等方面都已经或正在发生着翻天覆地的变化，可以说创新充斥着整个金融业。创新就意味着打破传统，形成对现有规则的挑战。虽然创新带来很多问题，但事物的发展规律告诉我们，面对创新不应消极禁止，而应积极应对。一方面，对于新事物所带来的已经被明确认定为负面和乱象的现象应果断进行禁止或限制；另一方面，对于新事物所带来的利弊尚不能确定的现象要提供相对较为宽松的发展环境，防范出现随意一刀切扼杀金融创新的问题。

（五）坚持积极稳妥审慎推进

金融业当中的资金往往是环环相扣的，一个环节的断裂必然会引发整个链条的风险。如果新规范立即实施，就意味着短时间内某些种类或情形的业务要被限制或禁止，这样做无异于引爆风险。因此，新规范的实施需要设置缓冲期，掌握好新规范推进的节奏，使当下资管业积集的风险逐步得以释放，保证规范实施的软着陆。

新规对资管业务进行了界定，是从实质功能上对资管业务进行的界定，即接受投资者委托，对受托财产进行投资和管理。此界定对资管业务具有重大指导意义。在新规中，将银行、信托、证券、基金、期货、保险资管机构、金融资产投资机构等金融机构所从事的资管业务进行了统一，不再进行区别规范。过去，基于金融业分业经营、分业管理的模式，银行的理财和信托的资管业务由原银监会进行监管；证券、基金和期货由证监会进行监管；保险资管机构由原保监会监管。可以说新规出台之前的资管行业监管各自为政，存在着政出多门、尺度不一的问题，不仅浪费立法资源、监管套利，而且造成资管机构适用法律混乱、监管真空等情况。从法律关系上看，不管哪个机构的资管业务，其法律关系在本质上都是相同的，换言之，都是信托法律关系。因此，此次统一对资管机构进行规范，打破因监管机构不同而造成的屏障，不仅必要，而且可行，符合事物本质。

在信托法律关系中，金融机构作为受托人履行职责时应诚实信用、勤勉尽责。信托法律关系中最特色的制度就是财产的独立性。信托财产独立于委托人、受托人和受益人。第一，信托财产独立于委托人，委托人委托标的后，标的处分权同时被委托出去，但委托人需要自担投资风险并享受收益。第二，信托财产独立于受托人，金融机构接受委托后，标的的所有权并不属于受托人，因为标的并不能并入机构的报表，也就是资管业务是金融机构的表外业务。第三，不同信托财产之间也是独立的。法律赋予每一个资管产品独立的权利和义务，各信托标的虽同在一个机构之下，但各自之间相互独立，不得混淆。

本新规对所调整的资管产品进行了限定，仍然是体现了对资管产品统一规范的原则。对资产证券化和养老金产品进行了除外规定，主要是考虑到这两类产品需要特殊的规范来匹配自身特定的价值取向。

三、资管的类型及规范

依据募集方式不同，资管产品可以分为公募和私募。公募发行的条件要高于私募，私募更具灵活性，承担的风险通常较高，私募的投资人需要被先认定为合格投资者。随着互联网的发展，公开和非公开的区别并非泾渭分明。关于如何界定公募和私募，依公司法相关理论，股东人数超过200个就是公募，股东人数200个及以下就是私募。在资管业务中，对于私募的募集、宣传对象等都有相对严格的要求。但在互联网的影响下，两者在以上方面的差别逐渐变小，也有私募管理人将私募基金在特定网站上线的情形。可以说，传统非公开发行类型在互联网时代一定程度上公开化了。

依据投资性质的不同，资管产品可以分为固定收益类产品、权益类产品、商品及金融衍生品类产品和混合类产品。从形式上看，以上类型产品的差异在于投资标的不同，但更深层的差异是标的的风险及流动性不同。投资者在选择产品时实质上已经选择了相应的风险，管理人在对外投资时应匹配投资人预期，同时也需要给予管理人一定灵活性，这将有利于管理人对资产的管理。因此，新规确定了相应配置不低于80%这一比例，既满足投资者的风险偏好，也赋予管理人一定自主权。另外，在特殊情况下，管理人可以突破上述比例要求，但应在特殊情况消失后15个交易日内恢复以上比例要求。

金融机构在发行资管产品时，应明确告知投资者产品的类型，对于产品类型，金融机构不得擅自改变，除非取得投资者同意，并且履行登记备案程序。但在实践中，这种类型的变更极少发生，原因在于金融机构会同时发行各类型的产品以满足不同风险喜好的投资者。

私募产品只能向合格投资者进行销售，合格投资者需要满足三个条件：一是了解资本市场；二是具有风险承受能力；三是拥有自有资金。因此，可以预见，混合类产品将会普遍存在，一方面是因为投资金额门槛不低于40

万元，这一数字远低于投资单只权益类、商品及金融衍生品要求的100万元。另一方面在于混合类产品赋予金融机构更多的自主权，80%的配置比例上限基本不会构成有效的限制。

金融机构在整个资管的法律链条当中处于受托人的角色，应当勤勉尽责。但金融机构本身作为经营主体又具备独立性，有其独立的利益所在，此种利益时常与投资者利益存在冲突。产品的选择对于投资者至关重要，决定着投资者所能承受的风险及所期待的回报。作为金融机构应使投资者了解产品，不仅要充分保障投资者的知情权，更要让投资者对未来风险有充分的认知和心理预期。严防两种情况：一是投资者投资超出其风险识别能力和风险承担能力的资管产品；二是金融机构通过拆分资管产品而向低风险等级的投资者销售。

打破刚性兑付是"资管新规"的重要关注点。刚性兑付违背信托当中受托人的角色定位，长期放任不管将使行业扭曲发展，最终损害投资者和金融机构的整体利益。目前，以上共识已经形成，接下来的任务就是打破投资者的刚兑预期。

金融业之所以被列为特许经营行业，重要原因之一就是金融业关乎一国经济发展大局，对于维护像中国这样的大国的金融稳定有着极为特殊的意义。立法有必要对金融机构进行有别于一般市场主体的规范，有助于金融机构的平稳运行、国家对宏观经济的掌握和调控、减缓国际金融冲击等。对从事资管的金融机构的合规要求是体系化的，有事前的管理体系和管理制度，也要有事中的公司治理、风险管理、内部控制，还要有事后的问责机制。资管从业人员应具备一定的专业知识，达到从业资格门槛，定期参加培训，并通过考核评价。对于违规从业人员应进行处罚，对严重违规者要取消其从业资格，并禁入金融行业。

作为受托人，金融机构在具体业务当中应遵守审慎经营规则。财务上，其所管理的不同产品相互独立，应分别记账。资产所投标的价值直接关系到投资者利益，所以对所投标的价值的披露显得至关重要。对于所投标的价值最精确的表述就是产品净值，对于投资标的为证券的产品，计算并披露净值是基本要求。对于无法准确及时计算净值的，可以依照相关合同文件计算收益情况。披露净值的做法可以直接矫正刚兑预期，更为及时精确地反映投资收益及亏损情况。

金融机构与投资人之间是民法上的受托与委托关系，受托人违反诚实信用、勤勉尽责义务而造成投资者损失时，受托人负有赔偿投资者的责任。委托关系是一种合同关系，此处的责任为违约责任，即无过错责任，若违反约定或法律规定造成投资者损失，责任即产生，不需要专门证明受托人有过错。

四、资管相关主体规范

资管产品的代销机构需要金融监管部门的金融牌照，未取得代销牌照，任何机构不得代销产品。为确保销售的合规规范化，资管产品的发行主体不得兼产品代销。持牌代销机构属于金融机构，应具备良好的公司治理、风险控制等制度体系。通常而言，代销机构只是通过销售获取代销费用，对于投资风险不承担任何责任。但法律强行要求代销机构承担确保代销产品符合合规要求的责任，简言之，代销机构要保证所代销产品合规。当代销产品不合规时，代销机构应该承担责任。需要说明的是，这里的责任主要是对投资者的责任，但这种责任并不是对投资亏损的责任，而是对产品合规性审查不严的责任。也就是说，如果所代销产品合规没有问题，即便投资出现亏损，代销机构也不用承担任何责任。值得注意的是，当代销机构完成销售后，在产品的运营过程中出现了不合规的情形，代销机构知晓后应立即告知投资人。如受限于信息无法获取而对产品运营的不合规不知情，代销机构应该免责，这也符合权责利相符合的原则。

公募产品投资范围相对明确，以标准债权和上市公司股票为主，也可以投资商品及金融衍生品。而私募产品的投资范围相对自由宽泛。需要说明的是，"资管新规"将收益权列为资产是缺乏法律依据的，除司法解释里明确的道路、桥梁等收益权外，其他收益权的交易转让在法律上只具有债权效力，或者说实质上就是信贷关系，将其列为资产容易引发误解，诱导投资者判断。

鼓励私募产品的债转股，但在过程中一定要保护投资者利益。债转股虽然可以更好地实现金融服务实体经济，但要赋予投资者自主选择做债权人还是股东的权利。

标准化债权是资管产品投资的重要标的，最核心的特征就是流动性机制完善，可以在银行间市场、证券交易所进行市场交易。依据融资的对价是否与赢利及亏损挂钩，可以将资金的进入分为投资和信贷。在我国现存的结构中，信贷业务是银行专门负责的，而资管业务则以投资为主。因此，法律禁止资管资金直接投资于信贷资产。商业银行信贷资产投资收益权实质上等于发放信用贷款，相关业务需要限制。资管资金的流向应符合国家相关产业政策，涉及跨境流动的，应符合外汇管理规定。

资管的信息披露不仅应满足投资者的知情权，也使低成本地对资管进行监督成为可能。信息披露总体上可以分为四个维度：一是披露内容的广度；二是披露内容的深度；三是披露的频率；四是披露对象的范围。"资管新规"从以上四个维度发力，依次对不同风险类型产品的信息披露进行细致规范。

为保险风险的隔离不扩散，原则上，从事资管业务的金融机构应是独立的法人。在实务中，金融机构为使产品可以销售出去，常以自己的名义对所投资项目提供保证，即金融机构同时为受托人和保证人。这种做法无异于刚兑，会造成某产品具有风险扩散的风险，应严格禁止。

托管机构在资管法律关系链条当中处于资金保管一方，通常是资管机构与托管方之间签订《托管协议》。托管的价值之一在于对于资金的流动进行监督管理，也就是说托管机构与资管机构为监督与被监督的关系，如果二者是同一个主体，显然上述价值根本无法体现出来。但考虑到商业银行自己托管自己产品资金的做法较为普遍，因此，常设置过渡期以保证改革的平稳开展。过渡期后，托管可以交由具有独立法人地位的子公司办理，而且子公司的托管应为不受母公司影响的独立行为，否则将受到监管部门的处罚。

五、资管财产规范

禁止资金池业务是防范资管风险蔓延的重要方法。对于资金池业务不能只以表面状况进行判断，只要符合滚动发行、集合运作、分离定价特征的产品都应认定为资金池业务。

在融资市场，期限的长短不仅意味着融资成本的高低，也关系到资管产品发行成功的难易度。在实务中，期限短的资金成本低，容易发行成功，但所投资标的的融资需要通常期限较长。因此，资管业务常常通过滚动发行方式实现期限错配。未上市企业股权流动性较差，相应的投资应为封闭式资管产品，以匹配相应投资特点。另外，禁止通过分拆单一融资项目变相突破投资者人数限制，同一金融机构的多个资管产品投资同一资产的规模合计不得超过300亿元。

金融机构的投资标的应构成清晰，风险可识别，投资集中度合理。投资单股票的市值不得超过资产净资产的10%，其正当性在于分散风险。

风险准备金对于资管机构类似于存款准备金对于商业银行，是确保金融机构流动性的措施。风险准备金专款专用，主要用于赔偿自身存在违规、违约、操作错误和技术故障等所造成的产品财产或者投资者的损失。

净值化管理是"资管新规"的重要要求，而且要求外部审计，进一步压缩业绩造假空间。对于流动性好的资产，鼓励使用市值计量，对于不具备活跃交易市场或没有报价的资产，可以采用摊余成本的方法计量。净值化管理最基本的要求就是计量反映真实情况，而实践中，金融机构为了能持续地募集并成功发行，常通过掩盖亏损的方式将亏损转移到下一只基金，这一做法使风险在各产品当中扩散，违背信托财产独立性。此次意见规定，当以摊余成本方法得到的价格与实际兑付时资产价值的偏离度达到5%及以上时，禁止机构再发行以摊余成本方法计量的产品。如此规定并不能防范金融机构掩盖亏损的做法，此规定的效果还有待实践的检验。

为规避禁止刚性兑付的合规要求，实践当中出现了很多种类的刚性兑付的变异。"资管新规"要求从实质上判断认定刚性兑付。首先，资管产品的管理人违反真实公允而确定净值以实现保本保收益。其次，采取滚动发行，使风险在不同资管产品之间发生转移以实现保本保收益。最后，亏损出现后，金融机构自行或委托其他机构偿付以实行刚兑的。从逻辑上讲，投资者对于是否存在刚兑的情况应该非常了解，因为金融机构最有动机将刚兑情况告诉投资者。对于举报行为的奖励可以有效减少刚兑的发生概率。

在投资者只有一个主体的情况下，是否可以突破以上规则？答案是不可以。这里需要讨论的是，发行人不可以对投资者进行刚兑，但是否可以对底层资产的转让承担保证责任则是另外一个问题。实务当中，发行人通过关联主体对底层资产承担差额补充责任的非常普遍，这种是否也要认定为刚兑则需要进一步讨论。外部审计不仅对委托方负责，同时也要对法律和主管行政机构负责。

资管产品负债比例涉及杠杆大小，依据逻辑，由于不承担产品的风险以及法律赋予的独立权利义务主体地位，资管机构在逐利性的影响下会提高产品的负债比例。因此，法律为防范风险的失控就应限定最高的负债比例。负债意味着融资，开放式公募对应的资产流动性强，对其融资限制更严一些；封闭式公募及私募产品的资产流动性差，对其融资的限制更为宽松一些。另外，通过类似子公司实施融资的亦穿透审查计算在内。资管产品份额不得进行质押融资，一般的份额持有人也受此约束，是去杠杆的重要手段。

"资管新规"对分级私募产品的负债比例要求相对较严，主要考量是通常情况下分级产品的风险较高。另外，对于不同类型的产品当中的优先及劣后级之间的比例也有明确要求，立法目标是基本实现优先级权利完全实现。但同时，新规也明确指出，优先级产品也并非刚兑，不得向直接或间接投资者提供保本。

通道服务是典型的监管套利行为，取缔套利这种不公平的现象是"资管新规"的重要内容之一：在一定程度上保留了FOF基金，但除标的为公募证券基金外，只能允许存在两层基金。

资管产品转投资其他资管产品的，必须保证所投资管产品满足合规要求。区分公募产品和私募产品，前者的受托机构必须是金融机构，而后者的受托机构可以为私募基金管理人。实务中，所谓的财富公司正是强于资金的募集，弱于投资项目的选择；而投资公司是弱于资金的募集，而强于投资项目的选择。与民事转委托相似，委托人对受托人的选择过失应承担责任。

资管行业的统一规范是一个体系工程，在平等准入、公平待遇、账户开立、产权登记、法律诉讼等方面享有平等的地位。因为资管机构分属不同的监管机构，因此建立了相应的沟通协调机制。

人工智能投资顾问是依据历史大数据进行投资分析的金融创新服务，"资管新规"对其采取了较为开放的认可态度，为金融科技发展留足发展空间。与此同时，明确了金融机构对因过错导致投资者损失的主体责任，并要求相关机构对算法同质化加剧投资行为的顺周期波动制订应对预案。

资管行业是一个资产所有者与经营者分离的行业，容易诱发经营者控制的道德风险。可以明确的是，"资管新规"对于关联交易并非全面禁止，而是在部分禁止之外对信息披露提出了更多要求。如与关联方共同收购上市公司会造成资管机构与投资者利益冲突，向本机构注资是以本机构为投资标的，因利益冲突导致评价无法正常进行，这些都是明确禁止的。

对于一般的关联交易，"资管新规"持认可态度，将决定权交由投资者市场来决定，这一决定的前提是信息披露的有效运行。

六、资管监管体制

监管方式优化改革也是"资管新规"的重要关注点，明确中国人民银行的统筹角色，加强其和各具体监管部门对资产管理产品的统计信息共享。金融机构应当将含债权投资的资管产品信息报送至金融信用信息基础数据库。在信息上报方面确立双报告制度，即同时向中国人民银行和监管机构报送。

在资管监管方面，中国人民银行负责宏观审慎管理，监管机构负责日常监管和市场准入等具本工作，并依据本意见出台各自的实施细则。

监管原则及规则进一步完善：一是从实质上判断资管类型，而不是依资管机构类型，同一类型同一监管尺度及标准。二是上下双穿透监管，挖出隐藏的真实交易信息本身也是信息披露的基本要求。遗憾的是，对于股权代持没有专门的规定，使得穿透审核的效果受到一定限制。三是资管规模巨大，涉及国家对宏观经济的调控，将强化宏观审慎管理列为监管原则，为宏观调控提供法律依据。四是建立全交易结构的动态体系监管制度。

具体监管部门仍是分别出台处罚规则并实施处罚，但要求处罚标准一致,可以预见这一目标的达成并不容易,需要中国人民银行的协调到位。

我国关于金融机构的定义不尽相同,但资管业务属于金融业务且应纳入监管并无争议。非金融机构在经营过程中过度强调增信措施掩盖产品风险、违规设立产品二级市场的,应坚决给予处罚,构成犯罪的,依法追究刑事责任。本意见自发布之日起施行,与过渡期一起构成本意见生效时间的完整规定。

第三节 "资管新规"重点监管内容

一、规范资金池,防止期限错配

在现实中,实体企业往往需要较长期限的融资资金,但对投资方而言,出于资金安全性的考量,通常难以消化持续投资带来的风险。因此,资管机构便在其中搭建了一个资金池,以此兼顾投融双方的特定需求来确保双方合意达成。然而,该资金池实际上却隐藏着极大的风险隐患——期限错配。[①] 为资金池供给的"资金端"是由募集到的数个短期资金共同组成,但其"资产端"所在项目的完结周期有时却长达数年,因此只有产品保持不断滚动的发售状态,才可满足"资金端"的流动性。实际操作中的每一笔募集资金难以与赎回资金形成一一对应。[②]

"资管新规"要求,不得开展资金池业务,合理确定投资期限,尤其是对于期限错配的业务要加强流动性管理。此规定对于扭转资管产品短期化倾向提出明确要求,对于减少和消除资金来源端和运用端的期限错配和流动性风险效果明显。

[①] 郭雳:《中国式影子银行的风险溯源与监管创新》,中国法学,2018 年第 3 期,第 209 页。
[②] 谢丹、吴文光:《奠定资管行业转型基石》,清华金融评论,2020 年第 2 期,第 30 页。

二、限制多层嵌套和通道业务

由于不同的监管机构政策性差异,对各类金融机构缺乏全面、统一、有效的监管,导致资金监管套利。对此,必须进行顶层设计,统一监管标准,消除多层嵌套和通道业务,实行公平的市场准入和监管,为资管业务健康发展创造良好的制度环境。

在"资管新规"出台之前,行业监管之下的银行理财产品、基金、信托计划的合格投资者准入,投资去向限制等监管指标具有差异性,致使金融机构为了规避这些限制性条件而进行产品的嵌套,形成了实务之中的通道模型。资管产品多层嵌套,增加了产品的复杂程度,拉长了资金链条,抬高了社会融资成本,容易导致杠杆成倍增加,造成市场剧烈波动,提高了投资者、市场和金融机构的风险。

多层嵌套和通道业务可以规避合格投资者、投资范围、监管指标,隐蔽资金来源、杠杆约束等方面的限制,阻碍了监管的有效性,也导致资金低效率利用。在"资管新规"中,机构监管和功能监管相结合,实行穿透监管。这些规定可以有效防止各类产品监管套利和资金空转,使资金使用效率大幅提升、交易成本显著降低。这将使资管机构更重视满足实体经济的长期投融资需求,而不是通过监管套利追逐短期利益。此外,资管产品募集的资金通过层层嵌套流向风险聚集的房地产、股市、地方政府融资平台和"两高一剩"行业。房地产和地方债务平台被公认为我国的高风险敞口。多个风险敞口的风险合聚,可能引发系统性风险。[①]

"资管新规"保留了资管产品仅可再投资一层资产管理产品的单层嵌套要求,并未就特殊类型资管机构设置例外情形。部分机构开展资管业务可能受到一定冲击。基于单层嵌套要求并结合"资管新规"关于"金融机构不得为其他金融机构的资管产品提供规避投资范围、杠杆约束等监管要求的通道服务"的规定,市场上以多层嵌套实现政策套利的情形将迅速减少。"资管

---

① 沈伟:《资管新规监管工具设计的法理分析》,银行家,2019 年第 2 期,第 134 页。

新规"禁止规避监管要求的通道业务,允许有商业合理性且未逃避监管的通道业务。

三、禁止刚性兑付

"资管新规"出台前,刚性兑付或变相刚性兑付非常普遍,但对禁止刚性兑付本身的共识已经成熟。刚性兑付违背资管本质,抬高无风险收益率水平,干扰资金价格,诱发道德风险、信用风险和法律风险,使市场竞争扭曲,最终引发金融风险传导。

"资管新规"主要从以下两方面着手治理刚性兑付:一是"资管新规"要求资管产品实行净值化管理,且净值生成应当符合企业会计准则规定,且由托管机构核算报告和外部审计机构审计确认,还要披露审计结果并报送金融管理部门。"资管新规"对于资管产品投资的金融资产要求采取公允价值计量原则以及使用市值计量,其第十八条指出在特殊条件下允许以摊余成本计量金融资产净值。二是明确刚性兑付情形和罚则。金融机构在进行投资管理时,应当遵守信托文件的规定,为受托人最大利益处理信托事务。受托人管理信托财产必须恪尽职守,履行诚实、信用、谨慎、有效管理的义务。投资者贯彻买者责任自负的原则,谨慎投资。[①]

四、监管杠杆率

金融杠杆和社会债务的调控需要将资管行业纳入监管范围。对于整体社会而言,杠杆率的不断提升意味着债务增加以及信用规模的扩大,这将推动各类资产价格呈现出不断上涨的连带效应,致使金融风险逐渐上升。针对目前杠杆率过高的事实,对其如何矫正便成为立法的重中之重。

近年来我国企业、地方政府平台负债率显著提高,积累了大量的债务风险隐患。金融机构的表外业务缺乏相应的杠杆约束机制。现实中,资管产品大多以银行理财形式存在于表外业务当中,理财资金与表内资金间的主要区

---

① 沈伟:《资管新规监管工具设计的法理分析》,银行家,2019年第2期,第133页。

别体现在杠杆率的约束方面。对于表内业务来讲,《商业银行资本管理办法》规定:商业银行任何一笔贷款需按照该银行的资本充足率进行风险加权资产计提,作为该笔贷款资产端的相应配置。

对此,"资管新规"采取双管齐下的方法,从通道业务的数量及范围两方面分别予以规制,打击资金嵌套行为。在通道数量方面,"资管新规"要求资管资金只能投资一层资管产品,且被投资标的不得再次投资除公募证券投资基金以外的其他产品;在通道范围方面,对于规避监管要求的任何通道服务都要严格禁止。

就委托贷款而言,在"资管新规"的基础上,原银监会发布配套的《商业银行委托贷款管理办法》第七条及第十条规定:禁止资管产品募集的资金作为委托贷款的资金来源进行投放。至此,资管资金作为委托贷款的"资金端"及"资产端"被彻底排除在资管业务之外。整体来看,"资管新规"通过打击资金嵌套以及制约资管产品在杠杆率方面的设定,将从根本上实现"去杠杆"的目标,使金融回归服务实体经济的本质并确保金融秩序的稳定。[①]

五、穿透监管原则

规避监管是金融创新的重要动机,在复杂的交易结构背景下,交易的表面监管基本无法真正发挥监管功能。"资管新规"明确穿透监管原则,强调机构监管与功能监管相结合,向上穿透识别资管业务的最终投资者,向下穿透核查资管业务的底层资产。穿透监管的确立主要有以下几依据:一是加强监管部门统筹协调,强调机构监管与功能监管相结合;二是统一监管标准,针对资产组合管理及集中度限制、风险准备金计提、杠杆率管理和投资者适当性管理标准等方面提出了具体要求;三是对底层资产进行穿透监管,防止资金在金融体系内空转,限制通过层层嵌套规避金融监管的情况;四是打破刚性兑付,不允许承诺保本保收益,真正落实"卖者尽责,买者自负"的原则,同时与我国《证券法》及《信托法》下的禁止承诺保本保收益原则相契

---

① 李牧翰:《资管新规之评析》,时代法学,2020年第6期,第74页。

合。"资管新规"项下的穿透监管已体现原则监管与功能监管。

国务院金融稳定发展委员会（简称金稳会）在召开的第一次全体会议中，首先学习贯彻了十九大精神，其后明确界定了委员会属于什么性质的机构，它是国务院统筹协调金融稳定和改革发展重大问题的议事协调机构，从法律地位来看明显高于"一行两会"，最大限度地满足了在资管计划中进行"穿透"监管的实际需要。基于这种考虑，在"穿透"监管进行实践的主体体系建设中，必须要重视并给予国务院金稳会在宏观协调上极高的法律地位。[①] 穿透监管原则的要求是多方向的，包括资金端、资产端和管理及中介机构等。

（一）资金端的穿透

不同类型的私募资管产品适用不同的合格投资者的认定标准，这就导致在实践中适用穿透监管原则进行监管私募资管产品时，会因为规则的不统一而变得十分困难。为了使投资者的投资能力与投资者产品的收益性、风险性相匹配，在统一了合格投资者认定标准的基础上，监管机构对于合格投资者又进一步细分，即将合格投资者分为专业投资者和普通投资者。证监会对合格投资者人数作出了私募资管产品在接受其他资管产品投资时不合并计算人数的穿透规则。另外，私募资管监管要求投资者的投资资金不能为负债，且应当为自有资金。

（二）资产端的穿透

对于私募资管端的穿透主要是为了核查产品资金的最终流向是否符合法律法规的要求，同时根据穿透核查情况对金融交易业务的风险进行评估。具体来说，包括对同一资产的穿透、产品运作中的穿透以及对嵌套产品的穿透。

资管产品应当进行组合投资分散风险，《私募资管规定》规定该等理念同样适用于私募资管产品。对于单只标准化资产，在认定单一资产上较为明确，也较为直观，如单只股票、某一期具体的债券、某个存托凭证、某只证券投资基金等。但是对于非标准化资产，则提出了更为严格的穿透监管的要

---

① 张紫怡：《资管产品穿透式监管法律问题研究》，北方工业大学硕士学位论文，2020年，第44页。

求。具体表现为在计算25%时的单一集中度指标时，需要将所投资的非标准化资产穿透到关联方去合并计算，即集合资管计划底层投资既涉及该融资主体的非标准化资产，又投资了该主体关联方的非标准化资产，该计划所投资的相关资产需要合并计算。

对于私募资管机构通过设立多个资管计划来投资同一非标准化资产以变相突破监管要求的，《私募资管规定》不仅对规避向上穿透提出了明确的要求，同时对该等资管计划投资的底层资产规定了穿透要求。在底层资产穿透上执行和组合投资的认定要求，即投资的资产如果涉及融资主体的非标准化资产和其关联方的非标准化资产，需要将该类资产合并计算。

底层资产类别监管也要求穿透，即不能投资相关标的的，通过嵌套投资的方式来规避监管的也不能够规避该等限制。《私募资管办法》在第五章投资运作中，将私募资管产品分为标准化资产和非标准资产两类，同时以列举的方法规定了私募资管产品可以投资的底层资产种类和不得投资的底层资产种类。该等限制其实有两类：一是投资比例上的限制，一类是准入上的禁止。

（三）对管理及中介机构的穿透

自"资管新规"出台以来，监管部门相继出台了《商业银行理财子公司净资本管理办法（试行）》《商业银行股权管理暂行办法》《证券公司股权管理规定》《保险公司股权管理办法》《保险资管公司管理暂行规定》《信托公司股权管理暂行办法》以及《期货公司监督管理办法》等相关规定规则。在穿透监管理念的指引下，监管机构从门槛准入以及管理人职责的明确等方面强化了对金融机构的监管，并且监管机构对于商业银行、证券公司、保险公司、信托公司的股权监管，明确提出了穿透监管的要求。[1]

---

[1] 陈煜：《私募资产管理穿透式监管适用研究》，华东政法大学硕士学位论文，2020年，第26-38页。

第四节　资管与资产证券化业务的关联

一、资产证券化定位

ABS（Asset Backed Securities）是"资产证券化"的简称，其是以特定的资产或资产组合为基础资产，以其所产生的现金流为偿付支持，在此基础上发行资产支持证券的业务活动。资产证券化作为一种新兴的金融工具，提高了资本市场的运作效率，对商业银行、投资者、企业均具有明显的好处，因此优势明显。

（一）对于投资者的优势

对于投资者来说，ABS是一种新的投资形式，且由于ABS往往存在着基础资产，基础资产的现金流能够为投资人提供保障，因此其安全性相对更高。

（二）对企业发展的优势

1. 开辟了"第三条"融资路径

企业传统的融资渠道包括股权融资和债权融资，但是股权融资会稀释原股东的股权，债权融资则会增加公司的资产负债率。而ABS为企业开辟了第三条融资途径。

2. 有助于降低融资成本

ABS产品的安全性主要依赖于基础资产的质量，对于资质不高的企业而言，通过优质资产进行ABS融资，其融资成本可能低于企业通过自身的信用进行的融资。因此能够有助于降低企业的融资成本。

3. ABS的稳定性和便利性更高

无论是贷款还是传统的信用融资方式，受到市场整体资金利率水平的影响较大。但是ABS主要依靠基础资产来募集资金，市场波动对ABS的影响相对较小，因此其融资稳定性和便利性更高。[1]

---

[1] 朱帅骐：《资管新规对ABS未来发展分析》，中国集体经济，2020年第7期，第87页。

二、资产证券化交易结构

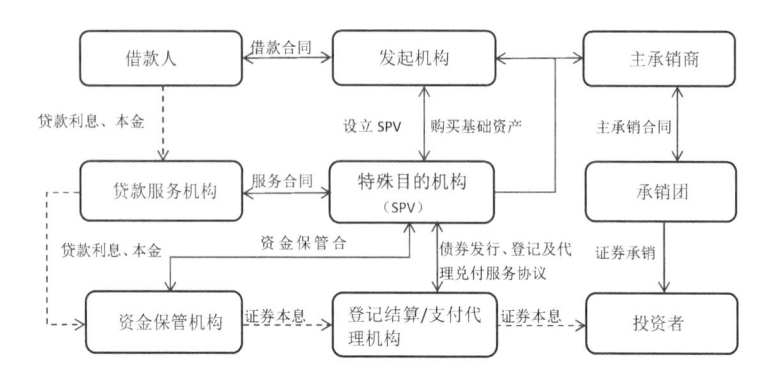

图1.1 资产证券化交易结构图

一般来说,资产证券化的主要交易包括以下步骤。

(一)确定基础资产,构建基础资产池

随着资产证券化业务的发展,基础资产的类型和交易结构呈现多样化的发展。理论上,能产生稳定的、可预期未来现金流的资产均可作为资产证券化的基础资产进行资产证券化。在基础资产的选择上看重的是基础资产的稳定现金流,有价值的资产并不代表其有稳定的现金流,如以艺术品、邮票等资产为代表的特殊投资虽然本身在不处置的情况下有着较大的价值,但这类资产价格波动巨大,没有稳定的市场,且有着极小的交易量,在有限的时间内不能找到合适买家的情况下,其变现价值远低于其未要求变现时的价值。这样的资产会给资产支持证券带来巨大的现金流波动,这是市场上主要的资产支持证券投资者所不希望看到的,因此,没有稳定的可预期的未来现金流的资产是不适合进行证券化的。

(二)设立特殊目的机构

一般由发起人设立特殊目的载体,以便从发起人处购买证券化的资产。特殊目的机构通常也是一个特别的法律实体,这样的实体通常通过设立股份公司、合伙公司、基金、信托计划的方式实现。

(三)资产转移

特殊目的机构从发起人处购买证券化的资产,获得资产的所有权。资产

的出售必须是真实出售，以排除发起人的债权人对证券化产品的追索权。

（四）证券化产品的设计

根据资产池的现金流情况，涉及不同层级、不同利率和不同期限的证券，以重新对现金流进行安排，使证券化产品能够满足更广泛的投资者的喜好。

（五）信用增级

通过各种手段引入信用增级机制，使所发行证券在信用质量上、到期偿还的确定性和及时性上得到提升，满足更广泛的投资者在信用等级上的偏好，提升发行证券的价值。

（六）特殊目的机构发售证券

特殊目的机构将证券交给证券承销商，由承销商负责对外的销售。

（七）资管

证券发行完成后需要对证券化资产池中的资产进行管理和处置，确保现金流的及时和足额。通常特殊目的机构实际上只是一个法律实体，没有实质上的经营，因此，特殊目的机构往往会将资产的管理和处置委托给专门的服务商代理，服务商可以是第三方机构也可以是发起人自身。在资管公司发起的不良资产证券化业务中，受委托机构一般是由资管公司自身扮演，由于其对资产更加熟悉且拥有更加专业的团队和机制，所以能更多地获得投资者的信任。

（八）按时还本付息

在证券化产品的存续期内，服务商将基础资产产生的现金流划入指定的银行账户，特殊目的机构及时向投资者偿付本息。[1]

---

[1] 邱晟：《资管管理公司金融不良资产包处置分析》，江西财经大学硕士学位论文，2020年，第33页。

第二章 资管交易民商事法律问题

第一节 资管基本交易结构

交易结构是资管实务关注的重要内容,随着我国资管业发展,逐步形成了较为成熟的交易结构。从现有情况看,交易结构呈现出明显的多层级化、多主体化、多产品交叉的复杂化趋势。资管资金可以运用贷款投资、股权投资、权益投资、资管受益权转让等"一揽子"策略,根据不同的项目制定灵活的资管资金运用方式以及退出机制。组合模式在资管实践中更为常见,包括"股权投资+债权投资""股权投资+权益投资""股权投资(或权益投资)+财产权"资管,期限配置等方面均比较灵活。另外,不同类型资管主体的交易结构也会有不同表现。比如,证券公司开展资产管理业务主要以定向资产管理计划、集合资产管理计划与专项资产管理计划作为载体实施。银行从事资产管理业务,大多以理财计划的形式,通过与信托、证券、基金等行业合作方式实现。

一、股权交易结构

与债权资管相比,股权资管并没有那么严格的合规要求,所以比较适合房地产企业的融资需求,资管资金可以通过受让房地产企业股权为其提供开发建设资金。因而可以满足企业拿地、四证不全时期的融资需求,股权融资也有利于美化企业财务报表,部分情况是作为过渡资金,待四证齐全后向银行申请开发贷款,实现资管资金的推出。交易结构如下。

(1)资管公司以资管资金的形式直接入股开发商、受让股权、参与增资扩股等,成为其股东,在期限等条件满足时,按约定由开发商或其他第三方根据约定价款收购资管的持股部分。

（2）资管公司仅用资管资金中很少的一部分入股开发商，然后将剩余的资管资金按照股东借款的形式进入开发商，同时这部分资金的偿还顺序排在银行贷款或其他债务之后。

股权模式应关注：① 提防风险，如果项目公司管理混乱，那么入股的资管资金将面临被挪用的风险。对此，要求资管公司对项目公司进行全控管理，例如股权质押、证件印章监管、资金账户监管、重组董事会、重大事项一票否决等。② 资管资金在缴纳土地出让金和初期建设资金后，项目开发的后期又面临资金短缺，即资管产品的募集资金不足以覆盖项目资金缺口，如此时不能获取后续资金来源（银行贷款或预售回款），此房地产项目就会成为"烂尾"项目，届时资管产品将遭遇风险。③ 房地产项目销售状况不理想或无法顺利取得银行贷款，到期回购资金将没有着落。投资者应重点考察承诺回购股权的股东财务状况如何，是否有足够的经营现金流作为回购保证。常见交易结构如下。

（1）资管公司以集合资管资金计划的形式，向投资者（委托人）发行资管计划集合资金。

（2）项目公司以项目土地使用权或者第三方担保形式对项目的未来收益进行增信担保，确保万一在项目收益不能涵盖投资者资管本金与收益的情况下，资管公司能以担保财产受偿返还委托人（投资者）的本金与资管收益。

（3）资金募集完成后，资管公司以收购项目公司股权或者资管公司购买项目公司增资股份形式进入项目公司。

（4）双方约定，资管期满后由项目公司溢价购回项目公司出卖给资管公司的股权，或者项目公司用项目效益归还资管公司资管本金与资管利益，资管资金按约定退出。

（5）资管公司在扣除自己应得的资管报酬后返还给委托人（投资人）本金与资管利益，成功实现退出，该资管计划结束。

二、权益信托交易结构

企业基于自身拥有的优质权益（基础资产的权利无瑕疵并且现金流稳定

可控）与资管公司合作，通常采用"权益转让附加回购"等方式，从而实现优质资源整合放大的资管融资模式。在实践中，一般运用租金收益权、股权收益权、项目收益权、应收账款收益权或者特定资产收益权等方式开展资管融资。

以目前政府平台融资主要采用的应收账款转让加回购的融资模式为例，资管公司发行资管计划，募集资管资金，受让政府融资平台持有的应收账款，以该资产未来的现金流作为资管计划的未来现金流入来源，平台公司以此融入资金，到期后由其回购应收账款，实现资管计划退出。

应收账款转让回购模式应关注：①应收账款须具有真实性、准确性、完整性。②关注应收账款转让手续的合法性，需经过债权人、债务人、受让方作三方确权，同时登记公告。③回购义务人须签订回购合同，分析回购义务人的回购能力。④密切关注应收账款的存续情况，及时应对坏账风险。常见交易结构如下。

（1）资管公司作为受托人向委托人（投资者）发行项目公司财产权集合资金资管计划，投资者购买该计划，资管公司募集资金。

（2）项目公司以项目土地使用权或者第三方担保形式对回购收益进行增信担保，确保万一在项目收益不能涵盖投资者资管本金与收益情况下，资管公司能以担保财产受偿返还委托人（投资者）的本金与资管收益。

（3）资管公司用募集到的资管资金购买项目公司财产权益，项目公司获得项目财产权对价资金。

（4）项目公司将资管资金投入到预先选定的优质项目，获取项目收益。

（5）资管到期，项目公司溢价回购项目财产权益，资管公司在扣除自己应得的资管报酬后返还给委托人（投资人）本金与资管利益，实现成功退出，该资管计划结束。

三、集合资产管理计划交易结构

常见的集合资产管理计划交易结构如下。

（1）证券公司发行集合资产计划，银行与其他资金方作为委托人分别作为优先级与劣后级购买该计划。

（2）证券公司将募集到的集合资金委托银行管理，由第三方银行对该资金进行监督。

（3）证券公司按照法律规定与委托人的约定，在交易所和银行间债券交易市场等购买各类债券、基金、国债、信托产品等固定收益类产品。

（4）集合资产管理计划到期，证券公司在扣除本计划资产管理的预订费用后，将本金和收益返还给委托方（投资人），计划结束。

四、银行理财计划的交易结构

常见的银行理财计划的交易结构如下。

（1）商业银行根据金融市场信息、不同投资者不同的投资偏好等因素制订多样化的理财计划（保证收益、保本浮动收益和非保本浮动收益三种）。

（2）商业银行向客户提供理财顾问业务，为其进行财务分析、财务规划和投资顾问等专业化服务，并向其推介银行的理财计划。

（3）商业银行与客户签订《委托代理协议》，获得代理投资的授权等必要法律文件。

（4）按照客户自主选择的理财计划和双方签订的《委托代理协议》，商业银行代理客户进行投资，通过与信托、证券、保险等机构合作方式进行。

（5）在理财计划收益分配日，商业银行向客户支付投资收益；在理财计划终止时，向客户支付当期投资收益，退还本金。

五、银证信合作委托贷款业务交易结构

银证信委托贷款业务是指银行借道券商定向产品通道，转入信托投放贷款的业务。其既优化银行报表结构（贷款出表），又增加贷款收入。常见的交易结构如下。

（1）由资金委托银行以同业资金/自有资金/理财资金委托证券公司成立定向资产管理计划。

（2）证券公司定向资产管理计划作为单一委托人委托信托公司设立单一资金信托计划。

（3）信托公司用受托资金向银行指定客户发放信托贷款，或者受让银行存量信贷资产。

（4）计划结束，该笔委托贷款通过信托计划与证券资管计划由银行返还委托人贷款本金与利息。

六、银证保合作业务交易结构

此类模式发展起于中国人民银行规定，保险资产管理公司的存款不属于金融机构的同业存款，而是一般性存款，在计算存贷比的时候，可计入银行存款规模。银行通过此业务可优化业务指标，扩大一般存款规模。常见的交易结构如下。

（1）由资金委托银行，以理财资金委托证券公司成立定向资产管理计划。

（2）证券公司作为定向资产管理计划管理人将委托资产投资于保险资产管理公司的资产管理计划。

（3）保险资产管理公司资产管理计划以保险公司名义存入委贷银行的协议存款（一般性存款）。

（4）该笔存款到期后，资金通过保险资产管理计划和券商定向资管计划回到委托银行账户。

七、银证合作信用证划款业务交易结构

银行信用证划款业务是开证行为不挤占表内信贷额度、扩大存款规模，借助券商资管定向通道进行的银行间信用证划款业务，其本质是突破贷款规模的限制，扩大表外资产。银行信用证划款业务是商业银行在同业代付方式上的业务创新，此创新须借道券商资管通道。常见的交易结构如下。

（1）由资金委托银行以理财资金委托券商资管成立定向资产管理计划。

（2）券商资管作为定向资产管理计划的管理人，将委托资产投资于应收账款转让银行的信用证项下应收账款收益权。

（3）信用证到期后，由开证行对信用证进行到期兑付，到期兑付资金由转让银行托收后返还定向计划，再通过定向计划返还委托银行。

（4）委托银行通常要求开证行以保函方式或者定向计划收益权远期转让的方式对信用证进行兜底。

此外，信贷资产证券化业务也是未来商业银行的重要资管业务，其交易结构在此不再赘述。

第二节 金融监管对合同效力的影响

一、金融监管规范体系

我国金融监管规范体系复杂，位阶全面，主体多元。通过威科先行，输入"金融监管""合同"两个搜索词检索法律法规，共检索到2472个结果，检索时间为2021年3月12日。具体信息如图2.1所示。

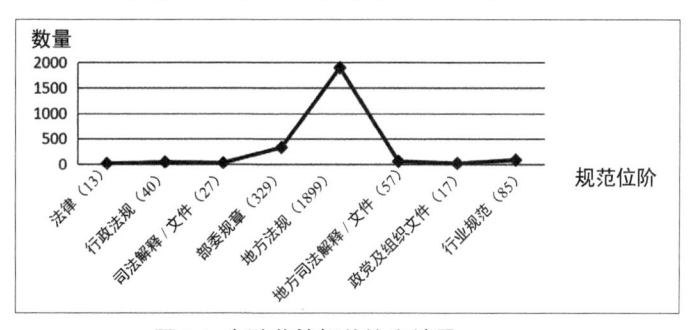

图 2.1 金融监管规范检索结果

从图2.1可知，我国涉及金融监管法律法规数量非常多，其中地方性规范占据近八成。在我国金融监管主要由国务院及相关部委负责或管理，具体的发文主体及数量情况如图2.2所示。

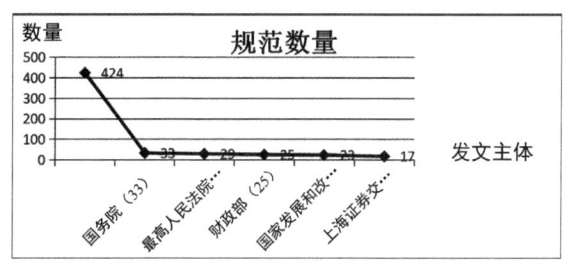

图 2.2 金融监管规范发文主体及数量统计

从图 2.2 可知，全国性的金融监管部门涉及众多，相关规范主要由一行两会一局（中国人民银行、中国银行保险监督管理委员会、中国证券监督管理委员会、中国外汇管理局）制定发布。

据统计，近 5 年涉及金融监管的规范处于加速完善期，数量为 1218 个，占现有规范总数量的 50%，如图 2.3 所示。

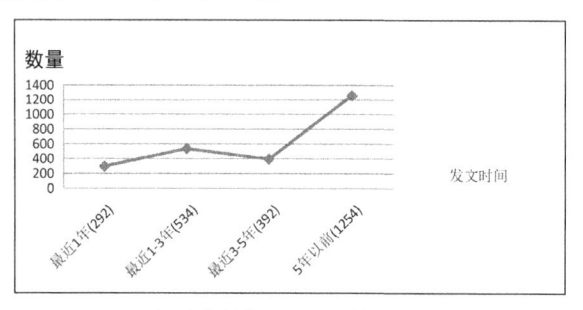

图 2.3 金融监管规范发文时间及数量统计

通过威科先行，输入"金融监管""合同""效力"三个搜索词检索裁判文书，共检索到 32675 个结果。从图 2.4 中可以看出，2017 年以后的案件数量占到了总案件数的 70%，特别是 2019 年的案件数量达到了 9831 件，这显然受到 2018 年"资管新规"的影响。随着规范的不断完善，法律确定性提升，相关案件是否会逐步减少，仍有待观察。

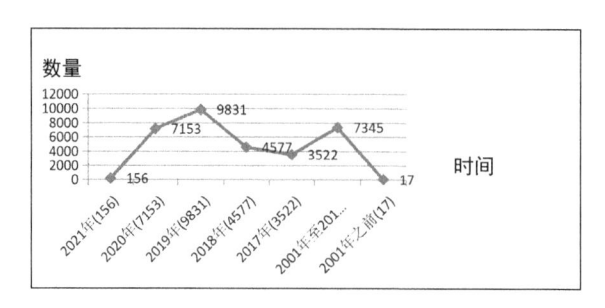

图 2.4 金融监管案件时间及数量统计

二、监管与意思自治

意思自治与国家管制是辩证统一的。监管力度的加强，往往意味着对行为自由的限制，结果是一些原本处于模糊地带的交易行为，甚至一些原本合法的金融产品，也可能在新的监管政策下被认定为违规，例如国债回购交易纠纷、可转换债券认购纠纷、定向增发认购权纠纷、基金赎回纠纷、权证交易纠纷、内幕交易纠纷以及与私募基金相关的纠纷等。为逃避监管，当事人往往采取虚伪意思表示的方式，以合法形式掩盖非法目的。以融资性买卖为例，融资性买卖又有资金空转型和代垫资金型之分，前者属于企业间借贷，后者属于连环买卖。又比如，回购型融资租赁是企业间借贷，还是融资租赁；股权让与担保是股权转让、让与担保，还是股权质押；名股实债中当事人享有的是股权还是债权，等等。

金融市场交易行为，应当坚持意思自治原则，允许市场交易主体自由设计不同的交易安排，满足金融市场主体的商业需求。例如，尽管《私募投资基金监督管理暂行办法》等规定和基金业协会的自律性规则均禁止私募基金管理人、私募基金销售机构向投资者承诺投资本金不受损失或者承诺最低收益，"资管新规"也明确规定，分级资管产品不得直接或者间接对优先级份额认购者提供保本保收益安排，但是这些行业监管要求是业内机构必须遵守的规则，不会产生效力性法律后果。司法机关不会因此认定协议无效，而是根据双方实质法律关系作出相应判断。[①]

三、监管规则对合同效力影响的两条判断路径

金融监管为公法规范，公法通常有比较明确的行政责任规定，但很少会涉及私法责任。因此，金融监管规范对合同效力影响的判断，主要依据私法规范。从我国现行法来看，针对违反金融监管规范后合同效力的直接规定并不多见，需要依靠私法上关于违反强制性规范合同效力的一般规定进行判断和认定。

我国私法上违反强制性规范合同效力的判断存在形式上的双轨。一是针对法律法规强制性规范以《中华人民共和国合同法》（以下简称《合同法》）第五十二条第五款为依据的强制规范判断路径。为防止合同动辄因违反强制性规

---

① 沈伟、李术平：《迈向统一监管的资管新规逻辑、工具和边界》，财经法学，2019年第5期，第105页。

范而无效，1999年《合同法》第五十二条第五款将导致合同无效的强制性规范限定在法律法规中。为进一步限缩解释此条，2009年《最高人民法院关于适用〈中华人民共和国合同法〉若干问题的解释（二）》（以下简称《合同法司法解释（二）》）第十四条创新性地提出效力性强制规范和管理性强制规范，为限缩解释合同法第五十二条第五款提供了概念工具。二是针对规章强制性规范以《合同法》第五十二条第四款为依据的公序良俗判断路径。针对审判中违反强制性规范合同效力的认定难题，2019年最高人民法院出台《全国法院民商事审判工作会议纪要》（以下简称《九民纪要》）。其中第三十[①]条、三十一[②]条按照形式双轨分别规定了违反法律法规强制性规定和规章强制性规定合同效力的判断路径。

对于第三十一条需要特别说明两点：①《九民纪要》没有提及强制性规范。规章中非强制性规范不存在否定合同效力的可能，这里指的只能是规章的强制性规范。②此处的规章仅应指部门规章，不应包括地方规章。原因有三：一是合同效力的判断的本质在于公序良俗，此处的公序良俗应是全国范围内的，而不应是区域性的；二是合同效力的判断应是全国统一的，不宜因区域不同而有差异。三是如果没有更高层级规范的支撑，仅依靠地方规章强制性规范保护的公序良俗，其重要性自然也不会太大，也不应允许其影响合同效力。

2007年5月，最高人民法院相关领导在全国民商事审判工作会议上讲话中就曾指出："人民法院只能依据全国人大及其常委会制定的法律和国务院制定的行政法规认定合同无效，而不能直接援引地方性法规和行政规章作为判断合同无效的依据。如果违反地方性法规或者行政规章将导致损害社会公共利益，则可以根据合同法第五十二条第四项的规定，以损害公共利益为由确认合

---

① 《九民纪要》第三十条规定："下列强制性规定，应当认定为'效力性强制性规定'：强制性规定涉及金融安全、市场秩序、国家宏观政策等公序良俗的。"

② 《九民纪要》第三十一条规定："违反规章一般情况下不影响合同效力，但该规章的内容涉及金融安全、市场秩序、国家宏观政策等公序良俗的，应当认定合同无效。人民法院在认定规章是否涉及公序良俗时，要在考察规范对象基础上，兼顾监管强度、交易安全保护以及社会影响等方面进行慎重考量，并在裁判文书中进行充分说理。"

同无效。"

最高人民法院的（2008）民提字第 61 号判决中提道："在法律、行政法规没有规定，而相关行政主管部门制定的行政规章涉及社会公共利益保护的情形下，可以参照适用其规定，若违反其效力性禁止性规定，可以以违反《中华人民共和国合同法》第五十二条第（四）项的规定，以损害社会公共利益为由确认合同无效。"

四、公序良俗为效力判断的实质标准

虽然违反金融监管规范合同效力判断存在形式上的双轨，但从实质上仍是单轨。质言之，无论违反的是法律法规金融监管规范，还是规章金融监管规范，合同效力的判断标准是是否违背公序良俗。

从形式上看，《九民纪要》第三十条对于违反法律法规强制性规范，先依据类型化的方法判断是否涉及公良序俗，进而将强制性规范区分为效力性和管理性，在此基础上判断合同效力。而第三十一条对于违反规章强制性规范则是依据类型化的方法判断是否涉及公序良俗，然后直接判断合同效力。

从实质上看，判断法律法规强制性规范是效力性还是管理性，与判断违反强制规范合同效力的判断标准都是是否违背公序良俗。依据《合同法司法解释（二）》第十四条及相关理论，违背公序良俗的强制性规范对应效力性强制规范。也就是说，效力性还是管理性的判断等同于判断合同效力，效力性和管理性的概念对于合同效力的判断并无价值。这并不是说区分效力性与管理性强制性规范毫无意义，这一区分为限缩解释《民法典》第一百五十三条强制规范直接提供了概念工具。判断违反规章强制规范合同效力，判断标准同样是是否违背公序良俗。无论违反的是法律法规的强制规范，还是规章的强制规范，都可能因违背公序良俗而无效，也都可能因不违背公序良俗而有效。换言之，在现行法层面，违反法律法规和规章强制规范合同效力的判断标准都是是否违背公序良俗。

将公序良俗作为判断违反强制规范合同效力的标准是很多国家的基本做法，只是在具体解释方面存在具体差异。比如，德国在立法上将违法与违背善

良风俗予以了区别处理，日本过去的学说也主张区分违法与违背公序良俗。但在德国司法上却存在这样一种倾向，即认为在讨论违法合同效力的时候，离不开对善良风俗问题的考察。而且，新近的日本民法学说则已从违法与违背公序良俗的二元认识走向了一元论的立场，即将违法问题统摄于违反公序良俗的判断中。这一转变对于克服违法即无效的机械认识，授权法官依个案的具体情形作不同对待提供了技术手段，值得借鉴。[①]

第三节　资金端与资产端交易特征

一、资产端

资金端主要面临三类资金的募集和匹配挑战：一是中长期资金募集难度加大。由于"资管新规"对非标资产禁止资金期限错配，需要为中长期债权资产募集更多长期资金。从实际情况看，个人投资者投资期限偏短的特点短期难以改变；机构投资者在当前的复杂形势下，对资金流动性和现金流的需求提升，投资行为偏好有所改变。从上市公司披露的第一季度投资数据看，机构投资理财产品的热情和持有理财产品规模均出现不同程度下降。二是个人投资者预期引导仍待破题。突出表现在理财、信托产品方面。理财产品余额中85%属于个人投资者。不同于私募基金等高风险投资预期和更高的合格投资者门槛，现有理财产品以普通投资者居多，并且形成了"隐性刚兑"和"固定收益"的预期。培育这类资金长期投资、风险投资理念任务艰巨，不仅关系行业的发展，更可能影响社会稳定。三是通道业务压缩后，券商资管缺少合格资金来源替代。信托、券商等承担通道角色的业务需要重塑，原有的通过层层包装在不同主体间流转的资金会随着通道的压缩逐步被挤出，且受"资管新规"约

[①] 刘姿汝：《违反公平交易法行为之私法效力》，中正大学法学集刊，2007年第22期。转引自黄忠：《违法合同效力论》，北京：法律出版社，2010年版，第36页。

束难以填补。①

早在 2007 年，国内就已经开始倡导去杠杆、破刚性兑付了。原银监会颁布的《信托公司管理办法》和《信托公司集合资金信托计划管理办法》都规定了刚性兑付在金融资管行业的禁止条款。实践中多采取隐形化的方式与投资者协定刚性兑付，如信托机构利用口头或暗示的方式与投资者达成协议，或另行签订刚性兑付性质的协议对投资者进行担保。由于"资管新规"明确禁止了刚性兑付的存在，故无论是明面还是潜在的事前承诺的刚性兑付均属于违规操作。

当信托计划投资失败、项目亏损，目标公司破产无力清偿时，为了避免信托公司自身信誉下滑、业界口碑下降等不利影响，信托公司主动承担起项目投资失败的不利后果，为投资者还本付息。此种刚性兑付类型采用事后补救的措施，在其前期阶段并不存在任何违法违规现象。但是对于后期的主动承兑行为，从形式上来看似乎是信托公司承担起了更多的社会责任，充当"救世主"的角色，避免了投资者血本无归情况的出现。国内有学者认为如果信托公司利用自有资金对投资者进行事后主动兑付，由于不存在提前的沟通与协议，故行为不违法。

严防金融机构借打破刚性兑付之名逃脱债务。新规的出台对金融机构而言利弊兼存。弊端在于不能直接与投资者约定刚性兑付，会导致投资者投资金额和数量急剧下降，信托机构业务量减少，进而导致信托机构收入下降。有利之处在于由于刚性兑付被明令禁止，一些金融机构履行了信托法规定的信义义务后便不再关心投资项目是否成功，即使失败了也是买者自负，信托机构不担责。这样会衍生出一系列问题。金融机构抱有该想法会使其在信托计划的项目尽调、投资、审查、后期的跟踪上产生懈怠，认为只需要尽到最基本的谨慎和尽职义务即可。这种甩手掌柜的姿态会大大增加投资项目的风险，提高到期不能正常兑付的可能性，进而导致投资者利益遭到损失甚至倾家荡产。该情形若屡次发生，极易导致社会动荡。②

---

① 尚福林：《推动资管行业健康转型发展》，中国银行业，2020 年第 5 期，第 12 页。
② 王笑笑：《浅议资管新规下信托产品刚性兑付之法律效力和规制路径》，河南财政税务高等专科学校学报，2020 年第 1 期，第 78 页。

二、投资端

在资产端,重点满足提高经济社会资源利用效率、降低社会交易成本、促进基础金融服务公平的要求。主动将国家发展战略、区域发展战略和产业发展战略等作为业务方向选择的重要考虑因素,把资金流引向实体经济重点领域和薄弱环节,疏通资金流向民营企业的渠道,打通货币政策向广大民营企业、中小微企业的传导路径。特别是在常态化疫情防控与复工复产大背景下,要服务疫情防控、复工复产、就业稳定和国民经济恢复增长的大局,抢抓产业数字化、数字产业化机遇,支持新型基础设施建设,促进传统产业改造升级,扩大战略性新兴产业投资,为恢复正常经济社会秩序、培育壮大新的增长点注入金融活力。[①]

资产端主要面临资产收益率和非标资产两方面挑战:一是资产收益率承受较大下行压力。一方面,在资管产品的底层资产中,债券等固收类资产占比很高。理财产品穿透后,债券(同业存单)等固收类资产占60%以上。欧美等发达国家采取量化宽松政策,相继进入负利率区间。再加上为应对疫情冲击,市场流动性相对充裕,带动固收类资产收益率整体下行,国债收益率降为负值或处在历史最低水平,客观上增加了追求长期稳健回报的固收类资产配置难度。另一方面,股权投资等权益类产品面临"资产荒"。受疫情对国内外经济的负面冲击影响,企业经营难度加大,偿债能力下降,信用风险上升,可配置的优质投资项目减少。二是非标资产的处置与承接面临两难。非标资产是"资管新规"规范的重点,也是难点。非标资产是在标准化融资体系下,因表内金融无法满足其融资需求而演化出的特殊资产,对它的认定标准日益趋严。近年来,非标资产规模有所下降,在社融结构中的非标融资规模和占比都在持续下降。非标资产中,既包括难以通过贷款、债券等手段融资的限控行业,也包含实体经济有效需求,如对地方基础设施项目建设以及民营、小微企业融资。这部分资产的消化和转型面临两难:首先是其中的有效需求如何承接。原有银行理财资金或者公募资金受"资管新规"期限匹配等约束难以接续。其次是当前市场流动性相对充裕和信贷定向投放力度显著加大,表内信贷、直接融

---

① 尚福林:《推动资管行业健康转型发展》,中国银行业,2020年第5期,第13页。

资增长迅猛，虽然为非标回表转标提供了机遇，不过仍需考虑两个问题：一个是正常回表势必加大银行资本消耗，特别是增加中小银行资本补充压力，在宏观审慎评估体系约束下可能挤占信贷额度，影响其他正常新增信贷需求。另一个是非标资产之所谓"非标"，正是因为难以满足正常融资手段门槛。简单通过银行表内信贷资金腾挪，也可能会加速风险向银行体系传染暴露。[①]

另外，非金不良资产也是投资端的重要标的。非金不良资产资管业务主要涉及在确认债权债务关系后，由资管公司进行收购取得债务人企业债权，并且和债务企业相关各方协商达成一致意见，重新确定还款利率、还款方式、还款时间、担保措施，追加违约责任等履约条件，并且对债务还款方日常运营进行监督管理，实现预定效益。资管公司一般采取业务重组模式进行非金不良资产收购处置，由资管公司给融资难的企业提供金融服务，直接解决企业当前的资金短缺问题，同时还预防了企业供应链条上的信用支付危机。

资管公司如果以不良资产实施债权受让的形式把钱投出去，通过非金不良资产债务重组的形式收回本金和预期利息，就必须确定债权转让协议的签订是以债务重组协议为前提条件。资管公司只有在企业及其债务人付清全部债务重组价款后才会对质押资产进行交割。同时，项目组应加强对企业和其债务人的尽职调查，重点放在资产方面，如有还未抵押实物类资产，应争取追加抵押担保来防控风险。

此外，资管公司针对资金投放的使用情况设置管理监督措施，落实后期对债务重组项目的管理安排，定期对项目所在地进行跟踪走访，了解企业经营情况，查看其运作经营情况，保证投放的资金使用情况符合项目规定。按季度对经营现场进行定期走访，时刻关注企业对资金的使用情况。通过企业季度财务报表，分析其经营情况走势，掌握企业在银行信托等机构负债情况的变化，并同时依据还款计划对企业及另外三家债务人进行还款提示，至少每年进行一次企业征信报告查询，以保障项目本金安全，避免违约风险。[②]

---

① 尚福林：《推动资管行业健康转型发展》，中国银行业，2020年第5期，第11页。
② 张羽：《资产管理公司非金不良资产收购处置风险研究》，时代金融，2020年第1期，第72页。

第三章 资管领域契约基金主体法定性及一般法定位[①]

目前中国开展资管业务的细分主体多样，不仅包括银行、信托、证券、基金、期货、保险、金融资产投资等金融机构，还包括私募投资基金等非金融机构。所发行或销售的资管产品称谓各种各样，诸如理财计划、投资计划、定向融资、信托计划和基金等，但这些资管产品的法律本质都为基金，即通过特定形式募集资金形成投资财产集合。依据组织形式不同，资管基金包括契约型、公司型和合伙企业型三种类型。金融行业的法律规范可以分为民商规范和监管规范。资管基金类型的不同直接关系到所依据的民商规范以及所形成的民商法律关系。中国已经构建起相对成熟的规范公司型和合伙型基金的《中华人民共和国公司法》（以下简称《公司法》）和《中华人民共和国合伙企业法》（以下简称《合伙企业法》）等民商事法律制度体系，但规范契约基金的民商事法律相对不成熟。这种不成熟集中表现在两个方面：一是不恰当地将契约基金出资人与管理人之间的关系定性为委托关系；二是至今缺乏规范契约基金的民商法层面的一般法。本章拟针对契约基金主体地位和一般法建构进行讨论，以期对相关立法有所裨益。

第一节 中国资管实践对契约基金主体地位的制度诉求

契约基金是中国资管实践当中经常出现的组织形式，现行法并未赋予其民商事主体地位，但相关民商事法律实践存在着对契约基金主体地位的制度诉

[①] 本章内容发表于《云南社会科学》2020 年第 4 期，收录时作者进行了部分修改。

求。为便于相关经济活动的开展，实践中契约基金被直接、间接或者变通作为民商事主体的情形屡见不鲜。总体上看，以下几种情形对契约基金主体地位存在制度诉求。

第一，契约基金直接以基金名称开立账户。为保证基金财产独立，相关规定要求契约基金账户与具体契约基金名称一一对应，避免契约基金财产因进入管理人账户而发生财产混同。在通常情形下，独立法律主体地位是开立独立账户的前提，所以开立存储账户对契约基金主体地位存在制度诉求。

第二，契约基金主体地位有利于税务实务工作的开展。由于法律未赋予契约基金独立主体地位，造成很多相关事项规定不明确、不合理。在增值税方面，财税〔2016〕140号文件要求自2017年7月1日起，资管产品运营过程中发生的增值税应税行为，以资管产品管理人为增值税纳税人。这不仅与《中华人民共和国增值税暂行条例》中纳税人的规定相违背，而且导致管理人和投资人对同一笔收益重复征税。契约型基金虽由管理人负责投资与管理，但其投资收益并非管理人所有，而是归属于投资人，管理人只是按照合同约定取得服务费收入。①管理人在契约基金运行中应为税费代扣代缴主体，而非纳税主体。在企业所得税方面，依《中华人民共和国企业所得税法》规定，基金管理人投资运作所产生的收益，应计入管理人所属企业的应纳税所得额，依法交纳企业所得税。其中投资收益计入管理人所得额的做法明显与基金财产独立、债权债务自担原则相违背。

从本质上看，以上契约基金税务规定不明确或不合理的问题正是根源于契约基金法律主体地位的缺失。有学者主张将不是法律主体的契约基金当作纳税主体，将证券投资基金视为纳税主体，并不会影响既有的对基金大部分收入免税的政策，更不会影响基金业的发展，反而更有助于各类不同法律地位的证券投资基金份额持有人实现公平的税收扣缴及费用的扣除。②所得税法上的纳税主体不一定要与民法中的一致，证券投资基金具有纳税主体地位，对证券投

---

① 高金平：《契约型证券投资基金税收政策研究》，税务研究，2017年第9期，第65页。
② 岳钦行：《契约型证券基金所得税纳税主体地位》，厦门大学硕士学位论文，2017年，第33页。

资基金可以采用类似于对公司征税的方式对证券投资基金征税。可见，税务实务工作的开展对契约基金主体地位存在制度诉求。

第三，很多金融业务的开展需要契约基金作为合同主体。在投资端，契约基金会发生购买股票债券、增资入股、受让股权或受让资产等交易行为。由于契约基金缺乏法律主体地位，会涉及合同签章主体应该是管理人还是契约基金的问题。实践中对此争议不断，做法不一。常见的做法是由管理人作为交易的合同主体，但此做法在民法和民诉法的理论上存在明显瑕疵。管理人的角色应仅为委托代理人，并非合同当事人，其并不承受交易产生的债权债务。实践中有个别情况，如一个管理人名下不同基金之间发生交易底层资产的情形，如果都由管理人作为合同当事人，就会出现交易双方同为管理人的自我交易情况。为避免出现此乱象，实践中通常会在管理人后面标注一下具体契约基金名称以视区分。另外，在契约基金纠纷民事诉讼中，谁是当事人不无疑问。实践中，管理人通常作为诉讼当事人参加诉讼，但从理论上讲，当事人必须是承担实体权利和义务的主体，管理人作为委托代理人参加诉讼更合乎法理，但此处所涉的委托因契约基金无主体地位而不可操作。显然，金融业务的开展对契约基金主体地位存在制度诉求。

第二节　中国契约基金法律性质的问题属性及契约说解释选择路径

一、中国契约基金法律性质的问题属性

契约基金法律性质一直是学术界争议的焦点，受《中华人民共和国信托法》（以下简称《信托法》）作为契约基金一般法观点的影响，中国关于契约基金法律性质的研究常常表现为关于信托法律性质的研究。目前，关于契约基金法律性质的主要学说可以归纳为契约说和主体说，前者否定契约基金的主体地位，而仅仅将其作为契约；后者则肯定契约基金为与公司、合伙企业并列的一

类法律主体。

中国现行立法采取契约说，将契约基金的本质定性为委托关系，否认其法律主体地位，这一点在《信托法》"资管新规"等规范当中都有体现。依契约说，信托本质上就是合同，委托人与受托人基于设立信托而进行交易，是一种建立在双方合意基础上的契约关系。持此类学说的学者认为，既然将信托视作交易，且依据合同便能很好地解释信托，因此可将信托法默示规则看作是一种标准合同。① 信托来源于一项协议，作为允诺人的受托人没有得到任何利益，被允诺人无论如何都是有损失的，因为他放弃了一项法律权利、财产和对财产的占有，衡平法院的大法官开始强制执行一项个人权利，该权利是对人权而非对物权。②

随着中国契约基金实践发展，主张主体说的学者越来越多。一般认为将商事信托作为独立商事组织的基本观念首先由美国的 Sheldon A. Jones 等在《马州信托与注册投资公司》一文中提出。③ 相关实践对契约基金主体的制度诉求通常是持主体说观点的学者都会提及的关注点，强调主体定性的实践价值。有持主体说的学者主张，现代商事信托制度已经成为与公司制度并驾齐驱的商业组织形式。在信托业法上确认商事信托的法律主体地位有利于明晰法律上的义务和责任主体。④ 将特定目的营业主体（意指契约基金形式的 SPV）确认为一类新型商主体具有一定的实践意义。以证券投资信托为代表的商事信托

---

① John H. Langbein , "The Contractarian Basis of The Law of Trusts" ,105 Yale L. J. December1995 , 652-665.

② [英]F. W. 梅特兰：《信托与法人》//[英] 大卫·朗西曼、马格纳斯·瑞安：《国家、信托与法人》，樊安，译，北京：北京大学出版社，2008 年版，第 99 页。

③ 刘正峰：《美国商业信托法研究》，北京：中国政法大学出版社，2009 年，第 4 页。

④ 谢永江：《论商事信托的法律主体地位》，江西社会科学，2007 年第 4 期，第 208 页。

兴起后，频繁地对外投资运作以及内部关系的复杂化，导致法律上逐渐接受了信托的独立化甚至实体化。① 随着商业信托在中国越来越多地被应用，应当逐步规定商业信托的法律主体地位，这有助于解决商业信托领域中存在的信托财产所有权、受托人有限责任、商业信托正确设立等方面存在的一些理论与实践问题。② 另外，也有学者通过将信托财产和公司、合伙进行比较，主张信托财产的主体化程度应定位在公司和合伙之间。③

在立法论层面，契约说与主体说的区别形式上表现为对契约基金法律性质认识的不同，而实质上是为实现相同价值判断结论而采取的不同解释选择路径。契约基金法律性质的问题属性不是价值判断问题而是解释选择问题。如何进行解释选择本身则既非事实判断问题，又非价值判断问题，而是一种独立的问题类型。解释选择问题主要指采取何种妥当的解释路径将已确定的特定价值判断结论在立法上表述出来。④ 民商事法律主要调整两大类利益关系：一类是民商事主体之间的利益关系；另一类是民商事主体与公共利益之间的利益关系。价值判断结论是立法者在事实判断的基础上，结合当下社会价值评判体系，得出的对以上两种类型利益关系法律安排的结论。契约说与主体说之间的区别不在价值判断结论，而在解释选择的路径不同，两种学说与价值判断结论之间不存在绑定或背离的逻辑关系。

就契约基金而言，综合国内外立法和理论，其主要价值判断结论是契约基金财产独立，投资人承担有限责任，管理人收取管理费不承担投资风险，以及第三人可为受益人等。这些结论在本质上相互关联，其中最为核心的价值判断结论便是契约基金财产独立，其他结论或可以从这一结论中推导出来，或是对这一结论特征的描述。为简化论述，如无特别说明，后文将使用契约基金财

---

① 楼建波：《企业并购中的资管计划——以 SPV 为中心的法律分框架》，清华法学，2016 年第 6 期，第 64 页。

② 于朝印：《论商业信托法律主体地位的确定》，现代法学，2011 年第 5 期，第 38 页。

③ 张钰：《信托财产的法律主体性研究》，华东政法大学硕士学位论文，2019 年，第 3 页。

④ 王轶：《民法原理与民法学方法》，北京：法律出版社，2009 年，第 97 页。

产独立来指代契约基金的价值判断结论。契约说和主体说持守着上述相同的价值判断结论,但却选择了不同的解释选择路径。

二、中国契约基金契约说解释选择路径

契约说采取"委托＋特别规定"方式实现价值判断结论的解释路径。根据民商法一般原理,契约仅在当事人之间产生内部法律效力,而契约基金财产独立需要依赖对外效力才可以实现。那么要想在立法上实现契约基金财产独立这一价值判断结论,唯独通过立法上的特别规定方可实现。以中国《信托法》为例,为实现契约基金财产独立的法律效果,此法主要在三个方面进行了特别规定:第一,以登记为契约基金生效要件,使契约产生对外效力。[①] 通常契约无须登记就可直接生效,而此处特别要求对契约进行登记。第二,在没有明确信托财产所有权转让的前提下,规定投资人不享有信托财产所有权或财产独立于投资人,并且投资人仅享有信托份额、以信托份额为限承担投资风险。[②] 第三,在没有明确信托财产所有权转让的前提下,管理人对外要以自己名义管理财产,[③] 并且管理人自有财产不对投资风险负责。

后两处特别规定明显背离民商法一般理论,主要体现在三点:一是委托

---

① 《信托法》第十条:"设立信托,对于信托财产,有关法律、行政法规规定应当办理登记手续的,应当依法办理信托登记。未依照前款规定办理信托登记的,应当补办登记手续;不补办的,该信托不产生效力。"该登记主要为契约内容信息,依据《信托登记管理办法》(2017)第九条,主要涉及信托产品名称、信托类别、信托目的、信托期限、信托当事人、信托财产、信托利益分配等信托产品及其受益权信息和变动情况。

② 《信托法》第十五条:"信托财产与委托人未设立信托的其他财产相区别。设立信托后,委托人死亡或者依法解散、被依法撤销、被宣告破产时,委托人是唯一受益人的,信托终止,信托财产作为其遗产或者清算财产;委托人不是唯一受益人的,信托存续,信托财产不作为其遗产或者清算财产;但作为共同受益人的委托人死亡或者依法解散、被依法撤销、被宣告破产时,其信托受益权作为其遗产或者清算财产。"

③ 《信托法》第二条:"本法所称信托,是指委托人基于对受托人的信任,将其财产权委托给受托人,由受托人按委托人的意愿以自己的名义,为受益人的利益或者特定目的,进行管理或者处分的行为。"

产生所有权变动效力。从《信托法》规定可知,信托财产所有权在委托之后便不再属于投资人,这与委托不会导致物权变动的物权基础理论明显背离。而且《信托法》始终未能明确信托财产所有权的归属主体,这种未能明确与其说是遗漏,不如说是陷入两难后的无奈选择。因为按照民商法一般理论,如果所有权从投资人转移给管理人,那么管理人变成信托财产的所有权人,自然也要承担投资风险享有投资收益,而这与信托立法的价值判断结论不一致。反之亦然,如果所有权不发生变动,投资人仍享有信托财产所有权,那么管理人便不能以自己名义对外投资,且投资人对自己投资应承担无限责任,而这也明显违背信托立法的价值判断结论。可见,在现行民商法一般理论的前提下,信托财产所有权变动规则难以妥当解释,因此立法便选择以委托产生所有权变动效力且不明确所有权归属主体的模糊处理方式进行了特别规定。二是与无主财产规则严重背离。与英美法系双重所有权不同,中国《信托法》规定契约财产要独立于所有主体,而法律上只有无主物才可能独立于所有主体,但显然此财产并非无主,因此此特别规定必将陷入两难逻辑推理困境。三是明显改变了主体自身财产需为自身投资风险承担无限责任的原则。具体来说,《信托法》的特别之处在于管理人以自身名义对外投资,自己名下财产(包括自有财产和管理的其他基金财产)不需要对投资风险负责。而且投资人自身名下除信托财产外的全部财产不需要对投资人作为委托人的投资风险负责。此种法律效果都是与现行民商法一般理论相违背的。

  从上述分析可见,契约说虽然可以在立法上实现契约基金财产独立的价值判断结论,但需要借助明显违背民商法一般理论的多个特别规定。日本学者新井诚教授正是看到了契约说难以在现有民商理论体系下妥当解释契约基金财产独立,于是对契约说进行修正,提出了新契约说。大致的解释路径是在保留契约说框架的前提下以特别规定进行修正。其所主张的"债权"是民法特别法创新出来的具有特殊性质的权利,与民法上的债权完全不同,不能以纯形式理论将其分类为民法上的债权或物权,否则将会导致顾此失彼之果。[①] 中国也有

[①] [日]新井诚:《信托法》,刘华,译,北京:中国政法大学出版社,2017年,第62页。

学者试图通过创设新的物权类型的特殊规定，主张无论是委托人保留的所有权还是受托人对信托财产的所有权，都是权能不完整的期限有限的"不完全所有权"或"特殊所有权"，与一般的所有权概念不符。这种"不符"会破坏中国法律体系的和谐，而且可能影响实践中信托安排的确定性。因此，我们有必要借鉴阿根廷和乌克兰的做法，在概念层面规定信托财产所有权作为一种不完全的所有权或特殊所有权的地位，甚至对信托所有权进行科学的定义。①

需要说明的是，以上分析只是围绕契约基金最为核心的契约基金财产独立而进行的。实质上对于牵一发而动全身的民商法体系而言，多个特别规定的存在一定会产生广泛的体系效应，受篇幅所限在此不展开讨论。

第三节　中国契约基金民商法层面的主体法定位

从世界范围来看，由于各国法律传统和发展阶段不同，契约说和主体说都有对应的立法例。法律并非对客观世界完全消极的成像，而是用法律语言对客观事实的主动塑造。契约说和主体说都是法律对契约基金法律性质的塑造，可供解释选择的路径不会也不应当是唯一的，但不同路径之间存在优劣之别。笔者认为，主体说是中国立法上的更优选择，立法上应该肯定契约基金的主体地位。具体原因除了主体说可以回应本文第一部分提到的中国资管实践对契约基金主体地位的制度诉求外，还体现在主体说与现行民商法一般理论具有更高的匹配度以及更强的解释力。

一、赋予独立财产主体地位符合现行民商法一般理论

主体说采取赋予契约基金主体地位方式实现价值判断结论的解释选择路径。赋予契约基金与公司、合伙企业并列的主体地位，依现行民商法一般理论契约基金财产独立便是顺其自然的结论，无须借助特别规定。主体制度是中国

---

① 楼建波：《信托财产关系与物权法原则的冲突——兼论信托财产关系的民法典表达》，交大法学，2019年第2期，第22页。

民商事法律的基石，中国立法已经形成了非常成熟的制度体系。依据民商法相关规定，除自然人外，还存在营利法人、非营利法人、特殊法人和非法人组织等主体类型。从具体规定可以看出，独立财产是法律上的非自然人主体的共同特征。无财产者无人格，[①] 独立财产是大陆法系国家立法上构成非自然人法律主体的资格或前提。此处人格为法律主体资格之意，契约基金的财产独立满足了其获得法律主体地位的核心条件。换言之，没有独立财产，契约基金便不具备成为法律主体的可能。从公司、合伙企业、个体工商户等非自然人法律主体的实际情况看，反过来推论也成立，即具有独立性的财产便可在法律上取得主体地位。

需要说明的是，立法赋予契约基金主体地位，但并不意味着投资人必须承担有限责任。依据独立的强度不同，财产的独立可以分为绝对独立和相对独立。财产的绝对独立不仅财产独立，而且财产对应的责任也是独立的。当资不抵债时适用破产规则，责任不会波及投资人。在中国，法人型主体的财产就是绝对独立的财产。财产的相对独立只是财产本身独立，而对应的责任并不独立。当资不抵债时不适用破产规则，投资人或出资人对债务需承担连带责任。在中国，不具备法人地位的非自然人主体所对应的便属于财产的相对独立，比如合伙企业、个体工商户等主体。虽然从注册出资和财务报表等方面看此类主体拥有独立的财产，但出资人或设立人需对此类主体的债务承担无限责任。就契约基金而言，依据契约基金财产独立和投资人有限责任的价值判断结论，可以看出契约基金财产属于绝对独立，依照形式逻辑契约基金应定性为法人型主体，也只有如此解释才更符合民商法基本理论。

二、契约基金主体说可化解双重所有权解释困局

中国信托理论直接或间接来源于英美等国，依其主流的双重所有权信托理论，同时存在普通法上的所有权和衡平法上的所有权，而这与中国现行所有权理论难以匹配。可以说，双重所有权理论已经成为中国信托法律发展不

[①] 尹田：《无财产即无人格——法国民法上广义财产理论的现代启示》，法学家，2004年第2期，第46页。

可逾越的理论障碍。继受信托制度,就必须解决信托财产的所有权归属问题,否则难以与中国的法律体系保持协调。[①]契约基金面临着与信托关系同样的问题,即如何在中国现行民商法一般理论前提下妥当地解释契约基金财产归属等问题。

笔者认为,只要立法上采纳契约基金主体说观点,契约基金财产归属等问题便可以妥当地得以解释。立法赋予契约基金主体地位,财产所有权当然归属契约基金这一主体。投资人对投资财产的所有权将转化为对契约基金份额的所有权,投资人通过契约基金管理协议将契约基金的管理权让渡给管理人,管理人依据契约基金管理协议和法律规定行使管理权。而且投资人可以选择通过真正第三人利益合同的法律结构将利益转让给受益人。从实际情况看,双重所有权的难题只存在于契约型基金,在公司型和合伙企业型基金中根本不存在此问题,这也在一定程度上证实将契约基金解释为法律主体便可以摆脱双重所有权困局。

三、契约基金主体说有利于维护现行民商法体系

赋予契约基金主体地位与现行民商法一般理论具有较高的匹配度。较高的匹配度意味着可以在立法上减少使用特别规定,从而避免对现行民商法体系造成不必要的冲击和破坏。

契约说和主体说对应着两种运用不同法律语言将价值判断结论转化为法律规范的路径。虽然殊途可以同归于相同的价值判断结论,但两种学说在与现行法律的匹配度、实践解释力、立法效率等方面存在优劣之分。一般条款加特别规定是立法当中常用到的方法,其中特别规定实质是对法律一般条款的修正,其角色应为补充性的。通过特别规定固然可以在某些具体问题上实现价值判断结论,但特别规定使用得越多,对于现行法律体系的破坏就越大,而且往往一处例外意味着多个方面的跟进修补。对于契约基金而言,为实现基金财产独立这一价值判断结论,如果采用主体说,因为与现行法律具有较高的匹配

[①] 于海涌:《论英美信托财产双重所有权在中国的本土化》,现代法学,2010年第3期,第159页。

度，解释力较强，立法上也可以在保留自身特殊规则的基础上直接借鉴公司法和合伙企业法的成熟经验，从而极大提高立法效率。而如果采用契约说，因契约效力限于内部关系，要实现基金财产独立这样具有对外效力的价值判断结论，就需要借用多个特别规定。对此有学者就指出，如果没有信托法的备用条款，而是通过合同制度和代理制度来安排，则因需要在所有相关合同中明确界定当事人的权利义务而使交易变得成本高昂和难以操作。[1] 可见，相比于需要借用大量特别规定才可以实现价值判断结论的契约说，契约基金主体说更有利于维护现行民商法体系。

第四节　中国契约基金民商事主体法一般法的定位

中国目前缺失与《公司法》和《合伙企业法》并列的在民商法层面规范契约基金主体的一般法依据。比较而言，规范公司型或合伙企业型资管基金的民商法律制度较为完善，而规范契约型资管基金的民商法律制度相对薄弱。与大资管快速发展如影随形的，是围绕着大资管上位法的分歧，"信托 VS 委托"之争几乎贯穿于整个大资管 20 年发展历程的始终。虽然《中华人民共和国证券投资基金法》（以下简称《证券投资基金法》）确认了中国的契约型证券投资基金的信托属性，但能否推及券商资管、银行理财或私募基金等不无疑问。[2] 可以说，契约基金主体一般法的缺失已经成为相关理论和实务发展的重要短板。如果说"资管新规"开创了大资管在监管制度层面的统一，那么现在迫切需要制定一部统一规范契约基金主体的一般法，以实现大资管在民商法规范层面的统一。

---

[1] ［日］亨利·汉斯曼、乌哥·马太：《信托法的作用：比较法与经济分析》，吴敬琏：《比较法与经济分析》，北京：中信出版社，2003 年，第 112-121 页。

[2] 刘燕：《大资管监管体制的反思与重塑》，金融时报，2020 年 2 月 24 日，第 11 版。

一、信托法不宜作为契约基金民商法层面的一般法

由于中国《信托法》在整个大资管细分行业规范当中的相对成熟和信托与契约基金在法律结构的共性，长期以来《信托法》发挥了契约基金民商法层面一般法的功能。2019年最高人民法院为回应诉讼实务当中契约基金民商法层面一般法缺失而形成的审判难点，在《九民纪要》第八十八条表达了将《信托法》作为契约型资管基金一般法的态度，规定"其他金融机构开展的资管业务构成信托关系的，当事人之间的纠纷适用信托法及其他有关规定处理"。在学术界，多数学者同样持有将《信托法》作为契约基金一般法的观点。有学者认为资管业务本质上是一种信托法律关系。《信托法》不仅应适用于信托公司的资管业务，也应适用于银行、证券、保险等其他金融机构的资管业务。[①]《信托法》的遗憾是它在实践中不适用于信托公司之外的资管机构，主张"资管新规"应当明确"其他金融机构"从事的资管业务本质就是营业信托，以正本清源。未来，"资管新规"上升到全国人大的立法层面，其定位应是《营业信托法》。[②] 还有学者主张应从《信托法》层面明确资管业务的信托法律关系，在宏观上，扩大并明确界定营业信托的范围，统一规范当前以委托之名行信托之实的各类资管产品；在微观上，完善信托双方的权利义务体系，统一各类资管人的受托义务要求，强化受托人的信义义务及相关法律责任。[③]

笔者认为在目前一般法缺失的背景下，将《信托法》作为契约基金民商法层面一般法的做法具有积极意义。但这种做法在过渡时期尚可，但长期来看不宜将《信托法》作为契约基金民商法层面的一般法，主要原因归纳为以下两个方面。

第一，《信托法》作为契约基金民商法层面一般法有违中国已经形成的大

---

① 王涌：《资管新规：风险的治理和治理的风险》，金融时报，2018年4月16日，第8版。

② 王涌：《让资产管理行业回归大信托的格局》，清华金融评论，2018年第1期，第83页。

③ 张妍：《"大资管"时代的行业监管困境与出路》，中国法律评论，2019年第2期，第195页。

资管概念体系。从中国现在所形成的资管生态来看，从事资管业务的主体包括银行、信托、保险、证券、期货和金融资产投资公司等金融机构，还包括公募基金和私募基金等非金融机构。与此相对应，在大资管概念体系当中，信托属于资管的子概念。如果将信托法作为整个资管行业的一般法，会造成信托与资管概念等同，进而破坏已经形成的大资管概念体系。对于民法体系来说，概念之间的逻辑关系和上下属关系，具有特别重要的意义。[1]

第二，信托的概念内涵不确定，不宜作为民商法层面一般法的基础性概念。信托的概念不确定在国外和国内都存在。信托在外国，包括在信托业较为发达的英美国家，都有多个含义，而且经常变动。美国法律概念之间的关系更加复杂，依据《投资公司法》，信托（Trust）可以是公司（Company）存在的一种形式，而且强调"Persons"既包括"自然人"，也包括"企业"。[2] 甚至英国信托法学者断言，没有一种信托的定义是毫无争议的。[3]

在国内，信托这一概念至少有三重含义，即信托行业、信托公司和信托产品。由于信托的三重含义，信托这一概念在实际使用中有较为严重的交叉使用的混乱问题。在中国，信托公司经营的不一定是信托产品。中国信托机构的经营范围并非只有信托产品，还包括财务顾问、证券承销业务、居间、咨询、资信调查、保管、贷款、租赁、担保、同业拆借等，虽然信托在20世纪20年代前后传入中国之后经营范围不断变化，但经营范围多元化未曾有变。[4] 另外，经营信托产品的不一定是信托公司。受将《信托法》作为契约基金一般法的影响，信托之外的资管机构也常常将所经营的契约基金产品归入信托产品。考虑到信托有信托行业之意，如果将《信托法》作为一般法，那么所有经营契约基金的资管机构可能被归入信托行业。如此一来，在使用信托概念时需要反复说

---

[1] ［德］拉伦茨：《德国民法通论（上）》，王晓晔、邵建东，等译，北京：法律出版社，2003年，第38页。

[2] 黄辉：《资产管理的法理基础与运行模式——美国经验及对中国的启示》，环球法律评论，2019年第5期，第130页。

[3] ［英］西蒙·加德纳：《信托法导论》，付然，译，北京：法律出版社，2018年，第2页。

[4] 何旭艳：《上海信托业研究》，上海：上海人民出版社，2007年，第244页。

明是在哪个具体含义上使用概念，否则便可能不清楚其具体含义。

综上可见，信托法不宜作为民商法层面的契约基金的一般法。如将《信托法》作为契约基金的一般法，信托在中国民商法概念体系中将面临内涵重塑的需要。

二、中国契约基金法应定位于民商事主体一般法

笔者认为，契约基金法应定位于与公司法和合伙企业法等民商事主体法并列的主体一般法。

第一，契约基金法定位于民商事主体一般法符合中国已经形成的大资管规范体系，是对大资管法规体系的完善。契约基金是依资管基金组织形式进行的分类，并不属于大资管当中的细分子行业。因此，契约基金法作为一般法不会出现类似信托法作为一般法给已经形成的大资管概念体系带来破坏的情况。契约基金法定位于与公司法、合伙企业法相并列的民商法层面的一般法，此三部一般法共同为契约型、公司型和合伙企业型资管业务提供民商法律基础规则。尽管银行、信托、保险、证券、期货、金融资产投资公司、公募基金和私募基金等各类细分资管机构所经营的产品名称不尽相同，包括银行财产计划、信托投资计划、保险投资计划、证券集合管理计划、投资基金等，但在法律本质上，资管产品全部或部分是契约基金。

目前，中国大资管的民商法规范表现为各类细分行业分别立法，即各类细分资管机构都有各自独立对应的民商法规范。针对本质相同的契约基金分别立法至少存在两方面问题：一方面是重复立法，浪费立法资源；另一方面是由于政出多门，必然产生立法冲突、规则不统一和缺乏体系性等问题。制定契约基金法就是改分别立法模式为统一立法模式，可以统一为契约基金提供基础性法律依据，从而提升立法效率、避免重复立法、防止立法冲突和完善法律体系。

第二，从文义上讲，相比信托，契约基金法这一概念更具基础性，更能直接表述契约基金业务相关法律关系的本质。基金本意为资金或财产集合之意，从更广义上讲，公司、合伙企业在本质上也是基金，是为满足社会大生产

的资金集合方式。从这一层面看，契约基金与公司、合伙企业并没有本质上的不同，其共同核心就是形成独立的财产集合。作为规范契约基金的一般法，其概念选择应注重概念文义对本质反映的直接性。虽然立法在某种特定情形下可以基于形式逻辑等因素对概念进行塑造，但这种塑造成分显然与立法语言解释力成反比。简言之，概念塑造成分越小，解释力越强。从这一角度而言，契约基金作为一般法的概念比信托更为适宜。

第三，契约基金法的调整对象比信托法更为广泛。"资管新规"明确规定，依据金融监督管理部门颁布规则开展的资产证券化业务，不适用本意见。其主要原因是资管业务定位于资金端业务，而资产证券化业务为投资端业务。[1]《信托法》的定位与"资管新规"相同，都关注于资金端，而不包括投资端。因此，将信托法作为契约基金民商事一般法，其仍然不能将资产证券化业务纳入调整范围。然而，资产证券化业务当中经常用到的特殊目的实体（SPV）的组织形式之一本质上就是契约基金，若契约基金法作为一般法则完全可以将资产证券化业务纳入调整范围。从这个意义上讲，契约基金法的调整范围要大于信托法，可以解决资产证券化业务对于特殊目的实体的重复立法问题。另外，其适用范围包括但不局限于资管行业，理论上凡是采取契约组织形式的基金都应该可以直接或参照适用。

三、中国契约基金应定位于准法人型主体

法人在中国有特定内涵，即经营风险在法人层面被投资人有限责任完全隔离，法人独立对外承担法律责任。投资人承担有限责任的价值判断结论意味着契约基金应定位于法人型主体。同时，立法应当注意契约基金法人不同于一般法人的独特之处。笔者认为契约基金至少具有两大特征：第一，此类主体具有工具性的特征。一是经营范围具有局限性，甚至单一性。与商业实践当中的项目公司类似，该主体设立时就具有特定目的，当特定目的已实现或确定无法实现时，此主体通常会被注销。二是存续时间往往较短，最短可以月计，而且通常在成立时就已设定。第二，契约基金以委托管理为原则。包括法人在内的

---

[1] 刘燕：《大资管"上位法"之究问》，清华金融评论，2018年第4期，第26页。

非自然人民商法主体通常以自我管理为原则，即主体自身拥有健全的权力、决策、执行和监督等治理组织，这些组织是保护主体利益的重要防线。而契约基金作为主体并不存在自我保护的治理组织，取而代之的是管理人。

综上，笔者认为不管是契约基金的工具性特征，还是委托管理原则，都不能成为否定契约基金成为民商法主体的理由，但可能构成对主体性的削弱。因此，可以将契约基金归为准法人型主体。准法人型主体的定位不仅可以体现契约基金的特征，更重要的是可以针对这些特征设置有别于一般法人的规则预留制度接口。比如针对委托管理原则这一特征，现有的对应规则是设立投资人大会或代表大会，但从实际效果来看，很难发挥出类似股东会或合伙人会议的治理效果。立法上可以考虑从利益平衡层面设计防止管理人损害契约基金投资人利益的专门规则，建立和完善管理人信义义务制度。另外，立法也应允许契约基金在特定情形下更换管理人，或与管理人解除委托而自我管理。

四、中国契约基金法立法应体现便捷性原则

契约基金之所以成为资管机构通常选择的组织形式，原因之一就在于其便捷性。中国契约基金民商事主体法立法应适应资管行业商业活动高效、低成本等经济发展的要求，在立法上体现出便捷性原则，具体应体现在以下几方面：第一，设立程序的便捷性。依中国现行法律，工商登记通常是非自然人组织获得法律主体地位的必要程序。中国各资管细分行业监管规范基本都规定了委托契约的登记程序，但在登记机关、登记审查、登记事项等方面的规定不尽相同。比如，期货公司及其子公司、私募基金公司在基金业协会备案资管计划或基金，信托公司在中国信托登记有限责任公司登记信托产品，金融资产投资公司在银行业理财登记托管中心登记债转股投资计划等。至于立法是应该维持此种分别登记模式还是实施新的统一登记模式，笔者认为考虑到金融细分资管行业差异化调控的需要，还是维持分别登记模式较为妥当。但无论哪个模式，立法上都应该设计出便捷化的登记规则。第二，资本制度的便捷性。中国公司与合伙企业在主体注册时，注册资本实行法定资本制，主体成立时所有资本必须足额认缴。契约基金主体立法应设计出可以适用于包括但不限于开放式基金

等在内的更为宽松的资本制度,特别是在增减资本方面应相对便捷。第三,基金份额流转的便捷性。股权和合伙份额的流转变更需要工商登记,相对而言,基金份额流转的规则设计应更为便捷。现有的做法是除转让契约合意之外,只需要在契约基金资金托管机构进行调整,无须在主体登记或备案机构变更。当然,契约基金主体立法只是提供民商事一般法,具体的契约基金在这方面可以考虑约定优先,比如封闭式基金可以自主约定指定期间内不得流转。第四,主体注销清算的便捷性。实践中,中国公司和合伙企业的注销程序相对复杂且时间长。而契约基金主体的存续时间较短,契约基金主体立法时应设计出更为便捷性的注销清算程序,以满足资管行业对效率的要求。

第四章　资管收益权的理论构建及立法发展①

金融资产构筑起整个金融行业的地基，为金融产业链条当中最为基础性的要素。在众多金融资产的类型中，收益权已经成为我国金融行业交易中经常涉及的类型。特别是在信托、基金等资管行业和金交所等资管证券化领域中，以收益权为金融资产而开展的业务已经占到整个市场的相当份额。按照依法金融的要求，收益权作为一项重要的财产性权利，以系统调整民事权利为目标的民事立法应该给予其明确的评价及规范。然而事实却并非如此，如此重要的金融资产类型仅在一个司法解释②和几部部委规章当中有所涉及，而在狭义的法律层面无任何直接或间接规定。简言之，我国目前作为民事权利基本法的民法及相关法律对于收益权的立法仍处空白状态。从这个意义上讲，民事基本法选择何种态度建构收益权以及金融如何具体规范收益权等问题已经成为规范金融业发展的重要课题。

第一节　收益权的转让实务及存在原因

一、收益权的转让实务

（一）收益权的实务类型

在我国金融实践中，收益权作为金融资产主要在两种情形中出现：一是

---

① 本章内容发表于《云南社会科学》2019 年第 2 期，收录时作者进行了部分修改。
② 最高人民法院《关于适用〈中华人民共和国担保法〉若干问题的解释》第九十七条规定："以公路、桥梁、隧道或者公路渡口等不动产收益权出质的，按照《担保法》第七十五条第（四）项的规定处理。"《担保法》第七十五条第（四）项规定，依法可以质押的其他权利可以质押。

收益权转让;二是收益权担保。收益权转让就是将收益权作为交易标的在不同主体之间进行转让,而收益权担保就是通过收益权的抵押或质押为特定债权进行担保。由于缺乏登记等法定公示方法,我国金融实务当中收益权担保的情形并不多见。

实践中常用的收益权种类多样,根据所依托资产不同,大致可以归纳为四大类型。一是物权收益权,即依托于物权而产生的收益权,主要包括不动产收益权、动产收益权;二是其他类物权收益权,主要包括股权收益权、合伙份额收益权、知识产权收益权;三是债权收益权,即依托于债权而产生的收益权,主要包括应付账款收益权、票据收益权;四是收益权的收益权,即依托于前三种类型收益权而产生的收益权。需要说明的是,此种类型的交易在之前的实务中经常出现,但中国证券投资基金业协会(以下简称中基协)近年来已经禁止此类型收益权的交易,明确要求基础资产的收益权只限交易一层,禁止以收益权的收益权再次进行交易,否则不仅将增加融资的成本,而且会集聚系统性金融风险。此类收益权的法律问题不同于前三种类型,相对复杂,一方面取决于所依托的收益权类型,而且具有不同于前三种类型的特点。为方便讨论,下文如无特别说明,讨论范围限于前三种类型。

(二)收益权转让与回购

金融实践中的收益权转让必然独立或一并附带收益权回购合同。虽然收益权的类型很多,但各收益权在实务中的交易结构及相关协议核心条款基本相同。

在收益权转让的交易结构中,主要存在转让方和受让方两方主体。前者为资产方,或称融资方,通常存在资金需求。后者通常为基金、信托等资管机构,也称资金方。值得注意的是,实践中除银行另行设立的资管主体外,银行基本不会用自有资金购买收益权而成为交易的受让方。在收益权回购的交易结构当中,交易主体通常还是以上两个主体,只是称谓上有所调整,分别为回购方和转让方。回购方通常就是收益权转让交易当中的转让方,但在部分实务案例中,回购方也可能是转让交易双方主体之外的第三方。

收益权的回购约定通常包括三项核心条款:一是回购时间;二是回购价

格；三是逾期回购的违约责任。其中回购价格通常是由转让价款加资金占用费组成，所谓资金占用费实质上类似信贷当中的利息，通常等于本金×年化率×转让款支付日至回购款到账日之间的天数/365。之所以冠以资金占用费而不表述为利息，更多考虑的是想借此彰显此业务不是信贷业务。

由于收益权并非民法等基本法上成熟的法定概念，实践中，收益权转让合同通常首先会约定收益权的含义及内容。以应收账款收益权转让为例，实践中对于收益权的概念通常界定如下："收益权是指转让方依法享有的因销售货物形成的应收账款所对应的收益权，包括但不限于取得标的财产收益的权利。"少数情况下，对于收益权不进行概念界定，只是约定"受让方受让该标的收益权后，享有该标的收益权"。

为确保收益权发挥风险控制作用，当事人通常对于收益权所依托的资产本身进行限定或约定。比如，双方约定："标的资产未被且将不会被任何当事人予以查封、冻结，未被其他任何当事人在与转让方的合同中对该标的物约定所有权保留。"有些条款也可以直接反映出在缺乏法律依据背景下，双方对于收益权交易合法性并不确定的心理状态。比如，双方约定："转让方承诺向受让方转让的标的收益权是依法可以转让的。"也有的约定："转让方保证依法有效享有本合同项下标的收益权，并依法可以转让。"

从这些合同表述可以看出，实践中的收益权转让合同对于收益权概念的界定存在逻辑混乱、循环论证、认识不清等问题。可以说，实践当中的交易主体对收益权的概念及内容并不关注，对相应的权利内容也并不关心。这其中最大的可能原因就在于交易主体的目的并不在于获得交易收益权，而在于资金流转给融资方，然后在确定日期收回本金及利息。简言之，交易双方关注点不在收益权，而在资金。

另外，由于收益权的转让并不能阻止转让方多次转让收益权、对收益权所依托的资产登记担保等行为，因此在收益权转让合同中通常会对转让方处分资产等行为进行限制。比如，有些合同约定，"除受让方及受让方关联方外，转让方未向且不会向任何的第三方转让该标的收益权，标的收益权未被且将不会被设定抵押、质押或其他任何形式的担保，未被且不会被任何第三方设定为信托财产",更有甚者约定,"标的收益权不能遭致抵销、反诉、赔偿损失、对销账目或作其他扣减等"。

二、收益权的存在原因

收益权已经成为我国金融交易实务中经常涉及的标的,那么为什么金融行业偏偏要创新出"收益权"这一财产基本法上没有规定的权利呢?其存在原因何在?是因为现行立法制度供给不足吗?实际上,虽然民法典的制定仍未完成,但我国《民法通则》《民法总则》《合同法》《侵权责任法》等民事相关法已经建立起了比较完善且成熟的财产权利体系。可以说,现有制度完全可以满足金融发展对制度的诉求,之所以另辟蹊径创造"收益权",其实另有原因。

归纳起来,金融资管行业使用收益权有以下几点原因:一是收益权可以规避禁止基金信贷的监管。从形式上看,通过收益权转让就可以使基金从事的信贷类业务伪装成投资交易业务。二是收益权可以节省交易成本。收益权并不是法律上明确可以转让的权利,其转让不会引发所有权转让,且因收益权本身不独立或不存在而在法律效果上等同于没有发生任何交易,因此也不会发生任何交易税费。三是收益权可以在形式上扩张资产融资额度。收益权的转让不需要登记,与资产本身的担保融资互不影响,而且同一收益权存在被多次转让融资的空间。[1]

除以上原因外,在一些具体类型的转让中收益权转让具有独特的价值。比如,通过股票收益权转让可以规避法律关于股票的禁止或限售规则。有学者指出近年来股票收益权已成为资本市场一类新兴的投资标的,甚至出现了上市公司限售期股票收益权转让的案例[2]。限售期股票收益权转让在形式上股票所有权没有转移,但在实质上通过股票收益权转让实现了股票价值变现,变相突

---

[1] 顾长河:《中国金融领域收益权的立法研究》,云南社会科学,2019 年第 2 期,第 24 页。

[2] 2017 年 9 月 26 日工大高新(600701)公告其控股股东限售股股票收益权转让及回购事宜,2017 年 11 月 1 日陕西黑猫(601015)公告其控股股东将持有的部分限售流通股的股票收益权予以转让。

破股票限售的有关规定。另外，实务中还有通过收益权转让而规避法规对于基金合格投资者限制的做法。出现这种现象的主要原因是现行的监管规定所针对的都是基金产品本身，而没有专门针对基金产品之上的收益权的监管规定。在证监会《关于禁止违规开展私募产品拆分转让业务问题的答复》中提到，一家交易平台违规开展私募产品收益权的拆分转让业务。具体交易结构是，先设立关联公司以合格投资者身份购买私募产品，然后通过交易平台将私募产品收益权拆分转让给平台注册用户。如此便通过拆分转让收益权，突破私募产品100万的投资门槛要求，并向非合格投资者开展私募业务。而且通过拆分转让收益权，将私募产品转让给数量不确定的个人投资者，导致单只私募产品投资者数量实质上超过200个。

第二节　我国金融领域收益权交易的现行法分析

民法调整范围包括人身关系和财产关系，收益权交易所产生的法律关系正是归属于民事财产关系。换言之，虽然收益权并没有被民法所明确规定，但其交易行为所产生的法律关系仍然受到民法的调整。那么，在我国现行法律背景下，金融收益权的转让及担保将在当事人之间产生怎样的法律关系，以及会涉及哪些法律问题。从现行法层面对这些问题的讨论有助于我们更清晰地理解和认识收益权交易本身。

一、收益权——约定权利

收益权是金融创新的产物，在民法明确这个概念之前，收益权仅为一个约定权利，而不是法定权利。部分学者试图从字面意思去解释收益权的内容，这种方法值得商榷。既然是约定权利，那么其概念就应该依照合同规定确定，而不应该依靠法律解释来确定。同时，这也意味着收益权的约定只在当事人之间发生相对效力，无任何对外效力，即形成的仅仅是一个债权法律关系。从实践当中收益权转让的合同文本来看，在遇到对收益权没有约定或约定不明时，法律上应为推定解释提供立法方案。具体而言，收益权转让所产生的法律关系因其所依托的资产不同而有所差异。为有针对性地分析，下面将依不同类型分述之。

（一）物权收益权转让的现行法分析

物权收益权包括不动产收益权和动产收益权，实务中前者最为常见。不动产收益权所依托的是不动产，而不是不动产租金。有些学者在论证不动产收益权可以转让时提出不动产可以产生租金，租金为法律允许转受的应收付账款，进而主张法律应该允许收益权转让。显然，这种论证明显地混淆了不动产收益权与租金债权收益权。可以明确，不动产收益权的转让不会引发不动产权主体变更，而依据所配套的回购协议，在当事人之间会产生债权法律关系。当回购义务主体未按期支付回购款及资金占用费时，收益权受让人作为债权人无权直接处分财产或对所依托的资产优先受偿，与普通债权人无异。

（二）其他类收益权转让的现行法分析

这一类型的收益权主要包括股权收益权、合伙份额收益权和知识产权收益权，其主要共同特点在于所依托的资产有相应的所有权，而且权利内容不局限于财产权利。

就股权收益权而言，股东对股权享有所有权，这种权利不仅包括财产权利等自益权，而且也包括管理权等共益权。对此，有两点需要明确：一是股权收益权的转让不同于股权财产性权利的转让。股权包括分取红利的财产性权利，股权收益权转让并不会直接导致这一部分权利的转让。即便在收益权转让合同当中约定转让这一部分权利，这种约定也只能在当事人之间发生效力，无法对第三人产生效力。这里需要讨论，受让方是否有权直接向企业主张收取红利，以及以债权人名义还是以受托人名义申请。此对，笔者认为，只能以受托人名义进行，原因在于，只有股东才有分红权，除股东之外的任何人都只能是在受托的情形下代领。至于代领人与股东之间另有约定，自然属于私法合同，只要无碍他人，都应属私法自治之列。此解释的结论在股东责任财产不足以清偿所有债务时尤其重要。具体来讲，在分红受领之前，分红不属于股权收益权受让人所独有，而属于股东的责任财产，债权人可公平主张。换言之，一旦收益权转让人无法偿还自身全部债权，收益权受让人无权独享相应股权的分红利益。这一部分利益仍然应作为转让人的责任财产由所有一般债权人依比例受偿。二是股权收益权的转让不会导致股权中管理性权利的让渡，此种情形下股东在形式和实质上都没有发生变化。即便合同当事人对此有专门的股权管理性权利主体变更的约定，那么对外部而言，这种约定也只能视为一种委托管理关系。原因在于股权中的管理性权利是附随性权利，股权没有变动时，附随性权利不得单独变更。

（三）债权收益权转让的现行法分析

债权收益权转让不同于债权转让。如果是债权转让，债权转让后，原债权人完全退出债权关系。当原债权人不能清偿所有债务时，所转让出去的债权将不再是原债权人的责任财产，债权受让人成为债权关系的债权人，可以独立向债务人主张权利并独享债权。而如果只是债权收益权的转让，那么债权关系的主体本身不会发生变化，债权仍然是债权人的责任财产。收益权的受让方与转让方之间不发生债权转让法律效果，只是依所配套的回购协议产生回购的债权法律关系。在债权人财产不足以清偿自身全部债务时，收益权的受让主体只能与其他一般债务人一样按比例受偿。

二、收益权担保的现行法分析

从整个金融资管行业来看，收益权担保的实务较为少见，其中一个重要原因在于现行立法缺少收益权登记等公示制度。担保最为核心的目的在于优先受偿，而公示是优先受偿的前提，缺少公示就意味着无法优先受偿，担保存在的价值消失。这里有一个例外，那就是2000年生效的《担保法司法解释》第九十七条[1]，此条规定的是特定不动产收益权的出质。这里有两点需要注意：一是此条针对的对象仅为特定的不动产，并没有一般性的确认不动产收益权的

---

[1] 最高人民法院《关于适用〈中华人民共和国担保法〉若干问题的解释》第九十七条规定："以公路、桥梁、隧道或者公路渡口等不动产收益权出质的，按照担保法第七十五条第（四）项的规定处理。"《担保法》第七十五条第（四）项规定，依法可以质押的其他权利可以质押。

可质押性，更没有一般性的确认物权的可质押性；二是此条并不会引发重复融资问题，或者说此条不会导致收益权质押与不动产质押的冲突发生。此条之所以仅仅确认了特定财产收益权的质押，其原因就在于这些特定资产涉及公共利益不得转让，同时也不得设定担保。基础资产不能担保，这也正是司法解释专门允许相应收益权可以担保的主要原因所在。

三、收益权交易合同对依托资产限制的现行法分析

在收益权转让与担保的合同当中所约定的对于收益权所依托的资产进行诸如不得转让、抵押、质押、再次转让收益权等限制，属于合同当事人之间的约定，对当事人有效，对外则不发生效力。也就是说，资产的权利人仍然可以进行转让、抵押、质押、再次转让收益权等行为，第三人可依法获得相应权利。但因此而违反当事人之间约定的，需要承担违约责任。

综上分析，无论是任何一种类型的收益权转让还担保，受让人都不能获得收益权所依托资产的权利，只能依据回购合同主张转让款本身及类似利息的资金占用费，且对相应资产无优先受偿权。简言之，依现行法，收益权交易在本质上就是信贷业务。正是因为如此，银行基本不会进行单纯的收益权交易。资管机构之所以敢于冒高风险进行此类业务，归根结底还是由利益关系决定的。详言之，一方面，在整个资管业务链条当中，资管机构对投资本身不承担任何风险，投资的风险完全由投资者承担；另一方面，资管机构的收入来源于对资金的投资管理，即投资才有收入，没有投资就没有收入。可以说，正是以上两方面原因促使资管机构敢于进行收益权交易这样高风险的业务。

第三节　金融收益权的民法理论建构与立法建议

一、收益权物权化否定论

近些年来，法学界已经关注到了金融领域收益权的法律问题，并已经形成

了很多学术成果。学者们讨论的角度各不相同，有从解释论角度讨论的，也有从立法论角度讨论的，但收益权是物权还是债权始终是讨论的核心或起点。针对此问题，目前大致形成了用益物权说①、权能说和将来债权说等学说。前两个学说都主张收益权物权化，只是具体类型不同。笔者对以上观点不敢苟同。

首先，收益权不存在用益物权制度所面对的，基础资产不能转让的现实诉求，因此不宜将收益权定性为用益物权说。在一块土地上同时存在所有权和用益物权，如此安排的原因在于我国的土地所有权属于国家或集体，不能转让和私有，当然也不能担保。用益物权的制度设计实现了在不转让所有权的前提下转让使用权，很好地与我国现行土地公有制完成了完美的对接。用益物权解决了土地公有制下土地使用权流转问题，而收益权所依托的基础资产本身都可以合法转让，不存在另辟蹊径的现实诉求。

其次，权能说主张所有权包括四项权能，其中一项权能就是收益，因此收益权本身就是物权本身。这种观点明显值得商榷：第一，根据物权法定，只有法律明确规定是物权的才是物权，而物权法并没有确认收益权这一权利类型；第二，收益确实是所有权的一项权能，但是权能并不等于权利。民法上权利的形成有其自身规律，只有满足一定条件才可以成为民法上独立的权利类型；第三，如果将收益权能独立为一项权利，那么立法上必须明确其效力及转让规则，特别是需要匹配与现有的物权转让及担保规则，而事实上，现行立法上并没有相关内容。

即使在立法论层面观察，通过立法明确规定将收益权能独立为收益权至少存在以下障碍：第一，与所有权冲突。金融实务当中的收益权是可以独立于基础资产而转让的，如此便会出现基础资产的所有权和收益权的主体不同，且所有权当中缺少收益这一权能。第二，与担保物权冲突。担保物权体现的是物的交换价值，而收益权会对交换价值产生重要影响，收益权转让发生在担保后，会损害担保物权人的利益；收益权转让发生在担保前，会影响物权的交易

---

① 孟勤国、刘俊红：《论资产收益权的法律性质与风险防范》，河北学刊，2014年第4期，第126-130页。该文提出资产收益权是"一种特殊的新型用益物权"的观点。

价值。可以预见，实务中量化受影响的交易价值并不容易。第三，动产收益权转让很难有妥当的登记公示方法。缺乏登记公示的收益权转让没有对抗力，物权法确立收益权的价值将大打折扣。第四，权能说无法解释债权收益权，因为债权本身不包括收益权能。

再次，收益权物权化的正当立法目的可以通过多次担保实现。不动产收益权可以实现登记公示，而且通过一系列制度安排也可以在一定程度上克服与所有权、担保物权和用益物权的冲突。但笔者认为，物权法确认独立的不动产收益权缺乏必要性。收益权物权化的立法目的就是为收益权转让和担保提供法律依据。而正如本书前述，收益权转让的大部分原因可以直接归纳为规避法律监管，法律的态度应该是禁止或限制，不是鼓励。而收益权担保要实现的法律效果正是在传统物权担保之外再行担保，由此必然会形成收益权担保与传统物权担保之间的先后顺序的效果。综合来看，这些效果与传统物权多次担保的效果并不存在本质差异。换言之，收益权物权化之后的担保完全可以通过多次担保而实现，没有必要另起炉灶，徒增立法成本。

最后，公路等收益权[1]担保具有自身特殊性，不存在推行至其他收益权类型的基础。公路等收益权担保是通过司法解释形式所创立的担保形式，也是目前收益权担保唯一的一个法律依据。公路收益权担保的特殊性在于公路本身不可质押，通过公路收益权质押就可以完美地实现在公路等权利主体不变的前提下用公路等收益权进行担保融资，与用益物权的立法技术具有异曲同工之妙。在如此安排之下，收益权质押所产生的优先权不存在损害底层资产质押权的可能性。

二、立法论上收益权定性的问题属性

由于收益权缺乏基本的立法依据，解释论上的讨论与其说是学者的解释，不如说是替代立法者的立法，所以立法论上的讨论更为实际。立法论上，将收

---

[1] 最高人民法院《关于适用〈中华人民共和国担保法〉若干问题的解释》第九十七条规定："以公路、桥梁、隧道或者公路渡口等不动产收益权出质的，按照担保法第七十五条第（四）项的规定处理。"《担保法》第七十五条第（四）项规定，依法可以质押的其他权利可以质押。

益权定性为物权或债权会导致民事主体不同的利益安排结论，因此收益权定性问题在本质上属于民法当中的价值判断问题。① 对于价值判断问题的讨论，即在没有足够充分且正当理由的情况下，应当坚持强式意义上的平等对待；在没有足够充分且正当理由的情况下，不得主张限制民事主体的自由。②

从法律效果上分析，收益权定性的不同，会造成收益权交易双方不同的利益分配局面。最为明显的就是，在基础资产产权人资不抵债时，当将收益权定性为物权时，收益权的受让方将获优先受偿；当将收益权定性为债权时，益权的受让人将以一般债权人获比例清偿，无优先权。那么收益权的受让人是否应当获得优先受偿权呢？笔者认为，收益权受让人无权获优先受偿权，原因主要在于物权等民事基本法提供了所有权转让、设置物权担保等多种获得优先权的通道，在此情况下，受让人仍然选择受让收益权，应推定为其在平衡后接受了按一般债权受法律保护的结果。另外，优先权是一个相对概念，法律不可能无限地赋予优先权，否则，一方面可能造成优先权体系本身的混乱；另一方面也造成弃现有资源而不用，另行之法造成立法资源浪费。

大陆法系的重要特征就是概念法学，而概念法学正是通过合并同类项进行归纳提炼。收益权在本质上的债权性质与物权相距较远，这就决定了如果将其纳入物权体系当中，将会对现行民法体系形成较大的冲击。也正是因为我国土地所有权不能转让和抵押，所以用益物权担保并不会产生重复融资问题。现将金融资产收益权本身定性为将来债权，因此不需要对其进行产权登记，但建议有条件地仿照应收账款设置担保登记。

而在底层资产可以质押或抵押的情形下，收益权的质押就可能与底层标的担保产生冲突。但这仍属于私法自治范围，不足以成为立法对其进行限制的理由。笔者认为，虽然这是私法自治的范围，但立法仍应给予限制，原因在于收益权的质押有点类似列后担保，但法律上的担保制度已经为进行二抵提供了制度空间。如果立法认可了收益权质押，还需要与相关制度进行匹配，避免造成现行制度的混乱。

---

① 王轶：《民法原理与民法学方法》，北京：法律出版社，2009年，第20-21页。
② 王轶：《民法价值判断问题的实体性论证规则——以中国民法学的学术实践为背景》，中国社会科学，2004年第6期，第104页。

三、收益权定性的立法建议

（一）作为将来债权的收益权转让需要满足法定条件

客观而言，传统民法理论当中不存在未来债权的概念。即便德国民法在 2002 年的债法修改后，也没有在立法上认可将来债权。其主要原因是"严谨的德国人认为，将来债权转让违背了公共政策，同时它还与这样的一种规则相悖，即被转让的财产在转让时应当是确定的或至少能够被确定，否则转让是无效的"[1]。法国学界对此认为，未来债权让与的担保功能，可以通过所有权保留、浮动抵押等制度实现，因此，未来债权让与制度并没有存在的必要。[2] 但近些年来，随着社会经济的发展，特别是资管和资产证券化业务的发展，对传统债法理论和立法提出了挑战。因此，德国、法国和日本等国都相继在一定程度上承认了金融领域的将来债权。德国在《新证券化指令》一法中，承认证券化机构可以购买各种应收款，包括现有合同项下产生的应收款和由未来合同而产生的应收款。[3] 日本的立法和判例也已经认可将来债权让与，目前关注的重点在于如何让受让人在将来债权产生前取得对抗第三人的法律地位。[4]

（二）金融收益权与将来债权理论较为匹配

收益权转让及回购合同可以在受让方与回购方之间形成债权关系，但收益权本身并不是债权关系，至少不是现实的债权关系。因为如果是现实的债权关系，那么此收益权实质上就是应收款账。本文所指的收益权主要是指收益权所依托的资产未来可能产生的收益。当然，因为缺乏民法的明确规定，这一表述仅仅反映了当事人对此的认识和理解，并无法律上的法条支撑。正因如此，很多学者都提出了将来债权或未来债权的概念。

---

[1] 王勤劳：《债权让与制度研究》，西南政法大学博士学位论文，2012 年，第 57 页。
[2] 张林春：《应收款转让若干法律问题研究》，厦门大学博士学位论文，2006 年，第 37 页。
[3] 张林春：《应收款转让若干法律问题研究》，厦门大学博士学位论文，2006 年，第 37 页。
[4] 孙超：《应收账款融资的法律问题研究——以促进债权流转为中心》，山东大学博士学位论文，2011 年，第 77-85 页。

史尚宽对于将来债权的观点相对开放，其归纳了三种将来之债：一是现在已有基础之法律关系之存在，仅依某事实（例如当事人一方之行为或时间之经过）之添加，即发生债权。例如合作社社员之利益分配请求权，或合作社解散时之剩余财产分配请求权、受任人将来为委任人处理委任事务，受寄人将来为寄托人实行寄托支出费用时的请求其偿还之债权、保证人对于主债务人应有之求偿权、连带债务人之一人因为免责行为对于他连带债务人应有之求偿权、因执行委任事务所可受损害之赔偿请求权等。此等将来请求权，于现在已有其基础之法律关系，然将来发生债务与否，尚不定。二是有现在尚无基础法律关系之存在，唯有应完成法律关系之要件之一部之成立，将来是否发生债权，亦为不定者，例如将来行使撤销权、解除权或买回权之结果所应生之返还请求权。三是有现在欠缺发生债权之根据，唯有将来发生之盖然性者，例如依将来订立之消费借贷所应生之债权，将来订立消费借贷与否，全为不定。故仅存有将来发生债权之可能性。对于将来之债权，学界对于将来有发生可能之债权，是否得为让与，议论分歧。他认为，将来之债权现尚不存在，故订约当时不得移转之。然订立于将来债权发生时应移转其债权之契约，得有效成立。①

王利明认为收费权正是一种未来才会发生的债，因此对收益权的讨论具有重要参考价值。主张我国物权法应当单独规定收费权质押，收费权属于民事权利的范畴，收费权是一种特殊的财产权，是针对不特定人而发生的。收费权是权利人针对特定人提供一定的服务而收取费用的权利。②高圣平在《论土地承包收益权担保的法律构造——兼评吉林省农地金融化的地方实践》一文中主张："土地承包收益作为农业经营主体行使土地承包经营权所可得的未来收益，可以归入'应收账款'，由此，土地承包收益权担保可以定性为应收账款质权，从而发挥农地的金融价值。"③孙超认为，允许未来应收款参与融资确有其可行

---

① 史尚宽：《债法总论》，北京：中国政法大学出版社，2000年，第712页。
② 王利明：《收费权质抑的若干问题探讨》，法学杂志，2007年第2期，第39-47页。
③ 高圣平：《论土地承包收益权担保的法律构造——兼评吉林省农地金融化的地方实践》，法律科学（西北政法大学学报），2015年第6期，第189页。

性及必要性。①笔者认为，我国民法理论应认可将来债权概念，并以此为基础对金融领域收益权进行理论建构和立法，满足实践上的制度诉求。

这里需要明确，虽然将金融资产收益权定位成将来债权，但此将来债权的转让与一般债权的转让不完全相同，特别是在转让条件及效力上存在很大差别，对此方面笔者将另文专述。

四、有条件地建构金融资产收益权的担保登记

在确认金融资产收益权为将来债权的背景下，立法上需要考虑是否配套收益权登记制度，这里又分为收益权产权登记和收益权担保登记。需要说明的是，这是两个独立的问题。从现有立法制度来看，一方面，通常没有产权登记就没有担保登记，但也存在没有产权登记而有担保登记的情形，比如，应收账款没有产权登记，但存在应收账款担保登记；另一方面，通常有产权登记就是担保登记，但也存在有产权登记不存在担保登记的情形，比如，高速公路、学校房产等都存在产权登记，但基于公共利益不能转让，因此都不能进行担保登记。

对于这个问题的讨论首先需要明确登记的目的是什么。从民法角度讲，登记的主要价值之一就是明确产权归属及确立以特定化为基础的优先受偿权。笔者认为，当从民法角度讨论收益权产权归属时，其中暗含的潜台词就是收益权是一种物权，一是因为现行法律当中只有物权才有产权的问题，二是因为现行法律当中并没有登记债权归属的先例。在明确产权归属方面，收益权登记制度的建立与现行法律体系存在冲突。

第四节　金融法上金融收益权交易的规范建议

民法上对金融领域收益权和担保登记的有条件确立，是私法自治原则的

---

① 孙超：《论未来应收账款的转让融资》，北京工业大学学报（社会科学版），2008年第2期，第64页。

应有之意，将利害得失交由民事主体自行决意。但这一理念并不适用于金融立法，作为经济法部门的金融法本身存在的目的就是国家对经济的干预与管理，维护国家金融的安全与稳定。因此，金融法对金融资产收益权的交易应该设立更高的条件和合规要求。

一、严格限制金融收益权交易

现有的金融规范对于金融收益权交易持开放态度。2018年4月27日，四部委联合出台的"资管新规"规定，私募产品的投资范围包括"未上市企业股权（含债转股）和受（收）益权"，在一定条件下资管产品可以"投资于未上市企业股权及其受（收）益权"，这里的收益权指的是股权收益权这一特定的收益权类型。

同时，监管部门已经发现了收益权交易所带来的问题，并采取了一定措施。针对转让收益权滥用的问题，2018年12月12日，中基协会长洪磊在2018外滩金融上海国际股权投资论谈上指出："对收益权类产品，要保障基础资产有可追溯的稳定现金流，现金流账户可控且满足风险隔离要求。不得投资创设在收益权之上的收益权，不得投资于创设在资管产品（包括私募投资基金）之上的收益权。"以上做法在国际上有很多先例。比如，在日本金融领域内，法律只有在所转让的收益权有客观的法律关系、内容明确，并且将来权利发生的盖然性极大的情形下才认可收益权的转让。①

2014年12月，中基协发布《资产支持专项计划备案管理办法》及配套规则，配套规则当中包括《资产证券化业务基础资产负面清单指引》，其中负面清单的第三项②和第四项③提及收益权。

---

① 韩海光、崔建远：《论债权让与的标的物》，河南政法管理干部学院学报，2003年第5期，第10页。
② 《资产证券化业务基础资产负面清单指引》附件第三项："矿产资源开采收益权、土地出让收益权等产生现金流的能力具有较大不确定性的资产。"
③ 《资产证券化业务基础资产负面清单指引》附件第四项："有下列情形之一的与不动产相关的基础资产……2.待开发或在建占比超过10%的基础设施、商业物业、居民住宅等不动产或相关不动产收益权。"

另外，此办法第八项[①]规定的受益权是指依信托而创设出来的收益权，其原因在于限制重复融资行为，进而防范金融风险。说明本办法的制定者已经意识到重复融资的问题。

目前对于收益权交易的条件与合同要求缺乏体系性，部分制度之间存在冲突和规范不明确等问题，这些方面都有待在立法上进一步完善。

二、加强收益权交易业务中的投资者保护

由于立法规定不明，加上金融资产收益权的表述本身与资产存在一定模糊性，往往给投资者一种类似于购买物权资产的错觉。部分资管机构正好利用投资者专业知识不足等因素，有意隐瞒信贷的实质。从某种意义上讲，投资者存在被误导或欺诈的可能。资管机构的投资和资产证券化当中的风险最终都要由投资者来承担，所以相关立法应加强收益权交易业务中的投资者保护。其中最直接有效的措施就是强化收益权交易的信息披露及备案制度。

立法可以强制要求管理人披露转让回购合同，通过公示，可以向所有外部第三人清晰地展示未来应收账款之上的权利状况，让其知道自己在进行交易时可能要承受的交易风险，从而在完全信息的前提下作出选择，由此产生的后果在经济上就是效用最大化。公示最理想的方式当属登记无疑，因为其具有明确、权威、统一和安全的特点。

在比较法上，美国《统一商法典》开债权变动登记之先河，而自20世纪90年代以来，《荷兰民法典》《魁北克民法典》《日本债权让渡特别法》等也紧随其后构建了完善的应收账款融资的登记机制，均可为我国借鉴。[②]

三、有针对性地禁止通过收益权交易规避法律的行为

从收益权交易的最初目的来看，收益权这一概念与其说是金融创新，不

[①]《资产证券化业务基础资产负面清单指引》附件第八项："最终投资标的为上述资产的信托计划受益权等基础资产。"

[②] 孙超：《论未来应收账款的转让融资》，北京工业大学学报（社会科学版），2008第2期，第64页。

如说是为了形成完全的交易链条而虚拟出来的连接点，从而规避业务监管要求和合规审查。因此，金融立法应明确禁止转让上市公司禁售期股票收益权的行为，认定此行为构成突破法律禁止性规定。

鉴于收益权业务本质上为信贷业务，允许收益权交易在效果上会造成重复融资，且这种融资对于投资者风险巨大，因此应严格限制单个基金受让收益权的比例。

金融资产是金融业务链条当中的重要构成要素，是连接交易的重要媒介和风控措施。近年来，在我国金融创新的浪潮中出现了一种未被我国立法所普遍认可，但却在金融实务中被普遍使用的一类金融资产，这就是各类资产的收益权。收益权在银行业务中很少出现，其是伴随着我国信托、基金、理财等资管类业务的发展而迅速在金融领域普及的。我国是法治社会，社会管理的各方面都应有法可依，金融领域亦是如此。

第五章 信托资管投资

第一节 国外信托简述

一、英国信托

现代信托制度起源于英国。13 世纪时，英国教会通过教徒捐赠占有了大量土地，使英国王室的财政收入大大减少，甚至威胁到政权的稳固。于是，英国王室于 1279 年颁布《没收条例》，规定未经王室同意而捐赠土地的行为无效，想把土地重新控制在自己手里。当时英国的法官大多数是教徒，为了应对《没收条例》使捐赠能够继续进行，他们根据罗马法典中的信托遗赠制度和"用益权"创设出"用益制度"。该制度的基本内容是，先将土地捐赠给第三者，然后由第三者将土地上取得的收益转交给教会。这样教会虽没有受赠土地，但得到了实际的收益，这就是信托制度的雏形——用益制度。此后的几个世纪中，用益制度在规避封建社会的地产制度、继承制度、婚姻财产制度以及遗嘱管理等方面得到了广泛应用。

英国最早的信托由个人承办，主要处理遗嘱执行、遗产管理以及公益事业等。此时的受托人多为律师、牧师，具有较高的社会地位，办理这类业务并不收费，即个人非营业信托。但这种依靠个人关系而进行的信托，往往会出现纠纷，尤其是随着信托业务的增多，直至发展成为一个产业，大量纠纷成为信托业发展的阻碍。1893 年，英国出台《受托人法》，开始管理、规范个人受托人，对受托人的规范促进了个人营业信托的发展。

由于个人的人生际遇、生命能力会出现变化，信誉度和可靠度往往难以把握。1896年，根据《官设受托人法》，法院可以选任受托人，此时发展到了官选受托人阶段，受托人的资质和信誉得到了进一步提高。1908年，为了给参战的军人提供方便，成立"官营受托局"，实行以法人身份作为受托人受理信托业务，官营受托局是英国历史上第一个法人受托人，但与现在的信托机构还有较大差别，因为其依靠国家经费来办理业务，并非以营利为目的。直到1925年，《法人受托者》的出台，为专营信托业务的法人受托机构提供了法律的依据。

英国信托业的受托主体经历了从个人到官选个人再到法人的发展过程，主要是因为随着信托运用的领域越来越广，信托承载的功能越来越多，同时运营中的风险也越来越多，相应地对受托人资质和能力的要求越来越高，专业的法人机构显然更能胜任。[1]

二、美国信托

美国信托业的发展经历了早期阶段、发展阶段、成熟阶段和统一阶段。

17世纪末至独立战争时期为早期阶段。英国对美洲殖民的时期，信托也传入了美国。美国信托的早期阶段主要是以个人作为受托人，无偿处理信托事务，即个人非营业民事信托。

发展阶段为独立战争后到第二次世界大战前。1822年，纽约州特许农业火险和借款公司经营信托业务，比英国更早的开始允许法人成为受托人，是世界范围内的第一例。1853年，第一家以信托为主营业务的信托公司——美国信托公司（USTC）成立，标志着美国的信托业成为独立的产业。"二战"后，美国经济飞速发展，积累了大量社会财富，为信托业快速发展提供了良好的基础。与此同时，由于美国属于判例法系，大量的信托业务案例使美国的信托法越来越丰富，美国信托法制建设与信托产业相辅相成，逐渐成熟起来。

成熟阶段为1999年。第二次世界大战后，美国成为世界霸主，国家与社

---

[1] 湛修材：《资管新规背景下我国信托业业务转型研究》，中国社会科学院硕士学位论文，2020年，第12页。

会财富迅猛增长，带动了信托业的快速发展，信托业发展成为与银行业、保险业、证券业比肩的四大金融支柱行业之一。由于美国发达的多层次资本市场体系非常适合信托业务的创新，信托业务类型不断丰富，为美国经济发展提供了巨大的价值。由于信托业的蓬勃发展，在此阶段各州的信托法典已经比较完善。

2000年到现在为统一阶段。虽然美国各州都有了比较完备的信托法典，但是各州之间的信托规则还是有出入。为了统一各州对信托的认识，使信托能够更加有效地运行，2000年8月，美国通过了《统一信托法》，该法是对美国各州信托法的一次系统性调整和整合，初步形成了以《统一信托法》为基本法，其他信托法为特别法的比较完善的法制体系。[①]

第二节　信托在中国引进与发展

我国的信托制度于19世纪末由海外商人引入进来，伴随着战争、计划经济、改革开放等不同历史阶段，信托业在萌芽、衰落、恢复、整顿、重生中蹒跚前行。经过了百年磨炼，终于成为我国四大金融支柱之一。

一、2001年《中华人民共和国信托法》之前

信托制度在19世纪末传入我国，当时一些海外商人在上海成立了一家主营信托业务的公司。1921年，受"一战"影响，游资投机狂热，掀起争设交易所和信托公司的狂潮，上海的信托业迅速发展起来，信托业务规模甚至高于当时的银行业规模。但是在战争期间，经济无法发展，金融业自然是无根之木不能独善其身，终于发生了著名的上海"信交风潮"事件，几乎所有的信托机构在这时倒闭。抗日战争时期，国民政府为了财政需要，成立了上海市兴业信托社和中央信托局，信托业出现了一段短暂的辉煌期。抗日战争胜

---

① 金凤、徐丹、何燕婷：《海外信托发展史》，北京：中国财政经济出版社，2009年，第16-290页。

利后，由于国力衰退、经济萧条，信托业又再次陷入了困境，中央信托局也随国民党政府迁入台湾。

新中国成立后，国家对留存的信托机构进行了社会主义改造，于1949年组建了中国人民银行上海分行信托部。但是在计划经济体制下，信托无法得到有效应用，信托部在20世纪50年代中期停办。

我国现代信托业与改革开放相伴而生。改革开放初期，为了吸引外资支持国内经济发展，中国国际信托投资公司于1979年成立，这是我国第一家现代信托公司，标志着我国现代信托业正式发展的开始。此后由于国家大力支持银行开办信托公司、经营信托业务，各大国有银行及省、市级银行纷纷开办信托投资公司。到1988年底，我国信托投资公司数量已达745家之多。与信托业快速发展形成强烈反差的是信托业务范围不明，信托乱象丛生，甚至干扰了国家宏观调控政策，于是信托业迎来了五次大整顿。

（一）第一次整顿

1982年，信托公司因分散信贷资金干扰国家金融政策，受到了第一次整顿。此后禁止信托公司从事银行业务，只能从事"委托、代理、租赁、咨询"等信托业务。

（二）第二次整顿

1983年，人民银行将信托公司定性为"金融百货公司"，认为只要是有利于引进外资和技术，信托公司都可以参与。信托公司又一次如火如荼地开办起来，但大多数信托公司并没有明确的业务方向，甚至有些发展成了"地下钱庄"，由此导致了信托业的第二次整顿。1985年，国家针对信托投资公司的经营活动进行清理，要求信托投资公司停止办理固定资产业务和贷款业务。

（三）第三次整顿

1988年，国内掀起了固定资产投资的狂潮，带动了信托业的迅猛发展，全国范围内信托公司增长到1000多家，资产总额700多亿元。但是，此时出现了严重的通货膨胀，国家为了抑制经济过热开始控制银行资金。信托公司却趁机开始为银行转移资金，极大地干扰了国家的调控政策。于是，国家开始了信托业的第三次整顿工作。这次整顿撤并了2/3的信托投资公司，并对信托业和银行业开始实行分业管理。

（四）第四次整顿

1993年前后，我国经济发展过热，资产价格上涨明显，许多信托公司从银行获取资金后，在股票和房地产市场进行投机，信托业资管规模剧增的同时，蕴藏了巨大的金融风险。此次整顿确定了银行业与信托业分业经营的金融格局。

（五）第五次整顿

20世纪90年代中期，东南亚金融危机爆发，迫使信托公司积累的风险暴露出来。1999，中国人民银行开始了第五次信托业整顿，提高了信托公司的设立标准并明确了信托公司的定位，将信托业进一步独立出来。此次整顿后我国信托公司仅剩59家。

在法制规范缺失的探索期，我国信托业定位不清、方向不明的特点十分明显，几次迅猛发展又几次推倒重来，陷入了"一放就乱、一抓就死"的监管怪圈。然而，经过这一时期的探索，确定了我国信托业与银行业、证券业分业经营的原则，使我国信托业成为一个独立的产业，为以后的规范和发展打下了基础。[①]

二、2001年《中华人民共和国信托法》至"资管新规"之前

通过五次整顿的经验和教训得知，只有做好系统、完善的法律制度建设，信托业才能健康有序地发展。2001年，我国颁布并实行了《中华人民共和国信托法》（以下简称《信托法》），界定了信托制度的基本概念，明晰了信托当事人的权利义务；2002年，《信托投资公司管理办法》出台，对信托公司的设立、变更、经营范围等各个方面作出规定；同样在2002年，《信托投资公司资金信托管理暂行办法》出台，对资金信托业务进行规范，保障了信托行为中各当事人的合法权益。"一法两规"的颁布、施行，为我国信托业的发展奠定了法制基础。

[①] 湛修材：《资管新规背景下我国信托业业务转型研究》，中国社会科学院硕士学位论文，2020年，第20-24页。

2007年，符合要求的信托公司重新登记开展业务，进入了快速发展的新阶段。2007年末，我国信托资管规模仅3000亿元左右，2017年末发展到了26.25万亿元，10年间年均复合增长率高达56%。

资产端和资金端都为信托业快速发展提供了有利的支撑：在资产端，2008年金融危机后，我国实行了4万亿经济刺激计划，带来了巨大的社会融资需求，信托公司抓住时机开展了大量贷款类信托业务，为房地产企业和政府平台发放信托贷款，直到现在贷款类信托依然是最主要的业务模式。在资金端，改革开放和加入WTO让我国经济飞速发展，社会财富得到大量积累，爆发出巨大的财富管理需求。信托理财产品的"刚性兑付"特点，非常符合传统的国民投资偏好，从而蓬勃发展起来。[1]

三、"资管新规"之后

近年来，由于居民财富管理需求的爆发，我国资管行业迅猛发展，成为我国发展速度最快的金融子行业，吸引了越来越多的资管机构加入。2012年后，证监会与原保监会相继放松券商、基金公司、期货公司、保险公司的投资限制，资管行业进入大资管时代。2018年，为了解决监管差异过大、监管套利、刚性兑付、期限错配等问题，中国人民银行、银保监会、证监会、外汇局联合发布了"资管新规"，资管行业进入了统一监管的新时代。至此，信托业的牌照红利消失，信托业崛起的两大利器——监管套利、刚性兑付手段被禁止，传统的信托模式受到了巨大的挑战，导致2018年信托资管规模应声下落，比2017年末减少3.5万亿元，同比下降13.5%，结束了连续10年的高增长，也是自2007年信托公司重新登记以来第一次出现负增长。"资管新规"给我国信托业带来了巨大的挑战，信托业亟须调整自身定位，理清发展方向，改变业务模式，信托业到了不得不转型的关键时期。[2]

---

[1] 湛修材：《资管新规背景下我国信托业业务转型研究》，中国社会科学院硕士学位论文，2020年，第24页。

[2] 湛修材：《资管新规背景下我国信托业业务转型研究》，中国社会科学院硕士学位论文，2020年，第26-30页。

第三节 信托基本问题

一、信托公司资管业务的优势与劣势

信托公司资管业务的优势主要体现为以下五点：一是投资领域。信托公司投资领域较为丰富，可以横跨货币市场、资本市场和实业投资等领域。二是投资品种，信托公司投资资产种类较多，可以覆盖标准化资产、非标准化资产和其他资管产品。三是销售渠道。信托公司着力采用直销模式且业务成功率较高。四是人才团队。信托公司在非标业务、债券投资信托领域的人才储备具有比较优势。五是产品发行。信托制度的优越性可以全方位满足家族信托客户需求。

信托公司的劣势主要体现为以下三点：一是客户资源。由于信托投资的门槛较高，客户受众群体较小，信托拥有一定的个人与对公客户资源，但客户关系不如银行紧密。二是投研能力。信托在资产证券化业务中，基本是通道角色，业务利润较低，对证券市场涉足较少，相应的投研能力也不强。三是资金端。信托产品以中风险的非标准化资金信托为主，受政策调控的影响较大。同时，相比于银行理财，信托产品筹集资金的成本更高。

二、信托发展的挑战

信托行业发展的宗旨是"受人之托，代人理财"，相较于其他资管行业，信托业可以充分运用其自身优势，即合规化地使用债券、股权、收益权等，实现资金与资产的高效结合，并发挥投融资功能。随着"资管新规"的出台，主要对资管业务的无序发展扩大进行管控，将其产生的无序资金逐渐引入金融监管的领域之中，避免金融监管出现空白。"资管新规"实施近两年来，信托行业的发展主要表现在三个方面：打破信托行业以往的刚性兑付模式，逐渐清理传统通道业务以及对资金池业务的运作进行标准化、规范化管理。"刚性兑付"已被打破。"资管新规"对信托行业提出了最为重要的要求，即打破传统的刚性兑付业务模式。这项要求从长远视角来看，有利于稳定金融秩序，推动信托

行业回归本源，降低道德风险等。但是从短期来看，投资者将信托业务的长期持有看作是具有低风险性的固定资产投资，然而"资管新规"的规定使得信托行业的投资者信心受到强烈打击。对于现有风险管理能力不强、定价能力不强的信托公司而言，正面临新一轮的调整，在市场激烈竞争环境以及严格监管的要求下，信托公司需要加快合规审查工作以及提升风险处置能力。此外，"资管新规"还限制了非标业务，要求以往以非标债权投资为主的信托公司逐渐转向标准化业务。

对业务资金端带来巨大的变化。"资管新规"严格规定了非标资产在规模和时间期限上的要求，还禁止银行理财资金投资于信托产品，这极大影响了信托行业的融资渠道。此外，"资管新规"还提升了合规投资者的门槛，鉴于刚性兑付的限制，要求投资者自负盈亏，在一定程度上削减了投资者对信托产品的投资热情，而这更加冲击着信托行业的资金来源。

传统通道业务正在逐步清理。信托公司在业务开展中主要为商业银行的理财充当通道的角色进而提供双赢互利的机会，由此可以看到，以往信托行业规模中通道业务的占比较高。然而，随着"资管新规"的出现，其明确要求对以规避监管的通道业务实施限制，重新对所有资管产品按照其融资方式以及投资属性进行分类，还禁止投资银行信贷资产，这无疑是禁止了监管套利的源头进入。"资管新规"的出现带给大多以通道业务为主的信托公司重重的冲击。根据中国信托行业协会的统计，2017年末，我国信托资产规模为26.25万亿元，而通道业务规模高达15.65万亿元，其占比为59.62个百分点，表明通道业务对信托行业有着重要作用。随着2018年"资管新规"的出台，截至2018年末，我国信托业规模为22.70万亿元，同比减少了3.35万亿元，而通道业务的占比为58.36个百分点。随着信托业总规模的下降，其盈利能力也受到一定程度的影响。"资管新规"出台以来，各个信托公司也正着手清理其通道业务，但是由于其通道业务的基数较大，对于大多数信托公司而言其业务可能会面临萎缩的风险，未来发展的压力将会更大。

资金池业务交易结构急需规范。"资管新规"的出现对信托行业的业务模式造成了极大的限制，同时也对信托行业的合规管理提出更高的要求。其一，

"资管新规"要求信托公司实施净值化管理,提高对资管产品估计的准确性,做好信息跟踪和监管工作。但这对于信托公司而言,估计的难度无疑加大了,鉴于开展的非标准资管项目主要是以融资类、固定收益产品为主,对标准化估计工作存在较大的挑战和难度。其二,"资管新规"对通道业务也进行了严格的监管与限制,对此,信托公司将对其传统的业务模型进行转化,积极开展主动性的管理业务,而在深入探索过程中,需要信托公司强化对业务的合规化管理。此外,还需要完善风险管理体系,提升信托行业的风险点识别能力和风险抵御能力。其三,以往信托公司推出新理财产品时,为了缓解资金流动性和期限不匹配等问题,通常使用资金池业务,然而"资管新规"提出了对资金池的整改要求,即要求金融机构对每个资管产品的资金需要设计单独的账户进行建账与核算管理,这对信托公司在设计产品、筛选项目、防范风险以及拓展资金端客户来源等方面提出了高要求。这给已有规模较大、期限较长的资金池业务整改带来压力和难度,并且有可能加剧流动性风险。[①]

四、"资管新规"对信托资管的影响

信托资产规模稳步回落,结构调整变化明显。截至 2019 年第三季度末,我国 68 家信托公司一共实现资管规模为 22 万亿元,相较于 2018 年末减少了 0.7 万亿元。2010 年至 2017 年,信托业规模持续增长,由 3.04 万亿元增长至 26.25 万亿元。但在 2018 年,信托业资产规模首次出现了下降,并且下降幅度达到 13.52%。究其原因,一方面可能受到了金融强监管的影响,而另一方面是因为一部分信托公司主动缩减了事务管理类业务规模所导致。从资金来源来看,单一资金信托规模为 9.84 万亿元,占资金信托总规模(18.53 万亿元)的 39.50%,较 2018 年末下降了 3.83 个百分点。而集合资金信托资产规模保持其稳健的增长态势,其占比超过单一资金信托规模。可以发现,信托公司在主动管理业务领域增长速度较为明显,而与传统银信合作的通道业务逐渐收窄,信托业转型深化成效逐渐凸显出来。

---

① 尹冰清、张金菊:《"资管新规"下信托业面临的挑战与转型》,银行家,2020年第 3 期,第 89 页。

经营业绩稳步提升，信托主业收入占比保持稳定。截至 2019 年第三季度末，信托行业实现了经营收入 795.64 亿元。其中，信托业务收入达到 551.35 亿元，占比达 69.30 个百分点，仍然是信托公司主要的收入来源。为坚守信托本源，信托公司仍旧需要坚守发展信托行业的初心。而且，信托行业平均年化综合实际收益率为 5.58%，相较于 2018 年增加了 10.42 个百分点，环比增加了 24.27 个百分点。这意味着，信托行业在不断提升信托公司自身盈利水平的同时，还在为选择信托资管产品的投资者创造并实现更多的价值。从具体的资产配置类型来看，信托行业投向实体经济的资产种类在不断扩大，包括房地产、基础产业和工商企业，这表明信托行业的发展与我国社会经济发展水平紧密相连，而服务实体经济一直以来是信托行业以及信托公司的定位。

"资管新规"对于信托公司不仅是挑战，同样也是机遇，将对信托业务的模式和发展理念产生深刻的影响，有助于推动信托公司转型发展，提升主动管理能力，增强市场竞争力。

（1）有利于推动信托公司长期理性发展。长期以来，信托公司对"刚性兑付"的潜规则是又爱又恨，爱的是因此积累了投资者的信任，恨的是收益风险的错配导致行业发展畸形化。刚性兑付也造成了一个囚徒困境，如果某个信托公司单独打破刚性兑付，又会造成自己的客户流向其他信托公司。"资管新规"明确要求打破刚性兑付，使全行业得到解放，促进信托公司和投资者的权与责、风险与收益合理的分配，最终推动信托公司长期理性的发展。

（2）有利于信托公司抢占有利市场地位。"资管新规"将对我国资管行业的格局进行重构，资管机构会根据自身比较优势塑造核心竞争力。信托公司一直以来服务的都是高净值人群，是资管行业最重要的客户群体。"资管新规"有助于信托公司发挥市场优势，抢占资管市场的制高点。

（3）有利于信托公司发挥信托制度优势。"资管新规"不适用资产证券化业务和家族信托业务，信托制度天然具有破产隔离、财富传承的功能，这有利于信托公司深入挖掘这两个业务机遇，尽快形成竞争壁垒，提高竞争力。[1]

---

[1] 湛修材：《资管新规背景下我国信托业务转型研究》，中国社会科学院大学硕士学位论文，2020 年，第 44 页。

第四节　信托业发展的未来展望

一、提升资产配置能力

"资管新规"对整个资管行业实施了统一的监管标准，指明了我国资管行业未来发展的方向。对此，信托行业通过解读"资管新规"的监管政策明确行业定位。目前，我国信托业的规模仅低于银行业，现已成为第二大金融子行业，其稳健发展对于我国经济金融稳健运行具有重要的作用。并且，"资管新规"还要求金融结构实施净值化管理，以缩窄固定收益和保本等理财产品的发展空间。随着通道业务的退出，信托公司的经营模式发生了较大的转变，由传统的代人融资转向资产管理，既要对已有客户和潜在客户进行专业分析，又要根据公司自身风险防控能力和定位细分市场，开展专业的资管产品和制定相关管理政策来维护资金端的业务需求。为了应对"资管新规"带来的监管环境的变化，信托公司需要将发展目标定位更长远，摈弃追逐短期利益的传统观念，积极发挥资管的优势，提升资源配置能力，主动对接社会经济发展的各项需求和国家发展的大政方针，优化金融资源的配置渠道，积极响应供给侧结构性改革，为推进我国经济高质量发展提供一份力量。[①]

二、推动服务信托和公益信托业务

现阶段，监管政策的实施主要消除了金融业监管的真空领域，同时也对金融业混合经营发展提出更高的要求。银行业的发展模式也出现较大变化，我国约有 30 多家银行设立了理财子公司，这些理财子公司具有先天的资金端优势，极大地制约了信托行业的业务发展，对此，信托公司只能通过不断推出创新型信托产品来吸引优质客户，进而稳固其在理财机构中的优势。随着我国老

[①] 尹冰清：《资管新规下信托业面临的挑战与转型》，银行家，2020 年第 3 期，第 90 页。

龄化程度的不断加剧，信托行业可以主打以受托服务为核心的服务信托，结合金融服务与养老权益推出信托养老产品；还可以与优质的养老服务供应商合作以实现高端机构养老、居家养老和社区养老等多样化养老方式。此外，信托行业除了开展资金信托外，还能创新其信托供给，通过高效结合金融服务与财富管理，实现多领域服务的结合，如从员工信托、资产证券化信托、家庭信托、家族信托等方面积极开展业务，通过金融科技等高技术工具以更好地满足客户多元化要求。此外，信托公司还能够在公益信托方面加大宣传力度，通过对接扶贫慈善信托将其推广至更广泛的领域，包括教育、医疗、养老、残障特殊人群等，通过与慈善组织等公益机构的积极合作，深化公益信托的社会效果。①

三、基于非标信托的转型方向

非标信托业务主要是指信托贷款、特定资产投资等债权融资类信托业务，是当前信托公司最核心的业务。虽然监管要求信托公司要降低融资类信托业务占比，主要是由于当前融资类信托业务占比过高，使得信托公司成了影子银行。并且贷款对象往往是受国家限制的行业，这些行业融资需求相对更加旺盛，融资渠道相对更加不畅，容易成为信托公司的客户。但是信托公司为这些行业提供融资，一方面会干扰国家的调控政策，另一方面也蕴藏较大的风险。不过从国际信贷基金的发展来看，非标投行业务仍有较大的发展空间。

信托公司积累了 10 多年的非标投行业务经验，可以在控制资产不良率的基础上，升级非标业务模式，并以此为核心向股权投资等其他另类资管业务拓展，或者由非标向标准化债权资产拓展，逐步扩大业务辐射面。非标信托业务转型首先是定位转型，要从影子银行的定位过渡为另类资管。从国际上看，非标投行业务有两类模式，即日本信贷模式和欧美资管模式。日本是最早发展贷款信托的国家，其目的是吸引社会长期资金支持基础设施建设，由于保证本金安全的特点迅速发展起来。但是随着日本经济增速的放缓，社会融资需求下降，贷款信托也近乎绝迹。美国的信贷基金属于另类资管业务，与我国融资类

---

① 尹冰清：《资管新规下信托业面临的挑战与转型》，银行家，2020 年第 3 期，第 90 页。

信托非常相似，不过其销售监管非常严格，主要资金来源于以风险识别能力较强的机构为核心，近年来才逐步放宽到高净值个人客户，同时对于个人客户有非常高的消费者保护。我国非标信托业务起步与日本贷款信托类似，虽然没有将刚性兑付写进法律文件和信托合同，但是也成了行业的潜规则。从"资管新规"来看，监管部门更倾向于将非标信托业务作为一种另类资管业务来完善监管政策和推动其转型发展，实现净值化，打破刚兑化发展。

非标信托业务模式的转型既要符合"资管新规"的要求，又能实现可持续发展，运营模式要从类信贷模式向基金化转型，盈利模式要由利差模式向管理费模式转型。我国非标信托业务目前以单个融资项目模式为主，优势在于操作方便，一个信托计划只对应一个融资方，容易了解资产状况，在信托公司信誉度欠缺的时候有利于增强投资者信心从而吸引到资金，而最大的弊端在于项目风险集中，如果单个项目发生坏账，信托公司只好用自有资金垫付，没有转圜的空间。由上一章实证分析也可知，不良资产对信托公司业务效率的影响非常大。

纵观国际实践与"资管新规"导向，组合投资、净值化管理才是可持续的非标信托业务模式，部分国家甚至通过法律法规明确要求非标资管业务要进行必要的组合管理。目前，非标信托业务的盈利来源主要是资产端融资成本和资金端资金成本之间的差额部分，名义是信托报酬，实质是利差。这种盈利模式会引诱信托公司为了提高利差去操作风险更高的项目，抱着侥幸心理期待信托项目到期后有其他的人来接盘，最终导致违约。现实中已有信托公司由于违约项目过多而停业或者被收购的现象。国际另类资管盈利模式主要来自基础管理费和超额收益的分成，并且越先进的另类资管机构，其收入中超额收益的占比越高，这也体现了资管机构通过专业能力实现自身与投资者的共赢。①

四、基于财富管理的转型方向

财富管理需求的爆发是近几年资管行业迅速发展的根本原因，发展财富

---

① 湛修材：《资管新规背景下我国信托业务转型研究》，中国社会科学院大学硕士学位论文，2020年，第44页。

管理业务也成为各家信托公司经营发展工作中的重中之重,但当下我国信托公司财富管理业务仍然是以销售信托产品为主的初级阶段,距离财富管理还有很长一段路要走。同时,目前很多信托公司仍然将资产端作为公司的创收部门,将财富管理部门作为吸收资金的成本部门,并没有意识到财富管理业务能够带来的价值。信托公司需要紧抓我国财富管理市场快速增长的机会,把握高净值客户财富管理的需求,充分利用信托制度开展财富管理业务的比较优势,建立财富管理业务的市场竞争力。

信托公司发展财富管理业务,首先要转变对财富管理部门的内部定位。由于历史原因,信托公司早期开展信托业务的资金基本都由银行提供,信托公司的主要精力都聚焦在资产端,可以说是一条腿走路。随着监管对银信合作业务的不断调控,银行资金供给减少,信托公司为了解决资金来源的问题,才开始组建财富管理部门,主要以销售产品为主,其功能难以满足财富管理的全部需求,而信托制度作为资管的天然优势完全没有发挥作用。随着我国财富管理需求的不断提升,财富管理市场不断扩大,信托公司可以将财富管理业务作为与资产端业务平行,甚至是主导公司发展方向的业务。

信托公司要实现真正的财富管理业务,要紧紧围绕高净值客户的需求,利用信托制度优势开发多种业务模式。目前信托公司财富管理业务仍处于销售信托产品的初级阶段,需要向提供资产配置方案、提供综合金融服务的方向发展,如家族信托、保险金信托等信托业务,可以更好地利用信托制度来满足客户需求。"资管新规"对信托公司的业务模式冲击极大,但家族信托并没有在这次"资管新规"的约束之下,可见监管层对信托公司开展家族信托业务的鼓励态度。家族信托业务既是信托本源业务,也是更能贴合客户需求而创新的业务。

我国资管行业目前虽已进入统一监管时代,但还没有真正实现混业经营,在开展家族信托业务方面,信托公司仍然有不可替代的牌照优势,其需要利用这个时间机遇,将家族信托业务尽快从培育成熟。①

---

① 湛修材:《资管新规背景下我国信托业务转型研究》,中国社会科学院大学硕士学位论文,2020年,第45页。

五、基于服务信托的转型方向

2018年信托业年会上,服务信托的概念被首次提及,是指信托公司按照委托人的指令,管理信托财产或者实现特定目的。服务信托中委托人具有更大的决策权和主导权,但和事务管理类信托和通道业务不同,服务信托的核心竞争力主要体现在较强的专业能力上。由于信托功能的灵活性,服务信托的应用领域非常广泛,既可以为金融活动提供服务,如证券投资信托、结算清算信托等,也可以为非金融活动提供服务,如消费信托、员工持股信托等。现实中,人们存在着大量的非投资需求,服务信托可以很好地满足这些需求,这是其他资管机构都不具备的。服务信托是发达国家信托业的重要形态,同时也是"资管新规"要求的回归信托本源的业务类型。信托公司需要提高自己在法律、金融等专业领域的水平和处理事务的能力,通过发展服务信托满足社会的多元化需求。

和其他资管业务相比,由于信托公司承担的责任和风险有限,服务信托收费往往较低,单个项目的报酬并不高,所以发展服务信托要追求规模化发展,达到规模效益。好在我国财富管理的多样化需求是巨大的,完全可以支撑服务信托实现规模化的发展,创造规模化的效益。信托公司需要逐步建立标准化的服务体系,提高市场占有率,摊薄运营成本,提升盈利能力。[①]

[①] 湛修材:《资管新规背景下我国信托业务转型研究》,中国社会科学院大学硕士学位论文,2020年,第46页。

第六章 银行资管

第一节 银行资管现状

2021年1月29日,银行业理财登记托管中心发布《中国银行业理财市场年度报告(2020年)》(以下简称《年报》)。《年报》以全国银行业理财信息登记系统大数据为基础,全面总结2020年我国银行业理财市场情况,并对2021年银行业理财市场发展进行展望。

2020年,我国银行理财市场坚持"受人之托,代客理财"的职责,严格落实监管要求,坚守风险底线,积极推进规范转型,服务实体经济,不断推进高质量发展,整体市场运行平稳。截至2020年底,银行理财市场规模达到25.86万亿元;当年累计为投资者创造收益9932.5亿元。《年报》总结2020年中国银行业理财市场具有如下特点:

一、监管政策持续完善

"资管新规"发布至今,银行理财相关配套监管政策相继推出,理财业务监督制度体系逐步完善,从行业监管、主体治理、业务规范等多个维度进一步规范理财行业的发展。在银行理财制度逐步完善的过程中,理财业务的转型方向和展业格局逐步明晰。

二、规范转型稳步推进

2020年,以净值化转型为重点,银行理财业务规范发展稳步推进。一是净值型产品存续规模及占比持续快速增长。截至2020年底,净值型理财产品存续规模 17.4 万亿元，同比增长 59.07%；净值型产品占理财产品存续余额的 67.28%，上升 22.06 个百分点。二是存量资产化解有序推进。银行在大力发行净值型产品推进转型的同时，加快存量资产处置，合规新产品占比持续升高，同业理财及嵌套投资规模持续缩减。

三、服务功能有效发挥

近年来，银行理财在规模稳健增长的同时，也为支持实体经济运行发挥了重要作用。2020 年底，银行理财产品通过投资债券、非标准化债权等资产，实现理财资金与实体经济融资需求对接，支持实体经济资金规模达到 22.21 万亿元。银行理财在直接支持企业发展、助力疫情防控、盘活小微企业等方面发挥了积极作用。

四、市场主体更趋多元

截至 2020 年底，共有 331 家银行机构有存续的理财产品，存续余额 19.19 万亿元，占全市场比例为 74.21%；24 家理财公司（含 2 家外资控股理财公司）已获批筹建，其中 20 家已正式开业，存续余额 6.67 万亿元，占全市场的比例达 25.79%。银行理财公司和外资控股理财公司的成立，为银行理财市场注入了新生力量。

此外，理财产品登记机构、托管机构和第三方信息披露机构为银行理财市场的稳健发展提供了支持保障。银行业理财登记托管中心承担理财产品集中登记工作，是具备理财产品托管业务资格的专业机构，同时也是理财产品第三方信息披露机构。借助自身独特的市场定位，银行业理财登记托管中心长期以来致力于为理财监管、市场机构以及投资者提供全方位服务。

五、产品结构不断优化

从产品期限来看，长期限产品发行力度稳步提升，募集能力进一步增强。期限在 1 年以上封闭式产品累计募集资金同比增长 37.86%。从募集方式来看，公募理财产品是银行理财的绝对主力。2020 年底，公募理财产品存续余额为 24.75 万亿元，占理财产品存续余额的 95.71%。从投资性质来看，理财产品投资以固定收益类为主，固定收益类理财产品占全部理财产品存续余额的 84.34%。

六、投资收益稳步提高

全年累计实现客户收益 9932.5 亿元，同比增长 7.13%。银行理财产品进一步丰富了居民投资渠道，增加了财产性收入的来源，极大满足了投资者的资产保值增值需要。

此外，理财产品登记机构、托管机构和第三方信息披露机构为银行理财市场的稳健发展提供了支持保障。银行业理财登记托管中心承担理财产品集中登记工作，是具备理财产品托管业务资格的专业机构，同时也是理财产品第三方信息披露机构。借助自身独特的市场定位，银行业理财登记托管中心长期以来致力于为理财监管、市场机构以及投资者提供全方位服务。银行业理财登记托管中心成立以来，始终坚持服务监管、服务市场、服务投资者的职能定位，在协助加强理财业务监管、促进理财业务规范发展、加强投资者权益保护等方面发挥了重要作用。

2021 年是"资管新规"过渡期的收官之年，银行理财市场面临着转型升级的攻坚之战。在强监管、严监管的背景下，银行业理财机构将进一步加强公司治理和内控管理，在防范风险的前提下，围绕服务实体经济、保护投资者合法权益，紧抓市场机遇，大力开展市场创新，强化投资者适当性管理，强化信息披露机制建设，为"十四五"顺利开局，开启全面建设社会主义现代化国家新征程作出新贡献。

随着"资管新规""理财新规"等政策落地完善，理财业务按照监管有序整改，并取得阶段性进展。近年来，新发展理念对资管行业提出了更高的要求，需要资管业务主动发挥金融资源配置高效、透明等优势，为支持直接融资体系、拓宽居民财产性收入渠道、提高服务实体经济质效方面发挥更大作用。

第二节 银行资管的特征

"资管新规"颁行后,框架性规定与方向相对明确,各类资管机构需重新审视自身禀赋优势,重新定位业务发展,资管行业将实现一轮洗牌与转型,行业必将在重塑竞合中实现新的发展。按照"资管新规"要求,在未来两年多的时间里,银行理财需要打破资金池模式,在不互相串联的基础上,实现理财产品净值化,这势必会对现有银行资管业务模式造成很大影响。

另外,2018 年 12 月 2 日,中国银行保险监督管理委员会发布《商业银行理财子公司管理办法》,严格遵循"资管新规"和"理财新规"的监管原则,并在此基础上针对一些细则作出相应改变。银行理财在资管行业中属于规模最大、影响力最强的细分行业,在某种意义上具备系统重要性。允许商业银行成立理财子公司是相对成效最优的一种选择,作为风险隔离和独立的非银行金融机构,可以在一定程度上提高理财子公司的经营自由度,有利于灵活的公司治理。与理财新规相比,《商业银行理财子公司管理办法》的销售起点和渠道进一步放宽,不再设置销售起点金额,而且不再强制首次面签,允许监管机构认可的其他机构代销理财产品。投资范围进一步放宽,允许理财子公司发行的理财产品直接投资股票,允许发行分级产品,而且合作机构的范围也进一步放宽,私募基金可以介入。在诸多细则放宽的同时,也有一些要求更为严格,包括投资交易分离要求、投资者保护机制要求、公司治理结构要求和风险隔离要求等。

具体来看,银行资管具有如下特征:一是资金端。与保险公司、信托公司和券商相比,银行具有庞大的储蓄客户来源,资金端优势非常明显。二是投研能力。银行资管的投研优势主要集中在固收类资产领域,且在非标资产投资方面具备丰富的经验。三是客户资源。银行凭借其传统经营的存贷业务积累了大量的客户资源,银行更容易挖掘出这批客户的理财需求,将其转换为优质的理财客户。四是销售渠道。银行资管依托银行网点建立了覆盖度广、渠道下沉的线下销售渠道,客服获取更为便捷。五是人才团队。银行资管部在渠道、风控管理等岗位的人才储备具有比较优势。六是资产端。首先,银行在债权类资产的开发、投资、管理上形成了绝对优势，非标债权是大型银行最擅长的资产类型。其次，理财子公司作为独立法人机构，可以将账上的充裕现金用于自营投资，利用自身具备的投资管理技能，发挥更大的规模效应。七是银行具备非标业务优势。银行基于信贷业务的信审、风控优势，非标业务可在产品期限高于资产到期期限、产品不具备刚性兑付属性的前提下开展。银行理财在最大限度地降低期限错配的前提下，或会发行更多长期限的理财产品，发挥自身的非标资产优势。

同时，银行资管业务的劣势主要体现为以下三点：一是投研能力。由于队伍配备和激励机制尚不完善，一时难以形成很强的投研能力。二是资产端。投资标的主要集中于标准化资产（如债券、现金、存款），银行资管在权益类资产、高风险另类资产方面的投研能力相对不足，投资策略相对保守，产品收益率不高。三是自有渠道建设。银行理财的快速发展主要归功于母行的信用背书以及分支行网点，一旦理财子公司业务脱离银行母体，其短期之内将面临较大压力。[1]

第三节 商业银行资管业务面临的挑战

一、资管产品和理财产品转型

商业银行适应"资管新规""理财新规"和《商业银行理财子公司管理办法》的首要任务是促进资管产品和理财产品的转型，逐步解决资管产品的同质化现象，从预期收益型转变为净值型产品，不断丰富产品形态，树立"以客户为中心"的产品设计理念，满足不同层次合格投资者的多样化需求。首先要向净值型组合投资产品转型，实现组合投资、分散风险、信息透明、动态估值，定期开放公允估值，通过产品的市场化价格波动将风险信息反馈给消费者和

---

[1] 王剑、戴丹苗、杨翱：《金融机构资产管理业务现状及比较》，银行家，2021年第2期，第113页。

投资者，使其对产品有充足的知情权和决定权，进而有助于金融消费者权益保护。其次是向结构型产品转型，结构型产品属于安全性较高的固定收益产品，收益投向金融衍生工具，不同于保本保收益的预期管理产品，是当前过渡期倍受欢迎的资管产品。最后是向股权投资及另类投资产品转型，理财子公司的设立极大地便利了股权投资和另类投资产品的设计、开发、销售和转型，此类资管产品更多面向高净值客户和机构客户，有利于实现差异化管理，增强风险收益曲线弹性。

二、商业银行的投顾和销售体系转型

从全局视角看，银行理财、信托计划、保险资管和券商资管等资管子行业所提供的资管产品和理财产品的同质性较强，而且投资标的主要集中于债权类资产，未能真正实现投资的多元化，易导致风险集中现象显现。因此在后资管时代，应加强跨领域资产配置，打造理财产业链条，塑造多条线投资体系，改变纯资金池的集合化、集中式运作，增强主动管理能力，无论是商业银行的主营业务，还是理财子公司都应当搭建一支专业能力过硬的投资顾问团队，主动寻找可投资标的。从商业银行销售体系来看，未来也将面临新一轮的洗牌。长期以来，商业银行的销售体系将多数理财产品当作存款替代品，只考虑利率和收益率，对其他方面的关注度较低。未来，商业银行的销售体系将会更加关注投资范围、投资理念、风险收益特征等重要方面，逐步打造专业化、高素质的销售团队，拓展销售渠道，满足不同风险偏好的目标客户。

三、借助理财子公司优化组织结构，强化协同作用

商业银行可借助成立理财子公司的机会，整合内部职能机构，为理财子公司顺利设立创造条件。作为两个独立的法人机构，理财子公司与母银行、分行和其他子机构之间的协同将会是一个不小的挑战。在公司治理层面上，可以实现理财业务和主营业务之间的风险隔离，在业务发展层面上，有助于提升专业化主动管理能力，这两者均有利于打破现有的"刚性兑付"格局，有利于金融监管和资管行业的健康发展。未来，理财子公司要注重与母行的业务协同、

数据协同、客户协同和风险管理协同，逐渐发挥规模经济和范围经济优势，成为商业银行稳妥健康发展的核心优势之一。

四、利用金融科技助推商业银行资管行业发展

近年来，金融科技快速发展，已成为金融领域不可忽视的重要力量，越来越多的国家将金融科技提高到增强国家金融竞争力的高度上来。目前，我国大型商业银行等金融机构已经开始重视金融科技的现实场景应用，其中，大数据、云计算和人工智能等新兴技术的应用最为广泛和显著。商业银行拥有广泛的客户群体和大量有价值的数据，只有通过新兴技术才能提高工作水平和系统运作效率。智能投顾是金融科技助推商业银行资管行业发展的典型案例之一，其发端于非银行金融机构，未来商业银行要重视智能投顾等应用的发展，将商业银行的传统优势与之相结合，逐步搭建数据化系统和智能化体系，引领资管行业的发展潮流。[①]

---

① 范云朋：《新形势下商业银行资产管理业务的转型与发展》，现代管理科学，2020年第1期，第111页。

第七章 证券资管

证券资管既是大资管行业的重要组成部分,也是证券公司的核心业务之一。2018年,证券公司资管业务收入占总营业收入比例已达到13.95%。在新的宏观环境和监管形势下,证券公司如能有效把握大资管行业未来的发展趋势,不断提升核心竞争能力,不仅有助于自身的长期持续发展,也能更好地满足整个社会日益增长的资管需求,不断提升证券行业在金融体系中的重要性和贡献程度。

第一节 国外证券资管发展经验

从国际资管行业的发展经验来看,领先的证券资管机构往往能在产业链的资金端或资产端占据先发优势。例如,全能型银行的优势通常在于资金端,先通过与信贷、投资银行等传统业务部门协同提供服务来维持客户转化率,培育客户基础;然后通过财富管理和资管业务集聚客户资金,并不断扩充产品品类和资产范围,最终实现产业链贯通。相比之下,独立的大型资管公司的优势一般建立在产品端,早期通过拓展产品线和保持业绩来增强获客能力,后续依托银行、证券公司及在线渠道扩大资金端。

第二节 国内证券资管发展现状

近年来,券商行业资管业务快速发展,自2017年以来,按照"严监管、去杠杆"调控要求，券商定向资管计划规模持续下降，但绝对值仍较高。"资管新规"实施后，券商资管的通道业务将受到很大制约，未来券商资管将逐步回归主动管理。对于主动管理规模占比较高、管理能力较好的券商而言，未来有一定发展机遇。

证券业2020年各项数据出炉，Wind数据显示，在市场向好、公募基金规模大增之际，券商资管规模却一降再降，甚至不及2016年的一半。券商资管的业务规模在2017年曾一度达到18.77万亿元的高峰，彼时公募基金总规模尚不过11.6万亿元。但在之后的几年，资管行业发展格局发生巨变。至2020年末，资产管理行业总规模突破120万亿元，其中公募基金总规模近20万亿元，银行理财、保险资管等的规模也都超过20万亿元，而券商资管规模却只剩下当年的零头，仅为8.55万亿元。

通道类业务是券商资管的"最大痛点"。随着"资管新规"落地，通道业务逐渐告别市场舞台，券商资管由此经历转型阵痛，部分机构管理规模与收入同步下滑难以避免。按规定，到2021年底，券商资管的通道业务需全部清理。而这一块在券商资管规模中占比仍不算小。券商资管这些年与其他资管机构拉开差距，一方面是因为"资管新规"使券商资管必须逐步压缩清理通道业务，而该类业务高峰期在行业规模中占比近七成；另一方面，则是因为主动管理能力建设上的不足，在净值型主动管理产品的市场竞争中没有自身的优势。

在2017年之前，我们和其他多数券商资管一样，都是以做"大通道"业务为主。通道业务不费神，虽然利润率低，但规模足够大。近几年则是一边做减法，一边做加法。把不符合"资管新规"要求的产品清理掉，同时坚定不移地做强主动管理业务。中国证券业协会的统计数据也显示，2011年至2017年，证券业资管收入一路上升，从21亿元大增至2017年的310亿元。此后，由于监管政策等"大环境"的变化，券商资管收入在2018年降至275亿元。不过，2019年又企稳于275.16亿元，2020年则回升至299.6亿元。管理规模大降的同时业务收入能够稳住，主要缘于券商资管机构主动管理业务得到加强。但这一收入水平与公募行业相比依然差距明显。数据显示，51家仅披露营业收入的基金公司2019年合计收入就达641.98亿元。2020年又是权益类产品的丰收年，基金公司收入及净利润更上一层楼。由于多数券商尚无公募牌照，而私募业务的服务门槛是100万元，导致券商资管的大部分客户都属于机构类客户。而牛市中爆款产品不断的公募机构则是靠着大量的中小投资者实现管理规模与收入利润的齐增。

券商拥有的公募基金牌照将增至14张，包括华融证券、山西证券、国都证券、东兴证券、北京高华、中银证券等6家券商直接持牌，以及东证资管、浙商资管、渤海汇金、财通资管、长江资管、华泰资管、中泰资管、国泰君安资管等8家券商资管子公司。目前还有五矿证券、华金证券正在申请牌照。券商资管必须从对资金池及通道类业务的依赖中走出来，构建基于净值型主动管理产品的业务线，打造券商特色的差异化金融产品体系，这是券商资管最核心的能力之一。券商资管业务当前面临的难点集中于资金池退出、久期错配修正、去通道下的产品及相关业务整改。券商资管在客户结构上，追求机构客户和零售客户并重；在投资结构上，追求权益和固收并重。从服务高净值客户切换到服务广大中小投资者，补全零售业务短板。券商资管在开发FOF基金方面也颇具优势。汇聚公募、私募大佬，发行全明星产品，我们可以用最快的速度，把市场上各路优秀人才整合到我们的平台上，以FOF基金的形式为投资者提供最好的服务。

大资管行业近年进入了发展快车道，而券商资管受限，管理规模连年下降。2021年底"资管新规"过渡期就将结束，行业内持有的公募基金牌照数量还相对有限，银行理财子公司、外资机构等新竞争者在不断加入；业务规模资管行业的大变局中，券商资管面临亟须合规的尴尬。但总体上来讲，资产管理仍是一片蓝海，无论是广度还是深度，券商资管都大有可为。

第三节　证券资管发展定位

相较于其他金融机构，证券公司开展资管业务的相对优势如下：一是直接连通产业和资本市场的金融机构，具备领先的一、二级市场资产理解及定价能力，特别是在权益资产、衍生品市场方面；二是拥有综合金融服务优势，具备协同产品、服务的整合和创设能力（比如资管、投行、托管、私募股权投资等）；三是依托零售和机构等综合性业务的客户获取能力。大中型证券公司通常有遍布国内及海外的网点渠道，是其发展财富管理业务、投资银行业务的基础。四是投研能力。由于长期涉足债权及股权市场，证券公司在固收与权益类资产投资方面积累了较为丰富的投研经验，投研团队一般较为完整。五是业务协同。证券公司拥有资本市场各项业务牌照，投融资两端均可对接，通过利用各项牌照业务优势，实现不同业务线之间的资源整合。

证券公司也存在着一些不足：一是销售渠道不够健全，总体上银行渠道仍是主要的销售渠道。证券公司资管业务缺少较高技术含量的通道业务，主要依赖银行渠道，难以形成持续竞争力。二是相较于公募及私募基金，资本市场相关的投研能力、人才激励约束机制等方面均没有明显优势。证券公司资管人才主要集中于投研、交易、销售和运营等岗位，金融科技人才的配置相对不足。三是相较于信托，投资范围受到更多限制，与银行资管产品相比，证券公司资管产品种类单一，同质化现象严重，不能满足高净值客户的大部分投资需求。四是与银行和保险相比，证券公司可销售的资管产品种类有更多局限，如细则中不允许非银机构销售银行理财产品。

从资金端来看，2017 年末，证券公司资管资金超过 70% 来源于银行理财，并以委外投资的模式为主。通道业务规模占比高达 72%。新规明确要求去通道，对证券公司资管传统的资金募集方式提出较大挑战，尤其是私募类证券公司的存量通道业务将逐步整改压缩，增量通道业务空间明显下滑。在证券公司通道定向资管的传统业务模式中，银证信定向资管等业务模式不再符合要求，委托贷款类定向资管等业务模式受到中国银保监会《商业银行委托贷款管理办法》的严格限制。总体上看，较低技术含量的通道业务模式必须转型。不过，未来大型银行的理财子公司、中小型股份制银行、城商行及农商行的银行理财资金对资金管理的外部需求仍然长期存在，银证合作模式将从原来的"委外＋通道"逐步转型为"投顾、MOM、FOF"等新的业务模式。

新规对证券公司资管的资金来源转型也提供了有利的机遇：一是细则降

低了证券公司资管计划对高端零售客户的认购门槛,有利于私募类证券公司资管从依赖银行通道资金的传统模式,转为更加多元化的资金来源;二是新规对银行、信托等其他资管机构也产生了重要影响,整个行业的客户群体和资产端正在经历重新选择和匹配的过程。新规及细则的监管原则更接近于原来证监系统的监管导向,具备资本市场主动管理核心优势的证券类机构将更有能力发挥先发优势。[①]

[①] 聂小刚等:《新监管形势下证券资产管理行业的发展趋势研究》,中国证券业2019年论文集,2020年8月,第871页。

第八章　保　险　资　管

第一节　保险资管现状与特征

一、保险资管现状

2003 年 7 月 16 日，中国第一家综合性保险资管公司——中国人保资产管理股份有限公司成立，标志着保险资管行业进入了集中化、专业化的变革阶段。2004 年《保险资产管理公司管理暂行规定》出台，保险资管公司迅速发展。到 2006 年，形成了 "9+1" 格局，总共设立了 9 家国有大型保险资管公司和 1 家外资保险资管公司。2012 年之后，由于政策松绑，中小型保险公司也纷纷设立了保险资管公司。截至 2019 年底，我国现有 26 家综合性保险资管公司，10 多家专业资产管理公司。我国保险资管行业在 2006 年、2012 年、2013 年迎来三次政策松绑，监管当局分别准许保险资管机构创设另类投资产品，以管理人身份接受企业年金、养老金等资金开展资管业务，发售产品化的组合类资管产品。此外，保险业持续快速的发展为保险资管的发展奠定了良好基础。在这些因素的影响下，我国保险资管行业发展持续向好。[①]

依中国保险资产管理业协会公告，2021 年 3 月，保险资管业共登记（注册）债权投资计划、股权投资计划、保险私募基金 48 只，同比增加 108.70%，登记（注册）规模为 950.37 亿元，同比增加 134.44%。其中债权投资计划 46 只，规模为 870.35 亿元，数量、规模同比分别增加 109.09% 和 144.91%；股权投资计划 1 只，规模为 30.00 亿元，2020 年 3 月未有注册；保险私募基金 1 只，

---

① 治晓杰：《我国保险资管公司第三方业务发展路径研究》，兰州大学硕士学位论文，2020 年，第 9 页。

注册规模为 50.02 亿元，数量同比持平，规模同比增加 0.03%。

数据显示，2021 年一季度，保险资管业共登记（注册）债权投资计划、股权投资计划和保险私募基金 103 只，同比增加 58.46%，登记（注册）规模 1898.27 亿元，同比增加 59.91%。其中债权投资计划 99 只，规模为 1717.75 亿元，数量、规模同比分别增加 57.14%、53.77%；股权投资计划两只，规模为 30.50 亿元，2020 年同期未有注册；保险私募基金两只，规模为 150.02 亿元，数量同比持平，规模同比增加 114.31%。

截至 2021 年 3 月底，保险资管业共登记（注册）债权投资计划、股权投资计划和保险私募基金 1897 只，登记（注册）规模达 43457.85 亿元。其中债权投资计划登记（注册）1784 只，规模为 36735.69 亿元；股权投资计划登记（注册）74 只，规模为 3369.89 亿元；保险私募基金注册 39 只，规模为 3352.27 亿元。

二、保险资管业务的特征

近年来，我国保险资管机构稳步开展保险资管产品业务。资产总规模持续快速增长，配置结构日趋多元，保险资金配置中银行存款、债券占比持续下降，另类投资配置比例不断提升。尤其是改革发展稳步推进，全面持续强化监管，牢牢守住不发生系统性风险的底线，促进了资管产品发展保持较快步伐，服务实体经济力度持续加大。具体表现为：一是保险资管业监管进一步完善，更加注重防范金融风险和服务实体经济。更加注重风险防控，牢牢守住风险底线；完善多工具的事中事后监管；加强现场和非现场检查的频率和覆盖面；加强激进投资行为的重点监管；加强金融产品业务监管。二是保险资管业的市场主体多元化、差异化格局基本形成，保险资管机构投资管理能力建设日趋完善。三是保险资管机构受托业务保持较快发展态势。目前保险资管公司受托业务主要包括受托关联保险机构保险资金业务、关联保险机构以外的保险资金业务、业外第三方非保险资金的业务三方面。四是保险资管产品注册数量与规模同比稳步增长，较好地支持了实体经济发展需求。

由于保险资管产品期限较长、杠杆率低，基本不存在多层嵌套、资金池等问题。但是各类保险资管产品缺少统一的制度安排，与其他金融机构资管业务的监管规则和标准也存在差异。如资金成本抬升和行业竞争加剧情况下，资产配置难度显著加大；部分保险资管机构的资金成本高企，产品竞争力有待进一步提高。为了进一步规范保险资管产品业务发展，统一保险资管产品监管标准，引导保险机构更好服务实体经济，有效防范金融风险，我们必须在统一保险资管产品规则的基础上，进一步弥补监管空白、补齐监管短板、强化业务监管，与时俱进，开拓创新，促进保险资管产品业务持续健康发展。[①]

保险资管业务的优势主要体现为以下三个方面：一是投研能力。保险资管在权益投资、基础设施投资及非上市股权投资等长期限投资领域优势明显，保险资管目前为大资管市场投资范围最为广泛的机构投资者。二是产品发行。保险资管具备债权计划、股权投资计划、组合类保险资管产品等独有产品发行资质，相对其他资管机构具有较大的相对优势。三是人才团队。保险资管在中长期债券、股权和组合投资方面的人才储备具有比较优势。

保险资管的劣势主要体现为在以下三点：一是投资风格。因对资金安全性具有更高要求，保险资管过于保守、弱势、产品收益率相对偏低。二是资金端。资金来源单一，主要来自集团资产，中小险企的资金占比不高。三是市场竞争力。首先，保险资管公司的品牌认可度、市场影响力有待提高。其次，在委托资金总量收缩和各类资管机构竞争加剧的背景下，保险资管公司获取业内外委托资金的难度加大。[②]

第二节 "保险姓保"下的保险资管

一、保险资管不保险

随着近十几年保险市场规模的迅速膨胀，作为金融业三大板块之一的保

[①] 黄杏群：《创新保险资管产品业务管理的思考》，中国银行保险报，2020年3月5日第5版。

[②] 王剑、戴丹苗、杨翱：《金融机构资产管理业务现状及比较》，银行家，2021年第2期，第113页。

险业越来越受到广泛关注。在光鲜的保险业成绩单之下，存在着较为尴尬的问题，即整个保险市场的增长集中在投资型产品或兼有投资型的产品，而真正保障型保险的贡献非常有限。保险市场的繁荣与其说是保险业的繁荣，不如说是理财或基金业的繁荣。因为，真正的风险保障型保险市场的发展并不像整个保险市场所反映的那样光鲜亮丽。担当经济"减震器"和社会"稳定器"[①]功能的是保障型保险，可以说没有保障型保险的大发展，就没有保险业的真正发展。投资型产品并不遵守风险分担大数法则，从实质内容判断，此类保险与投资基金并无本质区别。投资型产品不但不是"减振器"，反而成了"振荡器"，近年来发生的险资频频举牌上市公司即是最好的说明。

保险业是经营管理风险的特殊行业，必须加强对自身风险的管控，绝不能由"风险的管理者"异化为"风险的制造者"。[②]针对此问题，2016年保监会审时度势，提出"保险姓保"的发展理念，力图提升保障型保险市场份额，矫正保险市场的发展方向。陈文辉指出，保险资金运用要坚持审慎稳健的基本原则，紧持"保险姓保"和保险资金运用服务主业，并明确具体的要求。首先，保险应该以风险保障和长期储蓄类业务为主，短期理财类业务为辅；其次，保险资金运用应以固定收益类或类固定收益类业务为主，股权、股票、基金等非固定收益业务为辅；最后，股权投资应以财务投资为主，以战略投资为辅。[③]2017年5月11日中国保监会出台《关于规范人身保险公司产品开发设计行为的通知》（以下简称134号文），整体监管思路贯彻了"保险姓保"的理念。"保险姓保"正是对保险业保障作用的重申，通过规范保险产品设计可以从根本上使保险回归保险本质。134号文严格贯彻"保险姓保"定位，明确保险产品设计应遵守保障性，鼓励保障型保险的发展，抑制投资型产品的发展，极大地提升了产品的保障属性。

---

① 保监会党委召开会议传达习近平总书记重要讲话和全国金融工作会议精神，http://www.circ.gov.cn/web/site0/tab5207/info4076042.htm，2021年4月1日访问。

② 陈文辉副主席在第三届保险保障基金论坛上的讲话，http://www.circ.gov.cn/web/site0/tab5207/info4074805.htm，2021年4月1日访问。

③ 陈文辉副主席出席中国保险资产管理业协会第二届会员大会，http://www.circ.gov.cn/web/site0/tab5207/info4051391.htm，2017年12月1日访问。

在原保监会公布的2017年前三季度的行业数据中，专门公布了保障型产品的数据，即"前三季度，保险业提供风险保障2909.81万亿元，增长46.33%。其中，寿险28.31万亿元，同比增长53.62%"[①]。这是原保监会首次在专属于行业保费的章节发布保障数据，且系首次公开寿险保额数据。这也意味着原保监会开始将业务发展的关注点从"保费"扩展到"保额"，"保额"才是更能反映保险行业硬实力以及"姓保"程度的关键指标。

"保险姓保"是关乎我国保险业发展方向的重大课题，不仅包括如何定位保险的基础理论，也包括限制保险公司经营自由的正当性论证等问题。马克思曾对保险有过较为系统的理论阐述，对于"保险姓保"的理论完善仍有巨大启发。下面将通过对马克思经典保险理论的梳理，重温保险的最初本质，以期能更深刻地理解保险，并就相关问题进行讨论。

二、"保险姓保"是对公共利益的保护

（一）"保险姓保"的法律正当性在于公共利益

我国法律对于市场主体经营自由的一般原则是，一般行业自主决定，特许经营行业法定。对于一般行业而言，市场主体可以自由决定经营范围，即使超出工商登记的经营范围，法律也不会禁止或限制。而特许经营行业，法律通常为其设置相对严格的准入门槛、经营范围和监管体系等。法律，特别是商事法规对于市场主体的禁止或限制通常以保护公共利益为前提，否则一般不予干涉。法律上的公共利益，是得以限制民事主体自由的足够充分且正当的理由，也是得以动用国家公权力介入私人生活、干涉市场交易、剥夺和限制私人合法财产的唯一足够充分且正当的理由。[②]

对于应否坚持"保险姓保"，限制保险公司开展投资型产品业务的观点大致可以分为两种：一种观点是否定论，认为法律不应该规定"保险姓保"，应

[①] 2017年上半年保险业平稳较快发展行业风险防控能力增强，http://www.circ.gov.cn/web/site0/tab5207/info4077736.htm，2017年12月1日访问。

[②] 王轶、关淑芳：《认真对待民法总则中的公共利益》，中国高校社会科学，2017年第4期，第77页。

该允许保险公司经营投资型产品;另一种观点是肯定论,认为法律应该坚持"保险姓保",应该限制或禁止保险公司经营保障型保险以外的产品。法律本质是利益冲突平衡的规则,依利益冲突的主体不同,可以将商事法律调整的利益冲突分为商事主体与商事主体之间利益冲突的类型、商事主体利益与公共利益之间利益冲突的类型两种。商事主体自由受法律保护,但不得损害公共利益。从立法论上讲,"保险姓保"在本质上会限制或禁止保险公司经营自由,显然属于商事主体利益与公共利益之间利益冲突的类型。对这一类利益冲突问题的论证负担分配为,主张法律应当允许商事主体自主决定者,无须承担论证责任,因为商事主体经营自由是法律的通行原则;主张法律应当限制商事主体自主决定者,需要承担论证责任,因为此观点与法律原则相背,需要足够充分且正当的理由才能使这一例外正当化。具体来讲,限制商(民)事主体自由的足够充分且正当的理由最终落脚于国家利益和社会公共利益。[①] 据此,持法律应该坚持"保险姓保",限制或禁止保险公司经营保障型保险以外的产品的观点者应承担论证责任,论证出"保险姓保"有利于防止公共利益受损。

(二)"保险姓保"有利于防止公共利益受损

保险具有分摊损失和补偿损失的公共利益,但仅凭此一点并不能直接推导出法律应限制保险公司经营投资型业务,因为当保险公司发展投资型保险时并没有停止保障型保险的销售。如果保险公司经营投资型业务不会危及或损害到保险业公共利益的实现,法律便不应对其经营范围进行限制。从"保险姓保"的角度看,限制保险公司经营投资型产品的正当性在于,保险公司经营投资型产品诱发激进投资行为,带来相对于保障型产品更大的风险,使保险公司破产或违约的可能性增大,从而危及保障型产品持有人的利益。简言之,"保险姓保"的正当性在于保险公司经营投资型产品可能会危及或损害保险业所承载的公共利益的实现。总体上看,保险公司发展投资型产品至少从以下几方面可能会危及或损害到保险业所承载的公共利益的实现。

首先,保险公司经营投资型产品会破坏我国金融业分业经营的监管体制。

---

① 王轶:《民法价值判断的实体性论证规则》,中国社会科学,2004年第6期,第114页。

在我国，公募基金也属于特许经营行业，需要取得证监会的牌照是行业门槛。在美国，如果保险公司经营投资型产品必须取得证监会许可。但在我国现行体制下，如果对保险公司开放投资型业务，就会出现保险公司一旦取得了银保监会下发的牌照，不但能够经营保险业务，而且能够经营基金业务。换句话说，保险公司经营了本应由证监会监管的基金业务，但只受银保监会监管，而不受证监会监管。保险与基金在本质上并无太多共同之处，相应的监管制度存在很大不同。虽然实质上同是基金业务，但由于证监会和保监会分别监管难免会出现不一致的地方。事实也是如此，证监会明确禁止向基金投资者承诺收益或保底，但银保监会则允许万能险向投保者承诺最低收益。从这一方面看，保险公司经营投资型产品会破坏我国金融业分业经营分业监管的体制。

其次，保险公司经营投资型产品会导致保险公司经营保障型产品动机减弱，最终可能导致保障型业务萎缩。从现有实务看，保险公司所发展的投资型理财多投资于债券和股票市场，开展此类业务很容易扩大规模，收益预期较高。而保障型保险业务开展难度相对较大，业务规模很难快速成长，比如，对保险标的风险评估和控制一直是保险业务规模难以扩大的难点。保险公司是商业机构，以营利为目的，如果允许保险公司开展投资型业务，依据趋利避害的逻辑，保险公司自然会将精力从保障型产品转向投资型产品。正是由于上述原因，所以实践中保险公司和银行通常具有很强的欲望介入基金业务，而鲜有银行、证券和基金机构想方设法地介入保险业务。

再次，保险公司经营投资型产品类似于公募基金的业务，但保险公司却承担了比公募基金机构更大的经营风险。原因就在于公募基金法律严格禁止向投资者承诺收益和保底，所以投资风险可以很顺畅地传导给投资者，使风险得以化解；而保险公司在经营投资型保险时却可以向投保人承诺收益和保底。当投资出现低收益或亏损，并不能像基金公司那样将亏损风险转嫁给基金投资人从而化解风险，如此风险便会积累。以万能险为例，其保障部分通常非常低，基本上都属于投资属性，但存在保底条款，投资风险无法化解。实务中更有甚者，保险公司为了吸引更多的投资，竟在投资亏损的情况下，仍然支付高于保底收益的回报，极大地增加了风险。特别是在当下低利率和资产荒的时期，很多保险公司已经出现此类风险。投资型业务对保险公司的上述诱惑无法通过市场得以矫正。商业保险公司天然以营利为目的，为追求高利润必然从事高风险投资。因此，仅靠市场无法解决上述问题，这时就需要非市场手段介入进行矫正。

此外，保险公司经营投资型产品背离社会认知与期望。相比较发达国家，我国的保险市场尚处于发展阶段，从总体上看，社会大众对保险的认知仍局限于分摊损失和补偿损失的保障功能方面。近年来，很多购买投资型产品，特别是混合型产品的消费者，因产品没有保障或保障部分很少的原因，在出现灾害、事故、重疾或死亡等情形时无法获得赔偿，从而造成大量矛盾和诉讼。形成这种现象的原因固然有很多，但保险公司经营投资型产品背离社会公众认知，与社会公众期望错位是其中重要的原因。

综上，银保监会对保险公司进行规范监管是行政手段，限制保险公司通过经营投资型产品盈利。银保监会至少可以从两方面发力：一是限制或禁止保险公司从事资管活动，从源头上有效剥离保险公司高风险业务。二是规范保险公司对保障型产品聚集起来的资金的使用。在此主要讨论保险公司产品端的"保险姓保"问题，对于资金使用将另文讨论。保险公司经营投资型产品会带来风险，与社会公众对保险公司的安全要求相违背，可能会危及或损害保险业所承载的公共利益的实现，因此，法律应该限制保险公司经营投资型产品，坚持"保险姓保"。

三、"保险姓保"是保险业不忘初心的回归

保险业坚持"保险姓保"，是不忘初心。英国女王伊丽莎白在15世纪颁布的诏书表述到，保险是将损害由少数人的重负债变成多数人的轻负债。我国保险业现处于发展的重要历史阶段，"保险姓保"恰当其时。

（一）坚持"保险姓保"满足人民日益增长的美好生活需要

中国共产党十九大报告中强调，我国社会主要矛盾已经转化为人民日益增长的美好生活需要和不平衡不充分的发展之间的矛盾。对于保险业而言，"保险姓保"即可以通过改善保障型保险发展不平衡的现状，满足人民日益增

长的美好生活需要。过去30年，我国社会发展取得举世瞩目的成绩，人民生活水平日益提高。但因灾返贫、因病返贫等情况仍大量存在，与人民对美好生活的追求相背。以"分摊损失"与"补偿损失"为特征的保险业对以上问题的解决具有不可替代的地位，完全可以精准发力。

过去30年，我国保险业也取得了巨大发展，但相较发达国家，差距仍然很大。具体到我国保障型保险的发展现状，与发达国家的差距则更大。特别是近几年，虽然我国保险市场规模快速增长，但此增长主要来源于保险公司投资型产品的增长。央视财经频道做的"中国经济生活大调查"显示，2016年中国投资前三名分别是保险、股票和债券，保险业从2013年的第六位跃居到2016年的第一位。相当多的保险消费者把保险这个风险管理的首选工具当成了财富管理的首选投资工具。[①] 保险业发展存在着重投资型产品轻保障型保险的扭曲现象，保障型保险的发展成为短板。造成此现象的原因很多，但部分保险公司将精力主要集中于发展投资型保险业务是其中的重要原因。

"保险姓保"可以改善保障型保险的发展与人民美好生活需要的不平衡问题，补短板，准确发力。目前，我国公众裸露于保险之外的风险大量存在，保险保障市场潜力巨大。"保险姓保"为保险业指明了发展方向，使保险公司可以专注于经营保障型保险，将保险公司的竞争引导到经营保障型产品的竞争上来，真正地发挥出其不可替代的保障功能。

（二）完善"保险姓保"的相应制度建构

依法治国是我国国家治理的基本政策，"保险姓保"必须依法进行。自2016年保监会提出"保险姓保"之后，陆续出台一些规范性法律文件来抑制保险公司发展投资型业务。从实际的效果来看，在产品端投资型业务得到有效控制，但不可否认，"保险姓保"的相应制度仍需要在以下方面进一步地探索和解决。

当下有关"保险姓保"的规范性法律文件存在很多法律空白且层级不高的问题。在"宝万之争"中，表面上看是险资频频举牌上市公司，似乎问题

---

① 任建国：《"保险姓保"价值理念不能变》，中国保险报，2016年10月31日，第2版。

出在了资金使用环节。但宝能系中的前海人寿投资型产品极速发展形成的巨大规模的资产才是实质原因。最终，原保监会因编制提供虚假材料、违规运用保险资金等违法事实对前海人寿时任董事长姚振华给予撤销任职资格并禁止进入保险业10年的处罚，但这一处罚的依据中并没有引用到"保险姓保"的规定。这反映出过去无论是规范性法律文件还是原保监会对保险公司经营投资型产品的规范缺失或空白。

过去几年，银保监会出台了很多规范"保险姓保"的法律文件，但仍然至少存在两方面问题：第一，"保险姓保"涉及保险业的方方面面，应由一整套成体系的制度对其进行规范。现有制度显然还远远达不到以上标准，需要建立体系化的更加细节的制度规范。第二，由于银保监会在立法主体体系中的层级有限，而这一重大改革又缺乏法律法规层面上的明确依据，造成保险经营机构对"保险姓保"未来发展的迷茫。因此，急需以更高层级的规范性法律文件确认"保险姓保"。

（三）规范保险公司投资型产品的定位及规范

虽然本书主张法律应该限制保险公司经营投资型产品，但并不意味一定要绝对禁止。随着社会变迁，我国金融业也必须通过创新谋求发展，保险业也不例外。以化解因年老失去劳动力和通货膨胀风险为目的的商业养老保险，是以实现资金的储蓄和增值为存在前提的。单纯的通货膨胀是否可以看作一种独立的保险风险，这关系到如何确定保障型产品与投资型产品的区分标准问题。另外，也有学者认为，保险业适度开展居民财富管理是保险业发展到一定程度后社会风险管理的一部分。[①] 因此，在对"保险姓保"进行规范时，应同时合理科学地明确对保险公司投资型产品的定位及规范。

从总体上看，投资型产品的界线比较清晰，比如投连险和万能险。投连险是纯粹的投资型产品，没有任何保障功能。万能险仅有很少的保障功能，被保险人在保险期限中死亡的，则大多仅能获得略高于保费的现金价值；若被保险人在保险期限结束时仍然活着，则也仅可以获得所投资的现金价值。

---

① 岑敏华、罗向明、张伟：《"保险姓保"：理论溯源与价值回归》，南方金融，2017年第5期，第47页。

所以，这类产品未体现"数倍于保费的赔偿"，根本不具有保障功能，几乎完全脱离了保险本质，当然不能被称为保险产品。保险本质是保险产品区别于银行产品、理财产品及基金产品的显著特征。倘若保险产品与其他产品一样，均是在"到期之后支付本利或现金价值"，则演化为其他金融产品，而非保险产品了。[①]

从国外的发展经验看，法律也并非完全禁止保险公司经营投资型产品。比如，美国保险监管法律要求保险公司通过子公司经营投资型基金业务的，需要同时受到美国证券交易委员会（SEC）和美国金融业监管局（FINRA）的监管，且需要向 SEC 和 FINRA 申请相关资格，并接受监管，同时有向投资者披露相关信息的义务。[②]因此，我国也可以考虑有条件地允许保险公司通过设立子公司的方式介入投资型业务，但必须以获得证监会审批为前提，并且同时接受证监会监管。另外，需要将保险公司保障性业务的风险与投资型业务的风险进行有效隔离，防止投资型业务的风险向保障型业务进行传导，危及保障型业务的安全。

第三节 保险股权投资监管

一、保险股权监管的价值

十九大报告针对我国金融业的发展战略可以归纳为"三面一代一线"。三面，即深化金融改革、服务实体经济及防控金融风险。这三个方面环环相扣，层层推进，是对金融业未来发展方向的全面展望。一代，即新时代，助力中国经济走进新时代。一线，即守住不发生系统性金融风险的底线。任何改革都会伴随风险，改革不能拒绝风险，但风险要有底线，不发生系统性金融风险便是

---

① 粟芳：《"保险姓保"的理论探析与监管保障》，保险理论与实践，2017年第6期，第23页。

② 陈成：《保险公司代销基金的前瞻性研究》，金融理论与实践，2011年第12期，第96页。

金融业改革的底线。此底线表明政府对金融业改革中存在风险的充分认识，为改革划定了清晰的风险红线。[①] 保险业改革也应该以三面一代一线为指引，助力中国经济走进新时代。保险业应积极深化改革，坚持服务实体经济，同时也要防控风险。完善保险公司股权监管制度可以在以下三个方面同时发力。

首先，保险公司股权监管是深化金融业改革的重要方面。金融业改革涉及广泛，其中保险公司股权改革尤为重要，股权为公司的根基，其改革关涉到产权清晰、经营稳健、公司治理、关联交易、信息披露及真实等全方位的问题。保险公司股权基因决定着公司未来的经营理念，从这一点上看，股权监管不仅是保险业监管的重要组成，而且可以间接地实现对未来保险业的塑造。回顾自改革开放后的改革进程，可以说我国保险业的改革最核心的就是保险公司股权的改革。至今为止的保险业股权改革大致可以分为两个转变：一是从国有独资向股权多元化的转变；二是从股权多元化向股权结构优化的转变。目前，我国保险公司股权已经实现多元化，除国有资金外，自然人、合伙企业、基金、公司和外资等在内的各路资本都可以入股保险业。股权多元化改革为保险业发展注入巨大活力，保险经营主体之间的竞争有序展开。但与此同时，股权多元化也带来了许多新问题，比如，大股东将保险公司当作融资平台、虚假出资、关联交易、激进经营等问题。要解决这些问题，就需要推进股权改革的升级，在股权多元化的基础上优化股权结构，加强股权监管。我国现在的股权监管并不成熟，有很多急需解决的问题，保险公司股权监管改革正是要以解决问题为导向来推进保险业改革。

其次，保险公司股权监管可以促进金融业服务实体经济。对保险业而言，金融服务实体经济主要是对保险公司资金端投资方向的要求，而投资方向往往与保险公司股东结构之间存在相当的关联性。如果股东实力雄厚，资金相对充沛，其投资行为会趋向于稳健，进而就有更大可能投入到风险相对可控的实体经济领域。反之，如果股东资金紧张，投资行为就会相对激进，投向资本市场的可能性就会增加，以期可以赚快钱，如此便会造成险资循环于资本市场而背

---

① 《全面贯彻落实党的十九大各项决策部署》，中国保险报，2018年2月12日，第1版。

离实体经济。以近期披露的安邦保险为例,股东通过虚假出资和循环注资等方式扩大股权和注册资本,由于股东资金链非常紧张,因此其资金端多投向非实体经济,追求控制更多的资金和高风险回报。保险公司股权监管正是通过对股东资格的限制与出资比例的限制,从根本上抑制激进投资,落实金融服务实体经济的十九大精神。另外,还可以通过设置保险公司股权禁售期,使股东与公司利益绑定,促进其理性投资保险业,培养稳健理念,从根本上营造保险资金支持实体经济的制度环境。

最后,保险公司股权监管对守住不发生系统性金融风险底线的意义重大。保险公司股权监管是保险监管的重要部分,保险业中存在的风险问题几乎都直接或间接地与股权有关。如资本不实,挪用保险资金自我注资、循环使用、虚增资本、违规代持、超比例持股和将保险公司异化为融资平台等情况都会给保险业带来巨大风险,这些风险往往会在金融机构之间相互传染,进而威胁整个金融业的系统安全。保险公司股权监管正是要从股权入手,对入股资格、资金来源、交联交易、代持和实际控制人等股权有关的各个方面进行监管,有针对性地防范和化解以上风险。另外,保险公司股权监管也可以使监管机构全面掌握金融混业的具体情况,这对于事前和事后隔离金融混业体系风险至关重要。

我国保险公司股权的监管应从以上三个方面发力,助力中国经济走进新时代。自十八大以来,我国在实践中形成了以新发展理念为主要内容的习近平新时代中国特色社会主义经济思想。此经济思想以新发展理念为主要内容,七个坚持自成一个完整体系,是习近平新时代中国特色社会主义经济思想的内涵。在这七个坚持中,既有宏观方向的指引,又有具体问题的方法论指导。保险公司股权监管的法律制定过程中涉及很多有争议的问题,在进行方案或政策选择时应以助力中国经济走进新时代为指引。其中,更好地发挥政府作用,坚持适应我国经济发展主要矛盾变化完善宏观调控,相机抉择,开准药方,坚持问题导向部署经济发展新战略等思想,对于保险公司股权监管具有直接的指导作用。

保险业以应对和化解风险为存在之本,但其金融属性也意味着自身蕴含着巨大风险。保险业是典型的涉及多方利益的行业，其风险不仅仅涉及股东利益，也直接关系到众多投保人利益，还会影响保险资金服务实体经济的能力[1]，因此，世界各国都非常重视对保险机构的监管。保险业属于金融业监管的三大对象之一，保险公司股权监管的好坏会直接关系到整个金融业系统性风险是否能守得住。可以说，保险公司股权监管是全面贯彻十九大精神的重要举措。

二、我国保险公司股权监管制度的发展现状

我国自1979年恢复国内保险业务起至今，出台了大量与保险业相关的规范性法律文件，其中有很多涉及保险公司股权监管方面的内容。虽然我国的《保险法》涉及保险合同法和保险业法两大领域，但对保险业部分的监管规定相对简单，主要是一些框架性、方向性的规定。实践中，保险业监管更多地需要依据大量的监管规章和政策。其中《保险公司股权管理办法》《保险公司管理规定》《向保险公司投资入股暂行规定》《保险公司信息披露管理办法》等法规都从不同角度对保险公司股权监管进行了规定。这些文件共同构成了我国保险公司股权监管的法律体系，通过这些法规的内容和制定过程，可以较为全面地了解保险公司股权监管制度的发展。其中，《保险公司股权管理办法》和《保险公司管理规定》当中的规定较为集中，下文将以这两部法规为主线对我国保险公司股权监管的制度演进进行梳理。

（一）《保险公司管理规定》中保险公司股权监管制度的发展现状

《保险公司管理规定》最初可以追溯到1985年国务院出台的《保险企业管理暂行条例》，当时还没成立保监会。保监会成立后以此文件为基础制定了《保险公司管理规定》，2000年颁布，后又分别于2004年、2009年和2015年进行过三次较大的修改。在这些不同年代的版本中都有对保险公司股权监管的规定，而且内容也越来越全面和完善。

1985年国务院出台《保险企业管理暂行条例》，标志着国家对保险业监管

---

[1] 陈敬元：《保险公司股权监管的经验与启示》，保险理论与实践，2017年第11期，第12页。

开始进行探索。此条例共 6 章 24 条，其内容涉及总则、保险企业的设立、中国人民保险公司、偿付能力和保险准备金、再保险和附则。此时我国只有一家国有独资保险公司，即中国人民保险公司，在股权全部为国有的背景下，股权监管不可能受到重视。但当时股权改革的方向是明确的，即改变保险业国有独资独家的现状，实施股权多元化、经营主体多元化。《保险企业管理暂行条例》第二章明确了保险企业设立的条件及要求，不仅为新保险公司的成立打开了制度通道，而且为包括民间资本在内的投资主体设置了明确的入股保险业的条件。其中第八条规定了保险企业必须具备的资本金额，但对于单个股东或关联股东的持股比例并没有明确的限制性规定。此外，第五条还明确了保险企业"应支持农民在自愿的基础上集股设立农村互助保险合作社"。

经过 15 年的发展，2000 年保监会出台《保险公司管理规定》，其在内容和体系上都有明显的丰富和完善，共 10 章 119 条。其中，第七条第五项明确规定："保险股份有限公司的股东应为企业法人或国家允许投资的其他组织；股东资格应符合中国保监会的有关规定。"对于持股比例，第二十一条规定，保险股份有限公司单个股东持有保险公司股份总额超过保险公司资本金 10%的，须经中国保监会批准。

2004 年《保险公司管理规定》进行了修订，总共 105 条，章节整合为 7 章。其中第二章第 5 五节专门对向保险公司投资入股进行规定，其内容主要参考了保监会 2000 年 4 月 1 日颁布的《向保险公司投资入股暂行规定》。投资资格方面，第四十一条明确规定："企业法人或者法律、行政法规许可的其他组织可以向保险公司投资入股。"第四十二条规定向保险公司投资入股的企业法人的投资资金来源应合法，且经营状况良好。入股比例方面，第四十三条规定："除中国保监会批准的保险控股公司或者保险公司外，单个企业法人或者其他组织（包括其关联方）投资保险公司的，持有的股份不得超过保险公司股份总额的 20%。"对于外资，第四十五条明确："符合本规定第四十二条规定条件的境外金融机构，经中国保监会批准，可以向保险公司投资入股。全部境外股东参股比例应当低于保险公司股份总额的 25%。全部境外股东投资比例占保险公司股份总额 25% 以上的，适用外资保险公司管理的有关规定。"

2009年保监会已经决定对保险公司股权监管另行单独立法，因此在《保险公司管理规定》修订中去掉了向保险公司投资入股等内容。其内容共8章80条，但保留了入股保险公司资格的相关规定。比如，第七条规定，设立保险公司，应当是符合法律、行政法规和中国保监会规定条件的投资人，股权结构合理。另外，对股权变动的批准与报告提出明确要求，变更出资额占有限责任公司资本总额5%以上的股东，或者变更持有股份有限公司股份5%以上的股东应当经中国保监会批准；变更出资额不超过有限责任公司资本总额5%的股东，或者变更持有股份有限公司股份不超过5%的股东向中国保监会报告，上市公司的股东变更除外。2015年修改的《保险公司管理规定》延续2009年的8章80条的规模，在保险公司股权监管方面没有太大变化。

（二）《保险公司股权管理办法》中保险公司股权监管制度的发展现状

《保险公司股权管理办法》是第一部专门对保险公司股权进行系统监管的法律文件，其内容涉及入股资格、股权比例限制、股权变更、外资股权法律适用等各方面。其前身可以追溯至2000年的《向保险公司投资入股暂行规定》和2001年发布的《关于规范中资保险公司吸收外资参股有关事项的通知》，之后又于2014年和2018进行了两次修改。单独立法不仅印证了监管机构对股权监管的重视，同时也反映了保险公司股权监管制度的复杂性。

2000年颁布的《向保险公司投资入股暂行规定》内容较为简单，共17个条文。在入股资格方面，第五条规定，在工商行政管理部门登记注册的具有法人资格的企业，经营状况良好，且有盈利，净资产达到总资产30%以上的，可以向保险公司投资。基于金融分业经营的原则，第八条明确规定"银行、证券机构不得向保险公司投资"。第七条从反面明确否定了党政机关、部队、团体以及国家拨给经费的事业单位投资的资格。对入股资金的要求是，所投资金为企业自有资金，且来源正当。禁止企业及其他投资人用银行贷款向保险公司投资。禁止参股的股东与保险公司之间以股权置换的形式相互投资。在外资入股比例方面，第六条规定，"单个外资股东股份不得超过保险公司总股本的

10%"和"全部外资股东股份不得超过保险公司总股本的25%"的，经中国保监会批准，可以向保险公司投资。此外，2001年《关于规范中资保险公司吸收外资参股有关事项的通知》为外资入股保险公司设置了禁售期规定，明确参股的外资股东自参股协议签订之日起或参股资金到位之日起，3年内不得转让或置换。转让时，受让方不得与转让方有任何关联关系。

2010年全面制定了《保险公司股权管理办法》，为之后保险公司股权监管建构起了较为成熟的制度体系。该办法共5章27个法条，5章分别是总则、投资入股、股权变更、材料申报和附则。在入股资格方面，第十二条规定自然人可入股上市公司。对于入股资金来源，第七条规定："股东应当以来源合法的自有资金向保险公司投资，不得用银行贷款及其他形式的非自有资金向保险公司投资。"2014年的修改就是针对这一条，即在第七条的后面加上了"中国保监会另有规定的除外"的表述。

2018年保监会发布的《保险公司股权管理办法》相较2010年版本进行了较大的改动，共9章94条。这9章分别是总则、股东资质、股权取得、入股资金、股东行为、股权事务、材料申报、监督管理和附则。此次重要修改之一就是第四条将股东依持股比例等不同分为4类，分别是财务Ⅰ类股东、财务Ⅱ类股东、战略类股东、控制类股东，并以此分类为基础进行区别监管。在入股资格方面，第六至十一条针对不同类型股东分别规定了不同的入股资格要求。第十二到十三条分别针对有限合伙和事业单位、社会团体入股保险公司列出了具体条件。对于入股资金在2014年修改的基础上进一步明确了具体的界定办法，即"自有资金以净资产为限。投资人不得通过设立持股机构、转让股权预期收益权等方式变相规避自有资金监管规定"。确立"穿透监管和实质重于形式原则，中国保监会可以对自有资金来源向上追溯认定"。另外，以股东的分类为基础设立了不同期限的禁售期，第五十条规定："投资人自成为控制类股东之日起5年内不得转让所持有的股权，自成为战略类股东之日起3年内不得转让所持有的股权，自成为财务Ⅱ类股东之日起2年内不得转让所持有的股权，自成为财务Ⅰ类股东之日起1年内不得转让所持有的股权。"

三、我国保险公司股权监管制度建构的经验与不足

（一）我国保险公司股权监管制度建构的经验

通过以上的规范梳理可以看出，随着我国经济和社会的不断发展、进步，我国保险公司股权监管的制度一直处于不断完善的过程当中，制度体系初步形成。总体来说，我国保险公司股权监管制度建构取得了以下几点经验：其一，将保险公司股权进行监管作为保险业监管的重要基础。在保险公司治理、保险资金和股权等方面的监管中，股权监管是保险业监管的支柱，未来保险业监管必须坚持。其二，保险公司股权监制度的法治化。过去的经验告诉我们，通过法律形式巩固改革成果，可以更好地规范行业发展。我国是法治国家，在保险业监管当中应作到一切重大改革都要依法有据，这样才能实现制度的积累。其三，保险公司股权的准入制度对资金越来越开放。监管的目的是使保险行业可以更健康的发展，这就要求促进保险市场活力，使更多的主体类型有资格入股保险业。第四，逐步开放外资入股我国保险业。我国保险业的大门越开越大，这是全球化不断深化的大趋势，在未来的改革中仍然需要坚持。

（二）我国保险公司股权监管制度建构的不足

对于服务我国经济发展、维护金融稳定和保护投保人利益等方面，保险公司股权监管发挥了重要的作用。我国经济社会正处于快速发展的转型期，加上保险公司股权监管的制度基础较为薄弱，因此，其制度建构必将是一个不断探索的经验积累过程。对过去近30年我国保险公司股权监管制度的发展进行分析，笔者认为仍然存在以下三方面不足。

首先，我国保险公司股权监管的制度体系有待进一步建构。我国开始关注保险公司股权监管问题的时间比较晚，多数制度的制定具有明显的问题导向，导致头痛医头、脚痛医脚，使我国保险公司股权监管的制度体系不够成熟。此问题至少表现在两个方面：一是同一事项由多个法律文件调整，而且规定有时矛盾；二是法律文件修改过于频繁，而且法律结构时常有大的调整。

其次，我国保险公司股权监管的基础理论有待进一步完善。保险公司股权监管关系到多方主体的利益，必然涉及很多基本理论。比如，股权本身作为一项财产，属于私权自治范畴，而监管则意味着限制，如何平衡自治与限制则

需要从基础理论进行讨论。另外，入股保险公司资格涉及主体参与保险公司经营的权利问题。这些问题需要依靠坚实的基础理论分析才能得到较为扎实理性的回答。

最后，我国保险公司股权监管的具体制度有待进一步充分论证。保险公司股权监管涉及方方面面的问题，而实践问题的制度解决方案往往缺乏充分的论证，带有明显的随意性和易变性，一项制度往往涉及相关主体的重大利益。通过上面对我国保险公司股权监管制度前后变化的分析可以发现，部分制度特别是某些带数字的规定被改来改去，明显缺少深入论证。

我国保险公司股权监管的制度演进是伴随着保险公司股权多元化的过程而不断发展的。[①] 从20世纪90年代起，保险公司股权多元化打破了原来保险公司资本金只有国家股权的局面，自此，越来越多的非国有资金投资于保险领域。与股权结构的变化相伴，保险业监管也经历了从无到有的过程。起初，原保监会对于保险公司的监管主要着眼于市场行为监管，对恶性竞争、欺诈骗赔的关注力度和打击力度比较大。由于缺少对保险公司股权的监管，相关的问题开始充分暴露出来。一些民营资本、外资的表现与人们的预期相差甚远。特别是2015年以后陆续出现的保险公司股东循环出资、虚假出资、违规收购上市公司等情况，使得保险公司股权监管问题越来越受到关注。依据现代企业产权制度，公司治理从其本质上来说反映的是股权结构。从这一点上来看，公司治理只能是治标，但不能治本，而保险公司股权结构才是公司治理的根基，通过优化股权监管才能使公司治理持续健康运行。因此，保险业股权监管必将随着股权多元化所出现的问题而向保险公司股权科学配置的更高层次发展。

四、保险公司股权监管制度建构的立法建议

（一）加强保险公司股权监管制度的体系化建设

科学合理的制度体系是立法成熟的重要标志，是法律制度不断完善后所追求的理性结果。制度体系不仅结构上应该是逻辑顺畅的，而且在价值标准上

[①] 吴越凡：《我国保险公司股权结构与治理机制研究，十二五·新挑战：经济社会综合风险管理》，北大赛瑟（CCISSR）论坛文集，2011年4月，第492-510页。

应该具有一致性。[①] 各制度缺乏共同价值的简单罗列并不能构成有效的体系，否则，体系化的价值不会发挥作用。在此有效的体系中，虽然不同制度的具体情况各异，但应该具有共同的价值目标，依此具体制度之间便会相互融洽共存，消除冲突和矛盾。制度体系化不是静态一成不变的，而应该是动态的。但法律的可预测性要求法律体系应该具有稳定性，尽量避免频繁的结构性调整。体系化的形成不仅有利于法律的稳定性，而且有利于学习、查找法条并降低法律适用和执行的难度。

我国保险公司股权监管的制度体系一直处于不断探索和完善之中，还有很大的提升空间，主要表现在三个方面：一是我国保险公司股权监管制度的规定较为松散。保险公司股权监管的相关规定起初散见于不同的单个文件，直到2010年才出台《保险公司股权管理办法》进行集中规范，而且2010年之后相关规范或以单独法律文件形式进行规范、或夹杂于其他文件进行调整，至今没有一个全面统一的法律文件出现。二是我国保险公司股权监管制度与相关制度的对接仍有待进一步细化。例如，保险公司股权资格、比例和股权交易等方面的制度需要与证券法等相关制度进行精准对接，这也是体系化的应有之意，在这方面还有很大空间。三是我国保险公司股权监管制度体系不稳固，在修改中变化比较大，这也从侧面说明我国保险公司股权监管的制度体系并不太成熟。

我国保险业股权监管制度体系化的模式至少有两种选择：模式一是建立以股权监管为内容的独立的制度体系；模式二是建立统一的保险公司监管法体系，股权监管定位为此体系中的一个分支。相对而言，模式一体系化的内容范围相对较小，实现难度小。模式二不局限于股权监管，将整个保险监管的内容都规定于一部法律当中，使股权监管与其他监管制度之间可以实现更优的关联。当然，未来还可以建立保险合同法和监管法在内的更大范围上的统一，但这需要制度发展的不断积累。

目前，模式一对我国来说是比较现实的选择。按照统一的价值标准和理念，以《保险公司股权管理办法》为基础，将所有有关股权监管的全部内容统一规定于一部法律当中。体系化的保险公司股权监管应涉及方方面面的规定，

[①] 祝杰：《我国保险监管的困局与出路》，东北师大学报（哲学社会科学版），2013年第6期，第83页。

不仅应该涉及保险公司设立、出资、股东会、股权变动和公司注销等内容,也应包括对内资和外资股权监管的规定;不仅应该规定与保险公司股权相关的行为规范,也应该规定违反法律时的后果;另外还应关注保险公司破产时股权监管等问题。依此模式导致保险监管的各方面制度规定在多个文件当中,制度之间的衔接与关联可能会出现问题,立法时需要特别注意。

(二)平衡好保险公司股权监管的强制与自治

我国是市场经济国家,商事主体自治是基本原则,股权自治是其中的应有之意。[①]股权自治的含义较为广泛,不仅包括股东有权决定是否入股及入股多少的自由,也包括有权决定是否转让股权和退出公司;不仅包括股东有权决定公司治理结构,也包括有权通过股东会实现对公司经营的控制、投资方向和资金使用等重大事项。股权自治是市场经济活力的源泉,具有无可替代的价值。

经济发展需要持续稳定的巨额资金,保持金融业健康稳定是国家治理的重要组成部分,对金融业进行有别于一般行业的强制监管是现代各国通行的做法。市场失灵是保险监管产生的根源,尽管监管不是万能甚至存在失灵的可能,但市场经济国家无不对保险市场实行着比较严格的监管,并根据经济金融形势的变化作出适度的调整。[②]保险公司股权监管是保险业监管的重要组成部分,对包括公司治理在内的其他方面的监管具有重要影响,在整个保险业监管中具有根本性地位。因此,法律应该对保险公司股权进行强制监管。但保险公司股权监管不应是对股权自治的完全否定,而应保持强制与自治的最优平衡,这样才能既实现维护金融稳定和防范风险,又可以保持市场活力。一个真正自由的竞争性市场应处在缺乏规则与过分管制之间的某个适当尺度。[③]简言之,既要监管股权,又不能将市场管死。政府监管要与市场约束紧密结合、相互协

---

① 董慧凝:《论公司法强制性规范与公司章程自由》,中国社会科学院研究生院学报,2007第6期,第69页。
② 张锐:《中国保险监管适度性研究》,西南财经大学博士学位论文,2011年,第23页。
③ 拉古拉迈,拉詹、路易吉,津加莱斯:《从资本家手中拯救资本主义——捍卫金融市场自由,创造财富和机会》,余江,译,北京:中信出版社2004年版,第259页。

调配合，监管不是对市场机制的简单取代，市场仍然在保险资源配置中发挥着基础性作用。

自 2020 年以来，保险监管逐渐趋严，股权自治受到更为严格的限制。这些制度对于防止系统性金融风险的产生无疑发挥了巨大作用，但也有一些值得商榷的地方，比如：依据 2018 年《保险公司股权管理办法》第四十二条的规定，保险公司需要采取增资方式解决偿付能力不足的，股东负有增资的义务。这一条实质上有条件地给保险公司股东增加了一项法定的增资义务，笔者认为此规定存在进一步讨论的空间。股东以其认缴的出资额或所持股份为限对公司债务承担有限责任乃我国现行公司法的基石，法律将增资列为股东法定义务会严重破坏这一基石。股东是否进行增资应为股东自治的范畴，如确需对此特殊规范，一定需要对其进行充分且扎实的论证。另外，本办法第二款规定，不能增资或者不增资的股东，应当同意其他股东或者投资人采取合理方案增资。对于这一条款，首先可以明确其并没有否认第一款将增资作为股权的一项法定义务。其次，不能增资的表述比较模糊，需要进一步明确界定。

（三）提升保险公司股权比例限制的科学性

股权的比例限制向来是保险公司股权监管的重要指标，从 2000 年的《保险公司管理规定》到 2018 年的《保险公司股权管理办法》，都有关于股权比例限制的规定，而且比例限制经常调整。2010 年《保险公司股权管理办法》第四条规定："保险公司单个股东（包括关联方）出资或者持股比例不得超过保险公司注册资本的 20%。"对于符合条件的，且经保监会批准，其持股比例不受前款规定的限制。2013 年《中国保监会关于〈保险公司股权管理办法〉第四条有关问题的通知》第一条明确规定，经中国保监会批准，"单个股东（包括关联方）出资或者持股比例可以超过 20%，但不得超过 51%"。2018 年《保险公司股权管理办法》第二十九条再次对股权比例作出调整，规定保险公司"单一股东持股比例不得超过保险公司注册资本的 1/3"。

从以上分析可以看出，我国对于保险公司股权比例的规定随意性太大，明显缺乏长期规划。2018 年的修改意图非常明显，就是想通过分散股权纠正由于股权过分集中带来的实际控制人凌驾于公司治理之上，把保险公司异化为融资平台等的问题。笔者认为通过降低股权比例并不能有效解决以上问题，因为由于保险公司通常规模很大，持有 1/3 的股权可能仍然会是公司的控股股东，加上大股东之间可能的明示或暗示的一致意思，完全可以抵消掉比例限制带来的影响。事实上，降低持股比例的修改反而会带来许多问题：其一，法律频繁的修改使法律预期性降低，损害法律权威；其二，降低持股比例打击投资者积极性，从长远看有损我国保险业的整体发展；其三，投资者的违法可能性增加，因为投资者可以通过更为隐蔽的间接投资方式规避这一限制。另外，降低持股比例使内资保险业投资者在与外资竞争时处于不利地位。[①]2017 年 8 月，国务院印发的《关于促进外资增长若干措施的通知》，提出要持续推进保险业对外开放，明确对外开放的时间表。2018 年 4 月 11 日，人民银行行长易纲在出席博鳌亚洲论坛 2018 年年会时明确，人身险公司的外资持股比例上限放宽至 51%，3 年后不再设限。可以预见，以上政策实施后，内资在投资保险业时将受到比外资更严厉的限制。

实质上，控制人凌驾于公司治理之上的问题根源并不在于股权的集中，而在于其他监管制度和法律执行的缺失。法律上有明确的禁止关联交易、向股东拆借资金等规定，也有关于保险资金投资详细的合规要求，之所以仍然出现这种情况，归根结底还是法律没有落实到位，存在监管不到位的问题。对保险公司监管的重点在于公司存续期间持续动态的监管，所产生的监管成本是巨大的。以目前监管机构的人、财、物的投入，确实很难满足全部的监管要求。解决这一困局的重要方法就是完善保险公司的信息披露制度，借助当下极其发达的网络，使投保人、保险业同行、社会公众等多方主体便捷地参与保险公司监管。2016 年保监会发布《中国保监会关于进一步加强保险公司股权信息披露有关事项的通知》（以下简称《通知》），该《通知》在很大程度上提高了监管效率，使保险公司合规性得以明显改善。但现在的信息披露仍有需要完善之处：一是应扩大信息披露的深度与广度，使保险业在阳光下运营；二是改变目前保险公司各方面信息分散披露的做法，统一信息网络披露平台，提升获取披露信息的便捷性。

---

① 李维安、李慧聪、郝臣：《保险公司治理、偿付能力与利益相关者保护》，中国软科学，2012 年第 8 期，第 36 页。

第四节 《保险资管公司监管评级暂行办法》的主要内容与意义

2021年1月12日,银保监会发布《保险资管公司监管评级暂行办法》(以下简称《办法》)。《办法》聚焦风险管理和合规经营,对保险资管公司实施分类监管,银保监会将根据评级结果,在市场准入、业务范围、产品创新、现场检查等关键领域,对保险资管公司采取差异化监管措施。

《办法》的内容参考行业最佳实践,设定高标准的指标评分规则,体现标杆公司的示范效应并发挥监管政策"指挥棒"作用。为进一步加强对保险资管公司的机构监管和分类监管,促进保险资管行业合规稳健经营和高质量发展,提升服务实体经济质效,银保监会制定了该《办法》。建立实施保险资管公司监管评级制度,是健全完善保险资管公司机构监管体系的重要举措,有利于实现分类监管,丰富机构监管的工具箱,合理配置监管资源,提升监管效率;有利于形成正向激励,推动保险资管公司主动对标行业最佳实践,强化合规经营意识,增强内生发展动力;有利于强化监管导向,促进保险资管行业专注主业和特色,优化业务结构,支持基础设施项目建设,提升服务实体经济和国家重大战略质效。

《办法》共5章23条,包括总则、评级要素与评级方法、组织实施、评级结果与分类监管和附则。主要包括四方面的内容:一是明确评级要素。监管评级主要从公司治理与内控、资管能力、全面风险管理、交易与运营保障、信息披露等五个维度指标对保险资管公司进行综合评分。二是明确评级方法。评分采用定性与定量相结合的方式,以"赋分制"打分,满分为100分,五个维度指标所占权重分别为20%、30%、25%、15%和10%。同时,监管机构在监管评级得分的基础上,结合日常监管情况,按照调整项明细对评级情况进行修正,形成监管评级结果。三是规定组织实施程序。明确保险资管公司的监管评级周期为1年,并规定了公司自评估、监管复核评价、反馈评级结果和档案归集等评级程序和工作要求。四是加强评级结果使用。根据监管评级得分,将保险资管公司划分为A、B、C、D四类机构,明确分类结果是衡量公司经营管理能力和风险管理能力的主要依据。对于不同类型机构,监管机构将在市场准入、业务范围、产品创新、现场检查等方面采取差异化的监管措施。

《办法》设置了1年的试运行期，引导行业对照评价指标做好评级准备工作。各保险资管机构由于成立时间、背景和发展阶段迥异，在大类资产配置能力、投资管理能力、全面风险管理能力、合规文化建设、人力及信息技术资源投入等方面参差不齐，实施分类监管后，将促使更多的保险资管机构，将业务发展建立在综合能力提升的基础之上，将合规稳健的经营目标设定在经营效益之前，将全面风险管理能力、运营保障能力等方面的建设和资源投入放在更重要的位置，从而全面促进整个行业的竞争力提升。

传统的混同监管模式逐渐带来影响效率、增加成本的问题。在此背景下，《办法》按照"有多大能力干多大事"的原则，针对不同类型机构，匹配差异化的监管指导和政策空间，意在严控行业风险底线的同时，最大限度激发机构活力。分类监管机制将形成正向激励，促使保险资管公司将监管规则的外在要求转化为自身经营管理的内在规范，促进行业高质量发展。

在具体的指标设定上，《办法》设立了公司治理与内控、资管能力、全面风险管理能力、交易与运营保障、信息披露和调整项。前三项合计占比达到了75%。在公司治理与内控指标中，董监高和内部控制的分数最高。值得注意的是，2020年，银保监会加大股东股权违法违规乱象治理力度，先后两次对外披露问题股东行为，持续完善机构股东治理机制。在保险资管公司治理与内控指标中，银保监会也对此作出明确要求。股东要严格履行法定义务，不存在虚假出资、出资不实、循环注资、抽逃出资或变相抽逃出资等行为。

在全面风险管理指标中，银保监会对治理及架构、制度与交易结构、风险准备金等都提出了明确要求，其中，在治理及架构中，银保监会要求资管公司配备与公司业务复杂程度相适应的风险管理人员和资源。在人员数量上，要求风险控制人员（法律合规、信用评估、投后管理、内部审计等）数量不低于总员工人数的15%，具有3年及以上风险控制经验的人员数量不少于该风险领域管理部门人数的60%，同时鼓励公司对风险控制人员薪酬给予实质性支持。

在对投资者的保护上，银保监会要求保险资管公司加强投资者适当性管理，引导公司进一步加强对涉众性产品的管理，防范涉众风险；鼓励公司根据客户数量和业务类型，建设完善客户服务系统；加强信息披露管理，要求公司向投资者充分披露信息和揭示风险，强调不得存在承诺保本保收益情形。

为更好地向市场和机构传递政策信号，体现奖优罚劣的监管导向，银保监会在评级指标体系中专门设置了调整项指标。如果保险资管公司出现被监管机构采取监管措施或行政处罚、被交易市场及自律组织采取纪律措施的机构相应扣减一定分数，对于出现特别重大风险事件的机构实行"一票否决"，直接定为 D 类。

但是，根据保险资管公司的业外资质、资管规模、服务业外资金、单位管理资产利润率等情况，银保监会也会对机构进行加分，鼓励具有市场竞争力的公司和"专而精""小而美"的特色经营公司发展。对于积极服务国家重大战略，开展环境、社会和公司治理（ESG）等绿色投资，对行业发展作出重大贡献的机构酌情予以加分。一方面对于经营管理能力和风险管理能力强的公司，以非现场监管为主，定期监测各项监管指标，通过会谈和调研等形式，掌握最新的风险情况，在市场准入、业务范围、业务审批等方面给予适当支持。另一方面，对于经营管理能力和风险管理能力弱的公司，给予持续的监管关注，在业务上做"减法"，必要时依法采取暂停业务资格、责令停止接受新业务等审慎监管措施。对风险管理能力和资管能力强的公司以非现场监管为主，使监管可以腾出手，更多地去指导那些经营管理能力偏弱、风险系数较高的公司。此举有助于银保监会更合理地配置监管资源，集中精力办大事，降低系统性风险，丰富机构监管手段，提升行业监管效能。对内，《办法》有利于保险资管行业长期稳定健康发展，形成更全面统一的行业规范。《办法》的出台意味着保险资管行业终于诞生了符合自身发展特色的"统一度量衡"。综合评价标准的出台，增强了保险资管公司间的可比性，有助于行业良性竞争。[1]

---

[1] 黄杏群：《创新保险资管产品业务管理的思考》，中国银行保险报，2020 年 3 月 5 日，第 5 版。

第九章　不良资产资管

第一节　不良资产的发展与现状

一、不良资产的界定

不良资产为会计学上的概念，指会计科目里的坏账科目，主要包括但不限于银行的不良资产，政府的不良资产，证券、保险、基金的不良资产，企业的不良资产。根据不良资产持有的主体是否为金融机构，可将不良资产分为金融不良资产和非金融不良资产。金融不良资产主要是指金融机构在日常经营中，因借款人不能按时履约完成还款义务形成违约，对金融机构可能带来损失可能的资产。而非金融机构是指除中国银行保险监督管理委员会、中国证券监督管理委员会监管的银行、证券公司、保险公司、信托公司、证券基金管理公司等金融机构之外的境内企业法人、事业单位、社会团体或其他组织。

金融不良资产是整个不良资产行业的重要组成部分，金融不良资产可细分为银行不良金融资产和非银行金融不良资产。银行的不良资产是指银行在经营过程中所产生的不良债权，主要以不良贷款的形式存在，是指那些借款人不能按期、按量归还本息的贷款。在1998年以后，我国的银行业引入了西方银行业的风险控制机制，将贷款分为"正常""关注""次级""可疑""损失"五类。其中的正常类贷款和关注类贷款仍算作银行的存量资产，将其中的次级类、可疑类和损失类三类贷款看作银行的不良资产。

非金融机构的不良资产是指由非金融机构所有的，但不能为其带来经济利益或带来的经济利益低于账面价值，已经发生价值贬损的资产。另外金融机构作为中间委托人受托管理的其他财产性不良资产也归属于非金融不良资产，如银行发放的委托贷款、证券公司发行的资管计划等。

如果从不良资产的投资标的来进行分类，不良资产包括债权不良资产、股权不良资产和实物不良资产几种形式。其中的债权不良资产是指金融机构或公司企业的资金、商品、技术等借与或租借到其他公司，但面临无法收回或收回少量从而产生损失的资产。债权类不良资产在不良资产处置中有着举足轻重的地位，据粗略统计，债权类不良资产约占整体不良资产规模的七成以上。股权类不良资产通常不是直接产生的，而是由不良债权转换成股权的形式后所形成的。实物类不良资产指的是通过以物抵债方式所形成的物权资产，这种资产指的是因借款人到期无法偿还借款，根据法院判决或者是通过双方相互协商，债务人把自己持有的财产抵偿给债权人，用来抵偿全部或部分的债务。实物资产主要包括房产、土地、机械设备、商品等几种形态。

二、不良资产资管的发展

我国的不良资产业务发端于20世纪，主要为剥离国有商业银行不良信贷资产。受1997年亚洲金融危机的冲击，当时国内大型商业银行出现严重的存量资产质量问题，不良信贷资产规模巨大，国有商业银行的不良贷款率在1998年与1999年分别高至33%、41%，资本充足率严重不足，商业银行面临严重危机。为化解相关金融风险，1999年我国陆续创设中国华融、中国长城、中国东方与中国信达四大资管公司，各自连接工、农、中、建国有四大商业银行，承担剥离国有银行不良资产、缓解金融风险与帮扶国有企业改革的职责，维护市场对国有银行的信心。

自诞生以来，华融、长城、东方、信达四家金融资管公司大体上经历了两个发展阶段。第一个阶段是从1999年成立到2006年底的政策性阶段。四家金融资管公司在1999年按面值接收了银行剥离的政策性不良资产约1.4万亿元，其主要经营目标是最大限度地保全资产、减少损失，到2006年末已经圆满完成国家赋予的政策性资产处置任务。第二个阶段是2007年以来AMC的商业化转型发展阶段。2012年1月，《金融企业不良资产批量转让管理办法》

提出不良资产转让的范围延伸至金融机构。2015 年 6 月，《金融资管公司开展非金融机构不良资产业务管理办法》又进一步提出，AMC 能够收购处置非金融机构不良资产，包括债权、股权和实物资产等，意味着不良资产范围从金融机构不良资产扩展到了非金融机构不良资产。中国信达公司已经于 2013 年 12 月在香港上市，中国华融公司已经完成了股改和引进战略投资者工作，中国长城公司和中国东方公司也于 2016 年底完成了股改。至此，我国不良资管行业正式产生，其后的发展大致可分为三个阶段[①]。

（一）行业发展初期（1999—2003 年）

四大 AMC 旨在发挥政策性作用，当时计划存续期为 10 年，对接四大国有商业银行，帮助其对口银行剥离不良资产，这是实施的第一次不良资产剥离。资金来源以发行金融债或从央行贷款等途径获得。在政策性阶段，该行业主要特点为被收购对象限制为银行持有的不良资产，并都按账面原值购入，且多为过去计划经济转型阵痛期国企坏账遗留的难题，质量不佳，导致四大资管公司该阶段不良资产经营的现金回收率仅仅为 20% 左右，处于严重亏损状态。

（二）商业化转型阶段（2004—2009 年）

2004 年，财政部开启对四大资管公司的商业化与市场化变革，基于对资金回收率和费用率的考量，施行商业性质考核，资管公司开始探索新路径，步入商业化转型阶段。2004—2005 年，四大行再次开展了大规模的资产剥离（第二次不良资产剥离），这次的剥离意图是通过优化国有商业银行的资产负债表帮助其成功上市。第三次不良资产剥离依然在商业化转型阶段进行，中国工商银行在 2005 年将可疑类贷款拆成 35 个资产包，采用分包报价，向四大资管公司发售，金额达 4500 亿元。该时期的主要特征是不良资产以折价的方式售出，进行市场化交易，四大 AMC 逐步走向市场化，并主动往外延伸业务，慢慢收购、处置除银行外其他金融机构的不良资产。

（三）全面商业化阶段（2010 年至今）

在 2010 年和 2012 年，中国信达与中国华融相继完成股份制改革，象征

[①] 欧阳文琴：《AMC 收购非金融机构股权类不良资产业务研究——以 Z 资产管理公司为例》，江西财经大学硕士学位论文，2020 年 6 月，第 10-11 页。

着我国不良资产行业步入全面商业化阶段。财政部同银监会随即在 2012 年出台了《金融企业不良资产批量转让管理办法》，表示各省和直辖市允许存在一家金融资管公司进行该省不良资产的业务经营。同年 10 月，银监会又对四大资管公司发布《金融资产管理公司收购非金融机构不良资管办法（征求意见稿）》，意味着四大国有 AMC 业务范围再次扩大，将社会企业等非金融机构不良资产纳入其中。随后在 2016 年，银监会继而又下发了《关于适当调整地方资产管理公司有关政策的函》，各省可以再添设一家地方 AMC，同时允许其收购的不良资产可对外转让，并解除了转让主体的地域限制，处理方式也愈加灵活。

至此，我国资管行业已构成"4+2+N"的行业格局。除了传统四大资管公司外，地方性、小型民间资管公司及各类资管服务业态也纷纷涌现。参与主体更为多元，业务范围也更加丰富。在经营区域上，资管公司的业务也在不断地从国内市场向国际市场发展。在 2020 年 1 月签署的中美贸易协定中，中国不良资产市场向美国开放的同时，也明确提到，根据中美经贸协定的基本对等原则，美方应当同样允许中方的金融服务供应商在美方从事不良资产业务，同样不能对中方金融服务供应商进行歧视待遇。另外随着"一带一路"倡议的实施和推进，我国在境外的企业所产生的不良资产和他国的不良资产业务，也需要更多专业从事不良资产业务的机构为其提供服务，在经营区域上，不良资产行业将进一步得到扩展。

第二节　不良资产的处置方式

对于资管公司来说，不良资产的整个业务环节包括不良资产的收购、不良资产的经营管理和不良资产的处置。不良资产的收购是进行不良资产经营管理和不良资产处置的前提，对不良资产的经营管理更有利于发现和提升资产的价值，最后选择一个最适当的处置方式完成资产的处置，可以说不良资产的处置也包含在不良资产的经营管理过程中。

不良资产处置是指通过资管公司或不良资产的持有主体，综合运用法律允许范围内的一切手段和措施，对不良资产进行价值变现和价值提升的活动。按照是否完成现金回收将不良资产处置分为终极处置和阶段性处置。终极处置主要包括诉讼追偿、资产转让、破产清算等方式；阶段性处置主要包括债务重组、债转股、以资抵债、实物资产出租等方式。

资管公司根据不良资产的状态，在综合分析及定价的基础上，紧紧围绕"最大限度保全资产，减少损失"这一目标，综合运用多种处置方式和手段来提升资产的价值，传统的不良资产处置方式主要包括以下几种。①

一是债务追偿方式。所谓债务追偿，即通过诉讼或非诉讼的途径，债权人在未放弃原有债权的前提下清收债权本息，即通常所称的收本收息。在债务追偿的过程中，如果通过诉讼途径进行债务追偿则为诉讼追偿，资管公司以原告或第三人的身份对债务企业或个人进行民事诉讼，并参与仲裁、执行、破产等程序，最终实现债权回收。通过非诉讼途径的债务追偿称为债务清收，资管公司通过在指定的报刊上刊登催收公告、与债务人进行催收谈判等非诉讼方式进行债权回收，实际操作中诉讼追偿的方式应用相对较广。

二是资产转让方式。所谓资产转让，即将不良资产通过政策所允许的方式出售给买受人，从而实现不良资产的价值回收的过程。资产转让的方式在不良资产的处置应用较广，尤其对那些通过自身现有渠道无法掌握足够的财产线索，并且通过债务追偿处置难度较大、债权难以管理的资产，均可以采取此种方式进行处置。

三是债务重组方式。债务重组是资管公司在完成不良资产收购后，经过调研分析认为企业仍具有重组的价值，为了减轻债务人短期内的偿债压力，降低企业的财务风险，避免发生因马上追偿到期债务使企业走向破产清算，给资管公司带来更大损失的情况，双方通过谈判的方式使得债权人对债务人作出一定的妥协。债务重组是在综合分析企业资产状况的基础上，在分析该不良资产的回收价值后，再确定使用何种具体的债务重组的方式来提升资产的价值，债

---

① 代忠良：《G资产管理公司不良资产处置方式改进策略研究》，吉林大学硕士学位论文，2020年，第12-13页。

务重组基本只针对债权债务本身加以部分调整。

四是债转股方式。债转股的方式是通过协商谈判，将原有债务主体双方的关系从债权关系变为股权关系。完成股权转换后，原来债务企业需要支付的本金和利息将转化为股份分红。在我国债转股包括两种类型：一种是政策性债转股，一种是商业化债转股。政策性债转股始于1999年，当时金融机构开展的债转股业务主要是为了给国有企业减轻债务负担，在政府政策推动下进行，具有较强的政府选择倾向。而商业化债转股则是一种基于市场化的企业债务危机化解方式，以债务企业释放股权为代价来抵偿所欠债务，符合转换双方各自的利益需求。

五是资产置换方式。资产置换指两个交易主体之间为了满足各自对资产的需求，在对需要置换的资产进行评估的基础上，双方通过签订资产置换协议，实现双方无形或有形资产的互换。能够用来进行置换的资产主要包括动产、不动产以及债权和股权等资产。

第三节　不良资产资管的未来展望

一、地方 AMC 发放金融牌照

探索对经营业绩较好、合规管理较完善、资信评价较高的地方资管公司发放金融牌照，健全市场化融资支持体系，拓宽地方 AMC 融资渠道，允许其在同业拆借方面先行先试，压降融资成本，更好地发挥化解风险和支持实体经济作用。建议支持地方 AMC 取得破产管理人资格。对于被重整企业而言，地方 AMC 参与企业破产重整，利用其特有优势，搭建资源整合平台，协调政府、公检法、金融机构、市场投资主体、中介机构等发挥其应用价值，通过参与破产重整，对危机企业进行投融资操作或担任企业破产管理人协调配置主导破产重组，帮助企业摆脱困境、转危为安，既能化解因企业破产引发的金融风险，又能避免因工人失业引发的社会不安定风险。对于地方 AMC 来说，企业破产重整项目是地方 AMC 化解不良资产、促进地方产业转型升级、带动地方经济发展的一种创新业务模式。地方 AMC 参与企业破产重整项目，符合地方 AMC 化解地方金融风险与稳定地方金融体系的功能，拓宽了地方 AMC 的业务广度。[①]

二、创新业务收购模式，提高经营效率

在整体经济趋下的大环境下，不良资产行业不断面临较大处置压力。随着我国对 AMC 经营非金融机构业务的政策放开，未来非金融机构业务的市场将有足够发展空间。AMC 除沿用过去的不良资产处置方式外，还应该加大业务创新，积极探索跨行业、跨市场的收购与处置模式，综合运用证券化、基金化等手段，同时充分利用好网络线上平台，根据非金融机构不良资产的类型不一运用不同处置手段，实施差异化经营策略，以弥补传统操作的不足，提升非金融机构不良资产处置效率。

首先，利用资产证券化，丰富了不良资产经营方式，通过批量实施解决大规模不良资产包的处置问题，减少处置时间，防止时间推移造成不良资产进一步贬值，有效提高了处置效益。其次，进行资产证券化，未来现金流的回流能够提前，一定程度上赢得了时间价值，资金也可再次使用，提升其效率。再者，通过证券化操作，能使 AMC 有限资金的作用得到放大，为其提供低成本的融资渠道，有利于 AMC 进行商业化经营和市场化转型，提高整体运营水平。最后，不良资产证券化借助市场定价，实现价格发现，有助于不良资产定价问题的解决，也提高了交易的透明度、公平性。

近年来，随着互联网技术的普及与广泛运用以及经济下行压力的持续扩张，迫使各家金融机构不断探索不良资产的多元化处置模式，越来越多的 AMC 机构依托淘宝、京东等大型互联网平台，对不良资产开启线上处置。一方面，借助互联网的社会效应，利用在网络平台与广泛的参与者的信息交互，持有者可以获得关于不良资产隐匿价值的信息，进而有效解决因信息不对称

[①] 吴雪：《疫情下不良资产管理行业发展趋势》，山东国资，2020 年第 4 期，第 15 页。

等原因导致的资产价值未完全挖掘的弊端。另一方面，可以通过互联网作为中介平台进行资产推介、招商、交易、处置等，充分挖掘市场机会、搜寻资金线索，发挥信息共享优势进一步扩大市场的受众范畴，在更宽领域内实现资产价值。①

三、完善监管体系建设，消除监管空白

非金融机构不良资产业务经营，在我国实体经济的运转中发挥着非常重要的作用，但随着收购处置客体和业务范围的扩大，以及各种业务经营模式的丰富和多元化，暴露出来的风险也逐渐多样，许多环节的监管可能还不是特别完善和到位，例如可能存在模糊性交易从而变相放贷的可能。因此，亟须改进监管相关方面的体制，协调各部门监管，统筹考虑金融机构与非金融机构的不良资产经营业务，根据业务性质划分好各部门的监管范围和责任。在防止监管过度阻碍行业创新发展的同时，尽力弥补监管空白，提高经营效率和市场化处置水平。②

四、整合资源拓宽渠道

在处置不良资产的实际工作过程中，资管公司要具备资源整合的系统思维，充分利用好最新的网络技术和金融工具，紧跟国家产业政策的调整步伐，在兼顾短期盈利能力的同时也要从国家长远利益的角度考虑问题。资管公司要随着国家政策和行业环境的变化，不断调整业务结构，充分发挥子公司协同作战的平台优势，综合运用资源整合的能力，提升不良资产的内在价值，不断改进和创新不良资产的处置方式，丰富不良资产的处置手段，拓宽不良资产的处置渠道，实现不良资产的经济效用最大化。③

---

① 欧阳文琴：《AMC收购非金融机构股权类不良资产业务研究——以Z资产管理公司为例》，江西财经大学硕士学位论文，2020年，第54页。

② 欧阳文琴：《AMC收购非金融机构股权类不良资产业务研究——以Z资产管理公司为例》，江西财经大学硕士学位论文，2020年，第55页。

③ 代忠良：《G资产管理公司不良资产处置方式改进策略研究》，吉林大学硕士学位论文，2020年，第47页。

附　录

关于规范金融机构资产管理业务的指导意见

银发〔2018〕106号

近年来，我国资产管理业务快速发展，在满足居民和企业投融资需求、改善社会融资结构等方面发挥了积极作用，但也存在部分业务发展不规范、多层嵌套、刚性兑付、规避金融监管和宏观调控等问题。按照党中央、国务院决策部署，为规范金融机构资产管理业务，统一同类资产管理产品监管标准，有效防控金融风险，引导社会资金流向实体经济，更好地支持经济结构调整和转型升级，经国务院同意，现提出以下意见：

一、规范金融机构资产管理业务主要遵循以下原则：

（一）坚持严控风险的底线思维。把防范和化解资产管理业务风险放到更加重要的位置，减少存量风险，严防增量风险。

（二）坚持服务实体经济的根本目标。既充分发挥资产管理业务功能，切实服务实体经济投融资需求，又严格规范引导，避免资金脱实向虚在金融体系内部自我循环，防止产品过于复杂，加剧风险跨行业、跨市场、跨区域传递。

（三）坚持宏观审慎管理与微观审慎监管相结合、机构监管与功能监管相结合的监管理念。实现对各类机构开展资产管理业务的全面、统一覆盖，采取有效监管措施，加强金融消费者权益保护。

（四）坚持有的放矢的问题导向。重点针对资产管理业务的多层嵌套、杠杆不清、套利严重、投机频繁等问题，设定统一的标准规制，同时对金融创新坚持趋利避害、一分为二，留出发展空间。

（五）坚持积极稳妥审慎推进。正确处理改革、发展、稳定关系，坚持防范风险与有序规范相结合，在下决心处置风险的同时，充分考虑市场承受能力，合理设置过渡期，把握好工作的次序、节奏、力度，加强市场沟通，有效引导市场预期。

二、资产管理业务是指银行、信托、证券、基金、期货、保险资产管理机构、金融资产投资公司等金融机构接受投资者委托，对受托的投资者财产进行投资和管理的金融服务。金融机构为委托人利益履行诚实信用、勤勉尽责义务并收取相应的管理费用，委托人自担投资风险并获得收益。金融机构可以与委托人在合同中事先约定收取合理的业绩报酬，业绩报酬计入管理费，须与产品一一对应并逐个结算，不同产品之间不得相互串用。

资产管理业务是金融机构的表外业务，金融机构开展资产管理业务时不得承诺保本保收益。出现兑付困难时，金融机构不得以任何形式垫资兑付。金融机构不得在表内开展资产管理业务。

私募投资基金适用私募投资基金专门法律、行政法规，私募投资基金专门法律、行政法规中没有明确规定的适用本意见，创业投资基金、政府出资产业投资基金的相关规定另行制定。

三、资产管理产品包括但不限于人民币或外币形式的银行非保本理财产品，资金信托，证券公司、证券公司子公司、基金管理公司、基金管理子公司、期货公司、期货公司子公司、保险资产管理机构、金融资产投资公司发行的资产管理产品等。依据金融管理部门颁布规则开展的资产证券化业务，依据人力资源社会保障部门颁布规则发行的养老金产品，不适用本意见。

四、资产管理产品按照募集方式的不同，分为公募产品和私募产品。公募产品面向不特定社会公众公开发行。公开发行的认定标准依照《中华人民共和国证券法》执行。私募产品面向合格投资者通过非公开方式发行。

资产管理产品按照投资性质的不同，分为固定收益类产品、权益类产品、商品及金融衍生品类产品和混合类产品。固定收益类产品投资于存款、债券等债权类资产的比例不低于80%，权益类产品投资于股票、未上市企业股权等权益类资产的比例不低于80%，商品及金融衍生品类产品投资于商品及金融衍生品的比例不低于80%，混合类产品投资于债权类资产、权益类资产、商品及金融衍生品类资产且任一资产的投资比例未达到前三类产品标准。非因金融机构主观因素导致突破前述比例限制的，金融机构应当在流动性受限资产可出售、可转让或者恢复交易的15个交易日内调整至符合要求。

金融机构在发行资产管理产品时，应当按照上述分类标准向投资者明示资产管理产品的类型，并按照确定的产品性质进行投资。在产品成立后至到期日前，不得擅自改变产品类型。混合类产品投资债权类资产、权益类资产和商品及金融衍生品类资产的比例范围应当在发行产品时予以确定并向投资者明示，在产品成立后至到期日前不得擅自改变。产品的实际投向不得违反合同约定，如有改变，除高风险类型的产品超出比例范围投资较低风险资产外，应当先行取得投资者书面同意，并履行登记备案等法律法规以及金融监督管理部门规定的程序。

五、资产管理产品的投资者分为不特定社会公众和合格投资者两大类。合格投资者是指具备相应风险识别能力和风险承担能力，投资于单只资产管理产品不低于一定金额且符合下列条件的自然人和法人或者其他组织。

（一）具有2年以上投资经历，且满足以下条件之一：家庭金融净资产不低于300万元，家庭金融资产不低于500万元，或者近3年本人年均收入不低于40万元。

（二）最近1年末净资产不低于1000万元的法人单位。

（三）金融管理部门视为合格投资者的其他情形。

合格投资者投资于单只固定收益类产品的金额不低于30万元，投资于单只混合类产品的金额不低于40万元，投资于单只权益类产品、单只商品及金融衍生品类产品的金额不低于100万元。

投资者不得使用贷款、发行债券等筹集的非自有资金投资资产管理产品。

六、金融机构发行和销售资产管理产品，应当坚持"了解产品"和"了解客户"的经营理念，加强投资者适当性管理，向投资者销售与其风险识别能力和风险承担能力相适应的资产管理产品。禁止欺诈或者误导投资者购买与其风险承担能力不匹配的资产管理产品。金融机构不得通过拆分资产管理产品的方式，向风险识别能力和风险承担能力低于产品风险等级的投资者销售资产管理产品。

金融机构应当加强投资者教育，不断提高投资者的金融知识水平和风险意识，向投资者传递"卖者尽责、买者自负"的理念，打破刚性兑付。

七、金融机构开展资产管理业务，应当具备与资产管理业务发展相适应的管理体系和管理制度，公司治理良好，风险管理、内部控制和问责机制健全。

金融机构应当建立健全资产管理业务人员的资格认定、培训、考核评价和问责制度，确保从事资产管理业务的人员具备必要的专业知识、行业经验和管理能力，充分了解相关法律法规、监管规定以及资产管理产品的法律关系、交易结构、主要风险和风险管控方式，遵守行为准则和职业道德标准。

对于违反相关法律法规以及本意见规定的金融机构资产管理业务从业人员，依法采取处罚措施直至取消从业资格，禁止其在其他类型金融机构从事资产管理业务。

八、金融机构运用受托资金进行投资，应当遵守审慎经营规则，制定科学合理的投资策略和风险管理制度，有效防范和控制风险。

金融机构应当履行以下管理人职责：

（一）依法募集资金，办理产品份额的发售和登记事宜。

（二）办理产品登记备案或者注册手续。

（三）对所管理的不同产品受托财产分别管理、分别记账，进行投资。

（四）按照产品合同的约定确定收益分配方案，及时向投资者分配收益。

（五）进行产品会计核算并编制产品财务会计报告。

（六）依法计算并披露产品净值或者投资收益情况，确定申购、赎回价格。

（七）办理与受托财产管理业务活动有关的信息披露事项。

（八）保存受托财产管理业务活动的记录、账册、报表和其他相关资料。

（九）以管理人名义，代表投资者利益行使诉讼权利或者实施其他法律行为。

（十）在兑付受托资金及收益时，金融机构应当保证受托资金及收益返回委托人的原账户、同名账户或者合同约定的受益人账户。

（十一）金融监督管理部门规定的其他职责。

金融机构未按照诚实信用、勤勉尽责原则切实履行受托管理职责，造成投资者损失的，应当依法向投资者承担赔偿责任。

九、金融机构代理销售其他金融机构发行的资产管理产品，应当符合金融监督管理部门规定的资质条件。未经金融监督管理部门许可，任何非金融机构和个人不得代理销售资产管理产品。

金融机构应当建立资产管理产品的销售授权管理体系，明确代理销售机构的准入标准和程序，明确界定双方的权利与义务，明确相关风险的承担责任和转移方式。

金融机构代理销售资产管理产品，应当建立相应的内部审批和风险控制程序，对发行或者管理机构的信用状况、经营管理能力、市场投资能力、风险处置能力等开展尽职调查，要求发行或者管理机构提供详细的产品介绍、相关市场分析和风险收益测算报告，进行充分的信息验证和风险审查，确保代理销售的产品符合本意见规定并承担相应责任。

十、公募产品主要投资标准化债权类资产以及上市交易的股票，除法律法规和金融管理部门另有规定外，不得投资未上市企业股权。公募产品可以投资商品及金融衍生品，但应当符合法律法规以及金融管理部门的相关规定。

私募产品的投资范围由合同约定，可以投资债权类资产、上市或挂牌交易的股票、未上市企业股权（含债转股）和受（收）益权以及符合法律法规定的其他资产，并严格遵守投资者适当性管理要求。鼓励充分运用私募产品支持市场化、法治化债转股。

十一、资产管理产品进行投资应当符合以下规定：

（一）标准化债权类资产应当同时符合以下条件：

1. 等分化，可交易。

2. 信息披露充分。

3. 集中登记，独立托管。

4. 公允定价，流动性机制完善。

5. 在银行间市场、证券交易所市场等经国务院同意设立的交易市场交易。

标准化债权类资产的具体认定规则由中国人民银行会同金融监督管理部门另行制定。

标准化债权类资产之外的债权类资产均为非标准化债权类资产。金融机构发行资产管理产品投资于非标准化债权类资产的,应当遵守金融监督管理部门制定的有关限额管理、流动性管理等监管标准。金融监督管理部门未制定相关监管标准的,由中国人民银行督促根据本意见要求制定监管标准并予以执行。

金融机构不得将资产管理产品资金直接投资于商业银行信贷资产。商业银行信贷资产受(收)益权的投资限制由金融管理部门另行制定。

(二)资产管理产品不得直接或者间接投资法律法规和国家政策禁止进行债权或股权投资的行业和领域。

(三)鼓励金融机构在依法合规、商业可持续的前提下,通过发行资产管理产品募集资金投向符合国家战略和产业政策要求、符合国家供给侧结构性改革政策要求的领域。鼓励金融机构通过发行资产管理产品募集资金支持经济结构转型,支持市场化、法治化债转股,降低企业杠杆率。

(四)跨境资产管理产品及业务参照本意见执行,并应当符合跨境人民币和外汇管理有关规定。

十二、金融机构应当向投资者主动、真实、准确、完整、及时披露资产管理产品募集信息、资金投向、杠杆水平、收益分配、托管安排、投资账户信息和主要投资风险等内容。国家法律法规另有规定的,从其规定。

对于公募产品,金融机构应当建立严格的信息披露管理制度,明确定期报告、临时报告、重大事项公告、投资风险披露要求以及具体内容、格式。在本机构官方网站或者通过投资者便于获取的方式披露产品净值或者投资收益情况,并定期披露其他重要信息:开放式产品按照开放频率披露,封闭式产品至少每周披露一次。

对于私募产品,其信息披露方式、内容、频率由产品合同约定,但金融机构应当至少每季度向投资者披露产品净值和其他重要信息。

对于固定收益类产品,金融机构应当通过醒目方式向投资者充分披露和提示产品的投资风险,包括但不限于产品投资债券面临的利率、汇率变化等市场风险以及债券价格波动情况,产品投资每笔非标准化债权类资产的融资客户、项目名称、剩余融资期限、到期收益分配、交易结构、风险状况等。

对于权益类产品，金融机构应当通过醒目方式向投资者充分披露和提示产品的投资风险，包括产品投资股票面临的风险以及股票价格波动情况等。

对于商品及金融衍生品类产品，金融机构应当通过醒目方式向投资者充分披露产品的挂钩资产、持仓风险、控制措施以及衍生品公允价值变化等。

对于混合类产品，金融机构应当通过醒目方式向投资者清晰披露产品的投资资产组合情况，并根据固定收益类、权益类、商品及金融衍生品类资产投资比例充分披露和提示相应的投资风险。

十三、主营业务不包括资产管理业务的金融机构应当设立具有独立法人地位的资产管理子公司开展资产管理业务，强化法人风险隔离，暂不具备条件的可以设立专门的资产管理业务经营部门开展业务。

金融机构不得为资产管理产品投资的非标准化债权类资产或者股权类资产提供任何直接或间接、显性或隐性的担保、回购等代为承担风险的承诺。

金融机构开展资产管理业务，应当确保资产管理业务与其他业务相分离，资产管理产品与其代销的金融产品相分离，资产管理产品之间相分离，资产管理业务操作与其他业务操作相分离。

十四、本意见发布后，金融机构发行的资产管理产品资产应当由具有托管资质的第三方机构独立托管，法律、行政法规另有规定的除外。

过渡期内，具有证券投资基金托管业务资质的商业银行可以托管本行理财产品，但应当为每只产品单独开立托管账户，确保资产隔离。过渡期后，具有证券投资基金托管业务资质的商业银行应当设立具有独立法人地位的子公司开展资产管理业务，该商业银行可以托管子公司发行的资产管理产品，但应当实现实质性的独立托管。独立托管有名无实的，由金融监督管理部门进行纠正和处罚。

十五、金融机构应当做到每只资产管理产品的资金单独管理、单独建账、单独核算，不得开展或者参与具有滚动发行、集合运作、分离定价特征的资金池业务。

金融机构应当合理确定资产管理产品所投资资产的期限，加强对期限错配的流动性风险管理，金融监督管理部门应当制定流动性风险管理规定。

为降低期限错配风险，金融机构应当强化资产管理产品久期管理，封闭式资产管理产品期限不得低于90天。资产管理产品直接或者间接投资于非标准化债权类资产的，非标准化债权类资产的终止日不得晚于封闭式资产管理产品的到期日或者开放式资产管理产品的最近一次开放日。

资产管理产品直接或者间接投资于未上市企业股权及其受（收）益权的，应当为封闭式资产管理产品，并明确股权及其受（收）益权的退出安排。未上市企业股权及其受（收）益权的退出日不得晚于封闭式资产管理产品的到期日。

金融机构不得违反金融监督管理部门的规定，通过为单一融资项目设立多只资产管理产品的方式，变相突破投资人数限制或者其他监管要求。同一金融机构发行多只资产管理产品投资同一资产的，为防止同一资产发生风险波及多只资产管理产品，多只资产管理产品投资该资产的资金总规模合计不得超过300亿元。如果超出该限额，需经相关金融监督管理部门批准。

十六、金融机构应当做到每只资产管理产品所投资资产的风险等级与投资者的风险承担能力相匹配，做到每只产品所投资资产构成清晰，风险可识别。

金融机构应当控制资产管理产品所投资资产的集中度：

（一）单只公募资产管理产品投资单只证券或者单只证券投资基金的市值不得超过该资产管理产品净资产的10%。

（二）同一金融机构发行的全部公募资产管理产品投资单只证券或者单只证券投资基金的市值不得超过该证券市值或者证券投资基金市值的30%。其中，同一金融机构全部开放式公募资产管理产品投资单一上市公司发行的股票不得超过该上市公司可流通股票的15%。

（三）同一金融机构全部资产管理产品投资单一上市公司发行的股票不得超过该上市公司可流通股票的30%。

金融监督管理部门另有规定的除外。

非因金融机构主观因素导致突破前述比例限制的，金融机构应当在流动性受限资产可出售、可转让或者恢复交易的10个交易日内调整至符合相关要求。

十七、金融机构应当按照资产管理产品管理费收入的10%计提风险准备金，或者按照规定计量操作风险资本或相应风险资本准备。风险准备金余额达到产品余额的1%时可以不再提取。风险准备金主要用于弥补因金融机构违法违规、违反资产管理产品协议、操作错误或者技术故障等给资产管理产品财产或者投资者造成的损失。金融机构应当定期将风险准备金的使用情况报告金融管理部门。

十八、金融机构对资产管理产品应当实行净值化管理，净值生成应当符合企业会计准则规定，及时反映基础金融资产的收益和风险，由托管机构进行核算并定期提供报告，由外部审计机构进行审计确认，被审计金融机构应当披露审计结果并同时报送金融管理部门。

金融资产坚持公允价值计量原则，鼓励使用市值计量。符合以下条件之一的，可按照企业会计准则以摊余成本进行计量：

（一）资产管理产品为封闭式产品，且所投金融资产以收取合同现金流量为目的并持有到期。

（二）资产管理产品为封闭式产品，且所投金融资产暂不具备活跃交易市场，或者在活跃市场中没有报价、也不能采用估值技术可靠计量公允价值。

金融机构以摊余成本计量金融资产净值，应当采用适当的风险控制手段，对金融资产净值的公允性进行评估。当以摊余成本计量已不能真实公允反映金融资产净值时，托管机构应当督促金融机构调整会计核算和估值方法。金融机构前期以摊余成本计量的金融资产的加权平均价格与资产管理产品实际兑付时金融资产的价值的偏离度不得达到5%或以上，如果偏离5%或以上的产品数超过所发行产品总数的5%，金融机构不得再发行以摊余成本计量金融资产的资产管理产品。

十九、经金融管理部门认定，存在以下行为的视为刚性兑付：

（一）资产管理产品的发行人或者管理人违反真实公允确定净值原则，对产品进行保本保收益。

（二）采取滚动发行等方式，使得资产管理产品的本金、收益、风险在不同投资者之间发生转移，实现产品保本保收益。

（三）资产管理产品不能如期兑付或者兑付困难时，发行或者管理该产品的金融机构自行筹集资金偿付或者委托其他机构代为偿付。

（四）金融管理部门认定的其他情形。

经认定存在刚性兑付行为的，区分以下两类机构进行惩处：

（一）存款类金融机构发生刚性兑付的，认定为利用具有存款本质特征的资产管理产品进行监管套利，由国务院银行保险监督管理机构和中国人民银行按照存款业务予以规范，足额补缴存款准备金和存款保险保费，并予以行政处罚。

（二）非存款类持牌金融机构发生刚性兑付的，认定为违规经营，由金融监督管理部门和中国人民银行依法纠正并予以处罚。

任何单位和个人发现金融机构存在刚性兑付行为的，可以向金融管理部门举报，查证属实且举报内容未被相关部门掌握的，给予适当奖励。

外部审计机构在对金融机构进行审计时，如果发现金融机构存在刚性兑付行为的，应当及时报告金融管理部门。外部审计机构在审计过程中未能勤勉尽责，依法追究相应责任或依法依规给予行政处罚，并将相关信息纳入全国信用信息共享平台，建立联合惩戒机制。

二十、资产管理产品应当设定负债比例（总资产/净资产）上限，同类产品适用统一的负债比例上限。每只开放式公募产品的总资产不得超过该产品净资产的140%，每只封闭式公募产品、每只私募产品的总资产不得超过该产品净资产的200%。计算单只产品的总资产时应当按照穿透原则合并计算所投资产管理产品的总资产。

金融机构不得以受托管理的资产管理产品份额进行质押融资，放大杠杆。

二十一、公募产品和开放式私募产品不得进行份额分级。

分级私募产品的总资产不得超过该产品净资产的140%。分级私募产品应当根据所投资产的风险程度设定分级比例（优先级份额/劣后级份额，中间级份额计入优先级份额）。固定收益类产品的分级比例不得超过3∶1，权益类产品的分级比例不得超过1∶1，商品及金融衍生品类产品、混合类产品的分级比例不得超过2∶1。发行分级资产管理产品的金融机构应当对该资产管理产品进行自主管理，不得转委托给劣后级投资者。

分级资产管理产品不得直接或者间接对优先级份额认购者提供保本保收益安排。

本条所称分级资产管理产品是指存在一级份额以上的份额为其他级份额提供一定的风险补偿，收益分配不按份额比例计算，由资产管理合同另行约定的产品。

二十二、金融机构不得为其他金融机构的资产管理产品提供规避投资范围、杠杆约束等监管要求的通道服务。

资产管理产品可以再投资一层资产管理产品，但所投资的资产管理产品不得再投资公募证券投资基金以外的资产管理产品。

金融机构将资产管理产品投资于其他机构发行的资产管理产品，从而将本机构的资产管理产品资金委托给其他机构进行投资的，该受托机构应当为具有专业投资能力和资质的受金融监督管理部门监管的机构。公募资产管理产品的受托机构应当为金融机构，私募资产管理产品的受托机构可以为私募基金管理人。受托机构应当切实履行主动管理职责，不得进行转委托，不得再投资公募证券投资基金以外的资产管理产品。委托机构应当对受托机构开展尽职调查，实行名单制管理，明确规定受托机构的准入标准和程序、责任和义务、存续期管理、利益冲突防范机制、信息披露义务以及退出机制。委托机构不得因委托其他机构投资而免除自身应当承担的责任。

金融机构可以聘请具有专业资质的受金融监督管理部门监管的机构作为投资顾问。投资顾问提供投资建议指导委托机构操作。

金融监督管理部门和国家有关部门应当对各类金融机构开展资产管理业务实行平等准入、给予公平待遇。资产管理产品应当在账户开立、产权登记、法律诉讼等方面享有平等的地位。金融监督管理部门基于风险防控考虑，确实需要对其他行业金融机构发行的资产管理产品采取限制措施的，应当充分征求相关部门意见并达成一致。

二十三、运用人工智能技术开展投资顾问业务应当取得投资顾问资质，非金融机构不得借助智能投资顾问超范围经营或者变相开展资产管理业务。

金融机构运用人工智能技术开展资产管理业务应当严格遵守本意见有关投资者适当性、投资范围、信息披露、风险隔离等一般性规定，不得借助人工智能业务夸大宣传资产管理产品或者误导投资者。金融机构应当向金融监督管理部门报备人工智能模型的主要参数以及资产配置的主要逻辑，为投资者单独设立智能管理账户，充分提示人工智能算法的固有缺陷和使用风险，明晰交易流程，强化留痕管理，严格监控智能管理账户的交易头寸、风险限额、交易种类、价格权限等。金融机构因违法违规或者管理不当造成投资者损失的，应当依法承担损害赔偿责任。

金融机构应当根据不同产品投资策略研发对应的人工智能算法或者程序化交易，避免算法同质化加剧投资行为的顺周期性，并针对由此可能引发的市场波动风险制定应对预案。因算法同质化、编程设计错误、对数据利用深度不够等人工智能算法模型缺陷或者系统异常，导致羊群效应、影响金融市场稳定运行的，金融机构应当及时采取人工干预措施，强制调整或者终止人工智能业务。

二十四、金融机构不得以资产管理产品的资金与关联方进行不正当交易、利益输送、内幕交易和操纵市场，包括但不限于投资于关联方虚假项目、与关联方共同收购上市公司、向本机构注资等。

金融机构的资产管理产品投资本机构、托管机构及其控股股东、实际控制人或者与其有其他重大利害关系的公司发行或者承销的证券，或者从事其他重大关联交易的，应当建立健全内部审批机制和评估机制，并向投资者充分披露信息。

二十五、建立资产管理产品统一报告制度。中国人民银行负责统筹资产管理产品的数据编码和综合统计工作，会同金融监督管理部门拟定资产管理产品统计制度，建立资产管理产品信息系统，规范和统一产品标准、信息分类、代码、数据格式，逐只产品统计基本信息、募集信息、资产负债信息和终止信息。中国人民银行和金融监督管理部门加强资产管理产品的统计信息共享。金融机构应当将含债权投资的资产管理产品信息报送至金融信用信息基础数据库。

金融机构于每只资产管理产品成立后5个工作日内,向中国人民银行和金融监督管理部门同时报送产品基本信息和起始募集信息;于每月10日前报送存续期募集信息、资产负债信息,于产品终止后5个工作日内报送终止信息。

中央国债登记结算有限责任公司、中国证券登记结算有限公司、银行间市场清算所股份有限公司、上海票据交易所股份有限公司、上海黄金交易所、上海保险交易所股份有限公司、中保保险资产登记交易系统有限公司于每月10日前向中国人民银行和金融监督管理部门同时报送资产管理产品持有其登记托管的金融工具的信息。

在资产管理产品信息系统正式运行前,中国人民银行会同金融监督管理部门依据统计制度拟定统一的过渡期数据报送模板;各金融监督管理部门对本行业金融机构发行的资产管理产品,于每月10日前按照数据报送模板向中国人民银行提供数据,及时沟通跨行业、跨市场的重大风险信息和事项。

中国人民银行对金融机构资产管理产品统计工作进行监督检查。资产管理产品统计的具体制度由中国人民银行会同相关部门另行制定。

二十六、中国人民银行负责对资产管理业务实施宏观审慎管理,会同金融监督管理部门制定资产管理业务的标准规制。金融监督管理部门实施资产管理业务的市场准入和日常监管,加强投资者保护,依照本意见会同中国人民银行制定出台各自监管领域的实施细则。

本意见正式实施后,中国人民银行会同金融监督管理部门建立工作机制,持续监测资产管理业务的发展和风险状况,定期评估标准规制的有效性和市场影响,及时修订完善,推动资产管理行业持续健康发展。

二十七、对资产管理业务实施监管遵循以下原则:

(一)机构监管与功能监管相结合,按照产品类型而不是机构类型实施功能监管,同一类型的资产管理产品适用同一监管标准,减少监管真空和套利。

(二)实行穿透式监管,对于多层嵌套资产管理产品,向上识别产品的最终投资者,向下识别产品的底层资产(公募证券投资基金除外)。

(三)强化宏观审慎管理,建立资产管理业务的宏观审慎政策框架,完善政策工具,从宏观、逆周期、跨市场的角度加强监测、评估和调节。

(四)实现实时监管,对资产管理产品的发行销售、投资、兑付等各环节进行全面动态监管,建立综合统计制度。

二十八、金融监督管理部门应当根据本意见规定,对违规行为制定和完善处罚规则,依法实施处罚,并确保处罚标准一致。资产管理业务违反宏观审慎管理要求的,由中国人民银行按照法律法规实施处罚。

二十九、本意见实施后,金融监督管理部门在本意见框架内研究制定配套细则,配套细则之间应当相互衔接,避免产生新的监管套利和不公平竞争。按照"新老划断"原则设置过渡期,确保平稳过渡。过渡期为本意见发布之日起至2020年底,对提前完成整改的机构,给予适当监管激励。过渡期内,金融机构发行新产品应当符合本意见的规定;为接续存量产品所投资的未到期资产,维持必要的流动性和市场稳定,金融机构可以发行老产品对接,但应当严格控制在存量产品整体规模内,并有序压缩递减,防止过渡期结束时出现断崖效应。金融机构应当制定过渡期内的资产管理业务整改计划,明确时间进度安排,并报送相关金融监督管理部门,由其认可并监督实施,同时报备中国人民银行。过渡期结束后,金融机构的资产管理产品按照本意见进行全面规范,金融机构不得再发行或存续违反本意见规定的资产管理产品。

三十、资产管理业务作为金融业务,属于特许经营行业,必须纳入金融监管。非金融机构不得发行、销售资产管理产品,国家另有规定的除外。

非金融机构违反上述规定,为扩大投资者范围、降低投资门槛,利用互联网平台等公开宣传、分拆销售具有投资门槛的投资标的、过度强调增信措施掩盖产品风险、设立产品二级交易市场等行为,按照国家规定进行规范清理,构成非法集资、非法吸收公众存款、非法发行证券的,依法追究法律责任。非金融机构违法违规开展资产管理业务的,依法予以处罚;同时承诺或进行刚性兑付的,依法从重处罚。

三十一、本意见自发布之日起施行。

本意见所称"金融管理部门"是指中国人民银行、国务院银行保险监督管理机构、国务院证券监督管理机构和国家外汇管理局。"发行"是指通过公开或者非公开方式向资产管理产品的投资者发出认购邀约,进行资金募集的活动。"销售"是指向投资者宣传推介资产管理产品,办理产品申购、赎回的活动。"代理销售"是指接受合作机构的委托,在本机构渠道向投资者宣传推介、销售合作机构依法发行的资产管理产品的活动。

关于进一步加强金融审判工作的若干意见

最高人民法院 2017 年 8 月 4 日发布(法发〔2017〕22 号)

金融是国家重要的核心竞争力,金融安全是国家安全的重要组成部分,金融制度是经济社会发展中重要的基础性制度。为充分发挥人民法院金融审判职能作用,促进经济和金融良性循环、健康发展,现提出以下指导意见。

一、统一思想,提高认识,深入学习贯彻习近平总书记在全国金融工作会议上的重要讲话精神

习近平总书记在第五次全国金融工作会议上发表的重要讲话,科学回答了我国金融改革发展稳定中的重大理论和实践问题,具有很强的思想性、指导性、实践性,为做好新形势下金融工作提供了根本遵循,为人民法院金融审判工作指明了方向。全国各级人民法院要深入学习贯彻会议精神,切实把思想和行动统一到以习近平同志为核心的党中央对金融工作的形势分析判断和决策部署上来,牢牢坚持党对金融工作的统一领导,紧紧围绕服务实体经济、防控金融风险、深化金融改革三项任务,积极稳妥开展金融审判工作,切实维护国家金融安全,促进经济和金融良性循环、健康发展。

二、以服务实体经济作为出发点和落脚点,引导和规范金融交易

1. 遵循金融规律,依法审理金融案件。以金融服务实体经济为价值本源,依法审理各类金融案件。对于能够实际降低交易成本,实现普惠金融,合法合规的金融交易模式依法予以保护。对以金融创新为名掩盖金融风险、规避金融监管、进行制度套利的金融违规行为,要以其实际构成的法律关系确定其效力

和各方的权利义务。对于以金融创新名义非法吸收公众存款或者集资诈骗，构成犯罪的，依法追究刑事责任。

2. 严格依法规制高利贷，有效降低实体经济的融资成本。金融借款合同的借款人以贷款人同时主张的利息、复利、罚息、违约金和其他费用过高，显著背离实际损失为由，请求对总计超过年利率24%的部分予以调减的，应予支持，以有效降低实体经济的融资成本。规范和引导民间融资秩序，依法否定民间借贷纠纷案件中预扣本金或者利息、变相高息等规避民间借贷利率司法保护上限的合同条款效力。

3. 依法认定新类型担保的法律效力，拓宽中小微企业的融资担保方式。丰富和拓展中小微企业的融资担保方式，除符合合同法第五十二条规定的合同无效情形外，应当依法认定新类型担保合同有效；符合物权法有关担保物权的规定的，还应当依法认定其物权效力，以增强中小微企业融资能力，有效缓解中小微企业融资难、融资贵问题。

4. 规范和促进直接服务实体经济的融资方式，拓宽金融对接实体经济的渠道。依法保护融资租赁、保理等金融资本与实体经济相结合的融资模式，支持和保障金融资本服务实体经济。对名为融资租赁合同、保理合同，实为借款合同的，应当按照实际构成的借款合同关系确定各方的权利义务，防范当事人以预扣租金、保证金等方式变相抬高实体经济融资成本。

5. 优化多层次资本市场体系的法治环境，满足多样化金融需求。依法审理证券、期货民商事纠纷案件，规范资本市场投融资秩序，引导把更多金融资源配置到经济社会发展的重点领域和薄弱环节，更好满足实体经济多样化的金融需求。

6. 准确适用保险法，促进保险业发挥长期稳健风险管理和保障的功能。妥善审理保险合同纠纷案件，依法保障各方当事人利益。充分发挥保险制度的核心功能，管理和分散实体经济运行中的自然灾害、意外事故、法律责任以及信用等风险。依法规范保险合同纠纷当事人、保险中介等各类市场主体行为，防范不同主体的道德风险，构建保险诚信法治体系。

7. 依法审理互联网金融纠纷案件，规范发展互联网金融。依法认定互联网金融所涉具体法律关系，据此确定各方当事人的权利义务。准确界定网络借贷信息中介机构与网络借贷合同当事人之间的居间合同关系。网络借贷信息中介机构与出借人以居间费用形式规避民间借贷利率司法保护上限规定的，应当认定无效。依法严厉打击涉互联网金融或者以互联网金融名义进行的违法犯罪行为，规范和保障互联网金融健康发展。

8. 加强新类型金融案件的研究和应对，统一裁判尺度。高度关注涉及私募股权投资、委托理财、资产管理等新类型金融交易的案件，严格按照合同法、公司法、合伙企业法、信托法等法律规范，确定各方当事人的权利义务。发布指导性案例，通过类案指导，统一裁判尺度。

9. 依法规制国有企业的贷款通道业务，防范无金融资质的国有企业变相从事金融业务。无金融资质的国有企业变相从事金融业务，套取金融机构信贷资金又高利转贷的，应当根据《最高人民法院关于审理民间借贷案件适用法律若干问题的规定》第十四条的规定，依法否定其放贷行为的法律效力，并通过向相应的主管部门提出司法建议等方式，遏制国有企业的贷款通道业务，引导其回归实体经济。

10. 依法打击资金掮客和资金融通中的违法犯罪行为，有效规范金融秩序。对于民间借贷中涉及商业银行工作人员内外勾结进行高利转贷、利益输送，或者金融机构工作人员违法发放贷款，以及公司、企业在申请贷款过程中虚构事实、隐瞒真相骗取贷款、实施贷款诈骗构成犯罪的，依法追究刑事责任。

三、有效防范化解金融风险，切实维护金融安全

11. 依法处置"僵尸企业"推动经济去杠杆。加强破产审判工作和体制机制建设，充分发挥破产程序在依法处置"僵尸企业"中的制度功能。对于已不具备市场竞争力和营运价值的"僵尸企业"，及时进行破产清算，有序退出市场，切实减少无效供给、化解过剩产能、释放生产要素、降低企业杠杆率，为深化供给侧结构性改革提供有力的司法服务和保障。

12. 充分发挥破产重整制度的拯救功能，促进有价值的危困企业再生。健全完善破产企业识别机制，对于虽然丧失清偿能力，但仍能适应市场需要、具有营运价值的企业，要综合运用破产重整、和解制度手段进行拯救，优化资源

配置，实现企业再生。破产重整程序要坚持市场化导向，更加重视重整中的营业整合和资产重组，严格依法审慎适用重整计划强制批准权。

13. 积极预防破产案件引发金融风险，维护社会稳定。依法审慎处理可能引发金融风险、影响社会稳定的破产案件，特别是涉及相互、连环担保以及民间融资、非法集资的企业破产案件，避免引发区域性风险和群体性事件。进一步完善上市公司、金融机构等特定主体的破产制度设计，预防个案引发系统性金融风险。严格审查破产程序中的恶意逃废债务行为。依法适用关联企业合并破产、行使破产撤销权和取回权等手段，查找和追回债务人财产。对于隐匿、故意销毁会计账册、会计凭证，拒不执行法院判决、裁定等犯罪行为，依法追究刑事责任。

14. 依法保护金融债权，提升金融债权实现效率。依法打击逃废金融债权的行为，明确责任主体和责任范围，切实保护金融债权。根据具体金融借款合同纠纷案件的特点，分别适用普通程序、简易程序、特别程序、督促程序等不同程序，提高审判效率。有效发挥具有强制执行效力的公证书的作用，降低金融债权实现成本。

15. 依法审理票据纠纷案件，妥善化解票据风险。认真研究应对因违法票据融资行为可能引发的金融风险，准确适用票据法审理票据纠纷案件，有效防范和遏制票据风险，促进票据市场安全稳定发展。

16. 依法审理金融不良债权案件，保障金融不良债权依法处置。加强研究新形势下金融不良债权处置过程中出现的新情况新问题，统一裁判标准，促进金融不良债权处置的市场化、法治化进程。

17. 持续保持对非法集资犯罪打击的高压态势，有效维护社会稳定。依法公正高效审理非法集资案件，严厉打击非法集资犯罪行为。针对非法集资犯罪案件参与人数多、涉案金额大、波及面广、行业和区域相对集中的特点，加强与职能机关、地方政府的信息沟通和协调配合，提升处置效果，切实保障被害人的合法权益，有效维护社会稳定。

18. 依法保障房地产市场平稳健康发展，防范房地产市场的金融风险传导。高度重视房地产市场波动对金融债权的影响，依法妥善审理相关案件，有效防范房地产市场潜在风险对金融稳定和金融安全的传导与冲击。统一借名买房等规避国家房产限购政策的合同效力的裁判标准，引导房产交易回归居住属性。

19.依法严厉惩治证券犯罪行为，维护资本市场秩序。依法审理欺诈发行股票、债券案件，违规披露、不披露重要信息案件，内幕交易案件，利用未公开信息交易案件和操纵证券、期货市场案件，防范和化解资本市场的系统性风险，促进资本市场的持续健康发展。

20.加强投资者民事权益的司法保护，维护投资者的财产安全。依法审理证券市场虚假陈述、内幕交易、操纵市场的民事案件，保障证券投资者的合法权益。支持证券投资者保护机构以诉讼代表人的身份接受投资者委托提起诉讼或者提供专门法律服务，拓展投资者维权方式。探索建立证券侵权民事诉讼领域的律师调查令制度，提高投资者的举证能力。依法充分运用专家证人、专家陪审员制度，扩充证券案件审理的知识容量和审理深度，提高证券案件审判的专业性和公信力。引导金融产品提供者及服务提供者切实履行投资者适当性审查义务、信息披露义务和最大损失揭示义务，依法维护投资者的正当权益。

21.规范整治地方交易场所的违法交易行为，防范和化解区域性金融风险。对地方交易场所未经许可或者超越经营许可范围开展的违法违规交易行为，要严格依照相关法律和行政法规的禁止性规定，否定其法律效力，明确交易场所的民事责任。切实加强涉地方交易场所案件的行政处置工作与司法审判工作的衔接，有效防范区域性金融风险。

22.依法审理涉地方政府债务纠纷案件，防范地方政府债务风险。依法认定政府违法提供担保的法律责任，规范政府行为。依法认定地方政府利用平台公司融资、政府和社会资本合作（PPP）、投资基金、购买服务等方式变相举债作出的行政行为或者签订的行政协议的性质、效力和责任，明确裁判规则，划出责任边界，有效防范地方政府债务风险的集聚。

23.依法审理涉外投资案件，加强外部金融风险的防范应对。加强对"一带一路"战略下跨境投资的金融安全与金融风险问题的研究应对，准确认定规避国家外汇管制政策的跨境投资行为的法律效力。

四、依法服务和保障金融改革,建立和完善适应金融审判工作需要的新机制

24. 支持金融监管机构依法履职,监督和促进金融监管机构依法行政。紧密配合金融改革和金融监管机构调整的要求,维护金融监管机构依法履行监管职责。依法审理涉及金融监管机构履行行政许可和审批、作出行政处罚和处理、公开政府信息及不履行法定职责等方面的各类行政案件,积极推动、监督和支持金融监管机构依法行政。

25. 加强与金融监管机构的协调配合,推动完善金融法治体系。探索建立人民法院与金融监管机构之间的沟通机制,定期通报涉及金融风险防范与金融安全的重要案件情况,强化金融监管和金融审判的衔接配合,推动形成统一完善的金融法治体系。

26. 有效引入外部资源,探索完善金融案件的多元化纠纷解决机制。推广证券期货行业、保险行业的诉讼与调解对接机制的成功经验,联合相关金融监管机构、行业协会和投资者保护机构,发挥专业资源优势,防范和化解金融纠纷。进一步畅通当事人的诉求表达和权利救济渠道,通过立案前委派调解、立案后委托调解等方式,促进金融纠纷依法、公正、高效解决,有效维护各方当事人的合法权益。

27. 建立金融审判信息平台,不断提升金融审判的信息化水平。结合"智慧法院"建设,探索建立金融审判信息平台,研究建立以金融机构为当事人的民商事案件信息管理系统,实时反映金融机构涉诉信息。建立重大金融案件的信息专报制度,及时研究应对措施,有效防范金融风险的传导和扩大。充分挖掘运用司法大数据,加强对金融案件的审判管理和分析研判,定期形成金融审判大数据分析报告,研究解决具有普遍性、趋势性的法律问题,为区域性、行业性、系统性金融风险的防范预警和重大决策提供信息支持。

五、加强司法能力建设,不断提升金融审判的专业化水平

28. 根据金融案件特点,探索建立专业化的金融审判机构。根据金融机构分布和金融案件数量情况,在金融案件相对集中的地区选择部分法院设立金融审判庭,探索实行金融案件的集中管辖。在其他金融案件较多的中级人民法

院，可以根据案件情况设立专业化的金融审判庭或者金融审判合议庭。

29.加强金融审判队伍的专业化建设，为金融审判提供人才保障。充实各级人民法院的金融审判队伍，完善与金融监管机构交流挂职、联合开展业务交流等金融审判专业人才的培养机制，有针对性地开展金融审判专题培训，努力造就一支既懂法律、又懂金融的高素质金融审判队伍，不断提升金融审判的专业化水平。

30.加强金融司法研究，推动金融法治理论与金融审判实践的深度融合。加强与学术机构、高等院校的合作，围绕金融审判实务问题，深入开展金融审判的理论研究，为金融审判提供智力支持。

最高人民法院关于适用《中华人民共和国民法典》有关担保制度的解释

最高人民法院2020年12月31日发布（法释〔2020〕28号）

为正确适用《中华人民共和国民法典》有关担保制度的规定，结合民事审判实践，制定本解释。

一、关于一般规定

第一条 因抵押、质押、留置、保证等担保发生的纠纷，适用本解释。所有权保留买卖、融资租赁、保理等涉及担保功能发生的纠纷，适用本解释的有关规定。

第二条 当事人在担保合同中约定担保合同的效力独立于主合同，或者约定担保人对主合同无效的法律后果承担担保责任，该有关担保独立性的约定无效。主合同有效的，有关担保独立性的约定无效不影响担保合同的效力；主合同无效的，人民法院应当认定担保合同无效，但是法律另有规定的除外。

因金融机构开立的独立保函发生的纠纷，适用《最高人民法院关于审理独立保函纠纷案件若干问题的规定》。

第三条 当事人对担保责任的承担约定专门的违约责任,或者约定的担保责任范围超出债务人应当承担的责任范围,担保人主张仅在债务人应当承担的责任范围内承担责任的,人民法院应予支持。

担保人承担的责任超出债务人应当承担的责任范围,担保人向债务人追偿,债务人主张仅在其应当承担的责任范围内承担责任的,人民法院应予支持;担保人请求债权人返还超出部分的,人民法院依法予以支持。

第四条 有下列情形之一,当事人将担保物权登记在他人名下,债务人不履行到期债务或者发生当事人约定的实现担保物权的情形,债权人或者其受托人主张就该财产优先受偿的,人民法院依法予以支持:

(一)为债券持有人提供的担保物权登记在债券受托管理人名下;

(二)为委托贷款人提供的担保物权登记在受托人名下;

(三)担保人知道债权人与他人之间存在委托关系的其他情形。

第五条 机关法人提供担保的,人民法院应当认定担保合同无效,但是经国务院批准为使用外国政府或者国际经济组织贷款进行转贷的除外。

居民委员会、村民委员会提供担保的,人民法院应当认定担保合同无效,但是依法代行村集体经济组织职能的村民委员会,依照村民委员会组织法规定的讨论决定程序对外提供担保的除外。

第六条 以公益为目的的非营利性学校、幼儿园、医疗机构、养老机构等提供担保的,人民法院应当认定担保合同无效,但是有下列情形之一的除外:

(一)在购入或者以融资租赁方式承租教育设施、医疗卫生设施、养老服务设施和其他公益设施时,出卖人、出租人为担保价款或者租金实现而在该公益设施上保留所有权;

(二)以教育设施、医疗卫生设施、养老服务设施和其他公益设施以外的不动产、动产或者财产权利设立担保物权。

登记为营利法人的学校、幼儿园、医疗机构、养老机构等提供担保,当事人以其不具有担保资格为由主张担保合同无效的,人民法院不予支持。

第七条 公司的法定代表人违反公司法关于公司对外担保决议程序的规定,超越权限代表公司与相对人订立担保合同,人民法院应当依照民法典第六十一条和第五百零四条等规定处理：

（一）相对人善意的，担保合同对公司发生效力；相对人请求公司承担担保责任的，人民法院应予支持。

（二）相对人非善意的，担保合同对公司不发生效力；相对人请求公司承担赔偿责任的，参照适用本解释第十七条的有关规定。

法定代表人超越权限提供担保造成公司损失，公司请求法定代表人承担赔偿责任的，人民法院应予支持。

第一款所称善意，是指相对人在订立担保合同时不知道且不应当知道法定代表人超越权限。相对人有证据证明已对公司决议进行了合理审查，人民法院应当认定其构成善意，但是公司有证据证明相对人知道或者应当知道决议系伪造、变造的除外。

第八条 有下列情形之一，公司以其未依照公司法关于公司对外担保的规定作出决议为由主张不承担担保责任的，人民法院不予支持：

（一）金融机构开立保函或者担保公司提供担保；

（二）公司为其全资子公司开展经营活动提供担保；

（三）担保合同系由单独或者共同持有公司三分之二以上对担保事项有表决权的股东签字同意。

上市公司对外提供担保，不适用前款第二项、第三项的规定。

第九条 相对人根据上市公司公开披露的关于担保事项已经董事会或者股东大会决议通过的信息，与上市公司订立担保合同，相对人主张担保合同对上市公司发生效力，并由上市公司承担担保责任的，人民法院应予支持。

相对人未根据上市公司公开披露的关于担保事项已经董事会或者股东大会决议通过的信息，与上市公司订立担保合同，上市公司主张担保合同对其不发生效力，且不承担担保责任或者赔偿责任的，人民法院应予支持。

相对人与上市公司已公开披露的控股子公司订立的担保合同，或者相对人与股票在国务院批准的其他全国性证券交易场所交易的公司订立的担保合同，适用前两款规定。

第十条 一人有限责任公司为其股东提供担保，公司以违反公司法关于公司对外担保决议程序的规定为由主张不承担担保责任的,人民法院不予支持。公司因承担担保责任导致无法清偿其他债务,提供担保时的股东不能证明公司财产独立于自己的财产,其他债权人请求该股东承担连带责任的,人民法院应予支持。

第十一条 公司的分支机构未经公司股东(大)会或者董事会决议以自己的名义对外提供担保,相对人请求公司或者其分支机构承担担保责任的,人民法院不予支持,但是相对人不知道且不应当知道分支机构对外提供担保未经公司决议程序的除外。

金融机构的分支机构在其营业执照记载的经营范围内开立保函,或者经有权从事担保业务的上级机构授权开立保函,金融机构或者其分支机构以违反公司法关于公司对外担保决议程序的规定为由主张不承担担保责任的,人民法院不予支持。金融机构的分支机构未经金融机构授权提供保函之外的担保,金融机构或者其分支机构主张不承担担保责任的,人民法院应予支持,但是相对人不知道且不应当知道分支机构对外提供担保未经金融机构授权的除外。

担保公司的分支机构未经担保公司授权对外提供担保,担保公司或者其分支机构主张不承担担保责任的,人民法院应予支持,但是相对人不知道且不应当知道分支机构对外提供担保未经担保公司授权的除外。

公司的分支机构对外提供担保,相对人非善意,请求公司承担赔偿责任的,参照本解释第十七条的有关规定处理。

第十二条 法定代表人依照民法典第五百五十二条的规定以公司名义加入债务的,人民法院在认定该行为的效力时,可以参照本解释关于公司为他人提供担保的有关规则处理。

第十三条 同一债务有两个以上第三人提供担保,担保人之间约定相互追偿及分担份额,承担了担保责任的担保人请求其他担保人按照约定分担份额的,人民法院应予支持;担保人之间约定承担连带共同担保,或者约定相互追偿但是未约定分担份额的,各担保人按照比例分担向债务人不能追偿的部分。

同一债务有两个以上第三人提供担保,担保人之间未对相互追偿作出约定且未约定承担连带共同担保,但是各担保人在同一份合同书上签字、盖章或者按指印，承担了担保责任的担保人请求其他担保人按照比例分担向债务人不能追偿部分的，人民法院应予支持。

除前两款规定的情形外，承担了担保责任的担保人请求其他担保人分担向债务人不能追偿部分的，人民法院不予支持。

第十四条　同一债务有两个以上第三人提供担保，担保人受让债权的，人民法院应当认定该行为系承担担保责任。受让债权的担保人作为债权人请求其他担保人承担担保责任的，人民法院不予支持；该担保人请求其他担保人分担相应份额的，依照本解释第十三条的规定处理。

第十五条　最高额担保中的最高债权额，是指包括主债权及其利息、违约金、损害赔偿金、保管担保财产的费用、实现债权或者实现担保物权的费用等在内的全部债权，但是当事人另有约定的除外。

登记的最高债权额与当事人约定的最高债权额不一致的，人民法院应当依据登记的最高债权额确定债权人优先受偿的范围。

第十六条　主合同当事人协议以新贷偿还旧贷，债权人请求旧贷的担保人承担担保责任的，人民法院不予支持；债权人请求新贷的担保人承担担保责任的，按照下列情形处理：

（一）新贷与旧贷的担保人相同的，人民法院应予支持；

（二）新贷与旧贷的担保人不同，或者旧贷无担保新贷有担保的，人民法院不予支持，但是债权人有证据证明新贷的担保人提供担保时对以新贷偿还旧贷的事实知道或者应当知道的除外。

主合同当事人协议以新贷偿还旧贷，旧贷的物的担保人在登记尚未注销的情形下同意继续为新贷提供担保，在订立新的贷款合同前又以该担保财产为其他债权人设立担保物权，其他债权人主张其担保物权顺位优先于新贷债权人的，人民法院不予支持。

第十七条　主合同有效而第三人提供的担保合同无效，人民法院应当区分不同情形确定担保人的赔偿责任：

（一）债权人与担保人均有过错的，担保人承担的赔偿责任不应超过债务人不能清偿部分的二分之一；

(二)担保人有过错而债权人无过错的,担保人对债务人不能清偿的部分承担赔偿责任;

(三)债权人有过错而担保人无过错的,担保人不承担赔偿责任。

主合同无效导致第三人提供的担保合同无效,担保人无过错的,不承担赔偿责任;担保人有过错的,其承担的赔偿责任不应超过债务人不能清偿部分的三分之一。

第十八条 承担了担保责任或者赔偿责任的担保人,在其承担责任的范围内向债务人追偿的,人民法院应予支持。

同一债权既有债务人自己提供的物的担保,又有第三人提供的担保,承担了担保责任或者赔偿责任的第三人,主张行使债权人对债务人享有的担保物权的,人民法院应予支持。

第十九条 担保合同无效,承担了赔偿责任的担保人按照反担保合同的约定,在其承担赔偿责任的范围内请求反担保人承担担保责任的,人民法院应予支持。

反担保合同无效的,依照本解释第十七条的有关规定处理。当事人仅以担保合同无效为由主张反担保合同无效的,人民法院不予支持。

第二十条 人民法院在审理第三人提供的物的担保纠纷案件时,可以适用民法典第六百九十五条第一款、第六百九十六条第一款、第六百九十七条第二款、第六百九十九条、第七百条、第七百零一条、第七百零二条等关于保证合同的规定。

第二十一条 主合同或者担保合同约定了仲裁条款的,人民法院对约定仲裁条款的合同当事人之间的纠纷无管辖权。

债权人一并起诉债务人和担保人的,应当根据主合同确定管辖法院。

债权人依法可以单独起诉担保人且仅起诉担保人的,应当根据担保合同确定管辖法院。

第二十二条 人民法院受理债务人破产案件后,债权人请求担保人承担担保责任,担保人主张担保债务自人民法院受理破产申请之日起停止计息的,人民法院对担保人的主张应予支持。

第二十三条　人民法院受理债务人破产案件，债权人在破产程序中申报债权后又向人民法院提起诉讼，请求担保人承担担保责任的，人民法院依法予以支持。

担保人清偿债权人的全部债权后，可以代替债权人在破产程序中受偿；在债权人的债权未获全部清偿前，担保人不得代替债权人在破产程序中受偿，但是有权就债权人通过破产分配和实现担保债权等方式获得清偿总额中超出债权的部分，在其承担担保责任的范围内请求债权人返还。

债权人在债务人破产程序中未获全部清偿，请求担保人继续承担担保责任的，人民法院应予支持；担保人承担担保责任后，向和解协议或者重整计划执行完毕后的债务人追偿的，人民法院不予支持。

第二十四条　债权人知道或者应当知道债务人破产，既未申报债权也未通知担保人，致使担保人不能预先行使追偿权的，担保人就该债权在破产程序中可能受偿的范围内免除担保责任，但是担保人因自身过错未行使追偿权的除外。

二、关于保证合同

第二十五条　当事人在保证合同中约定了保证人在债务人不能履行债务或者无力偿还债务时才承担保证责任等类似内容，具有债务人应当先承担责任的意思表示的，人民法院应当将其认定为一般保证。

当事人在保证合同中约定了保证人在债务人不履行债务或者未偿还债务时即承担保证责任、无条件承担保证责任等类似内容，不具有债务人应当先承担责任的意思表示的，人民法院应当将其认定为连带责任保证。

第二十六条　一般保证中，债权人以债务人为被告提起诉讼的，人民法院应予受理。债权人未就主合同纠纷提起诉讼或者申请仲裁，仅起诉一般保证人的，人民法院应当驳回起诉。

一般保证中，债权人一并起诉债务人和保证人的，人民法院可以受理，但是在作出判决时，除有民法典第六百八十七条第二款但书规定的情形外，应当在判决书主文中明确，保证人仅对债务人财产依法强制执行后仍不能履行的部分承担保证责任。

债权人未对债务人的财产申请保全，或者保全的债务人的财产足以清偿债务，债权人申请对一般保证人的财产进行保全的，人民法院不予准许。

第二十七条　一般保证的债权人取得对债务人赋予强制执行效力的公证债权文书后，在保证期间内向人民法院申请强制执行，保证人以债权人未在保证期间内对债务人提起诉讼或者申请仲裁为由主张不承担保证责任的，人民法院不予支持。

第二十八条　一般保证中，债权人依据生效法律文书对债务人的财产依法申请强制执行，保证债务诉讼时效的起算时间按照下列规则确定：

（一）人民法院作出终结本次执行程序裁定，或者依照民事诉讼法第二百五十七条第三项、第五项的规定作出终结执行裁定的，自裁定送达债权人之日起开始计算；

（二）人民法院自收到申请执行书之日起一年内未作出前项裁定的，自人民法院收到申请执行书满一年之日起开始计算，但是保证人有证据证明债务人仍有财产可供执行的除外。

一般保证的债权人在保证期间届满前对债务人提起诉讼或者申请仲裁，债权人举证证明存在民法典第六百八十七条第二款但书规定情形的，保证债务的诉讼时效自债权人知道或者应当知道该情形之日起开始计算。

第二十九条　同一债务有两个以上保证人，债权人以其已经在保证期间内依法向部分保证人行使权利为由，主张已经在保证期间内向其他保证人行使权利的，人民法院不予支持。

同一债务有两个以上保证人，保证人之间相互有追偿权，债权人未在保证期间内依法向部分保证人行使权利，导致其他保证人在承担保证责任后丧失追偿权，其他保证人主张在其不能追偿的范围内免除保证责任的，人民法院应予支持。

第三十条　最高额保证合同对保证期间的计算方式、起算时间等有约定的，按照其约定。

最高额保证合同对保证期间的计算方式、起算时间等没有约定或者约定不明，被担保债权的履行期限均已届满的，保证期间自债权确定之日起开始计算；被担保债权的履行期限尚未届满的，保证期间自最后到期债权的履行期限届满之日起开始计算。

前款所称债权确定之日，依照民法典第四百二十三条的规定认定。

第三十一条 一般保证的债权人在保证期间内对债务人提起诉讼或者申请仲裁后，又撤回起诉或者仲裁申请，债权人在保证期间届满前未再行提起诉讼或者申请仲裁，保证人主张不再承担保证责任的，人民法院应予支持。

连带责任保证的债权人在保证期间内对保证人提起诉讼或者申请仲裁后，又撤回起诉或者仲裁申请，起诉状副本或者仲裁申请书副本已经送达保证人的，人民法院应当认定债权人已经在保证期间内向保证人行使了权利。

第三十二条 保证合同约定保证人承担保证责任直至主债务本息还清时为止等类似内容的，视为约定不明，保证期间为主债务履行期限届满之日起六个月。

第三十三条 保证合同无效，债权人未在约定或者法定的保证期间内依法行使权利，保证人主张不承担赔偿责任的，人民法院应予支持。

第三十四条 人民法院在审理保证合同纠纷案件时，应当将保证期间是否届满、债权人是否在保证期间内依法行使权利等事实作为案件基本事实予以查明。

债权人在保证期间内未依法行使权利的，保证责任消灭。保证责任消灭后，债权人书面通知保证人要求承担保证责任，保证人在通知书上签字、盖章或者按指印，债权人请求保证人继续承担保证责任的，人民法院不予支持，但是债权人有证据证明成立了新的保证合同的除外。

第三十五条 保证人知道或者应当知道主债权诉讼时效期间届满仍然提供保证或者承担保证责任，又以诉讼时效期间届满为由拒绝承担保证责任或者请求返还财产的，人民法院不予支持；保证人承担保证责任后向债务人追偿的，人民法院不予支持，但是债务人放弃诉讼时效抗辩的除外。

第三十六条 第三人向债权人提供差额补足、流动性支持等类似承诺文件作为增信措施，具有提供担保的意思表示，债权人请求第三人承担保证责任的，人民法院应当依照保证的有关规定处理。

第三人向债权人提供的承诺文件,具有加入债务或者与债务人共同承担债务等意思表示的,人民法院应当认定为民法典第五百五十二条规定的债务加入。

前两款中第三人提供的承诺文件难以确定是保证还是债务加入的,人民法院应当将其认定为保证。

第三人向债权人提供的承诺文件不符合前三款规定的情形,债权人请求第三人承担保证责任或者连带责任的,人民法院不予支持,但是不影响其依据承诺文件请求第三人履行约定的义务或者承担相应的民事责任。

三、关于担保物权

(一)担保合同与担保物权的效力

第三十七条 当事人以所有权、使用权不明或者有争议的财产抵押,经审查构成无权处分的,人民法院应当依照民法典第三百一十一条的规定处理。

当事人以依法被查封或者扣押的财产抵押,抵押权人请求行使抵押权,经审查查封或者扣押措施已经解除的,人民法院应予支持。抵押人以抵押权设立时财产被查封或者扣押为由主张抵押合同无效的,人民法院不予支持。

以依法被监管的财产抵押的,适用前款规定。

第三十八条 主债权未受全部清偿,担保物权人主张就担保财产的全部行使担保物权的,人民法院应予支持,但是留置权人行使留置权的,应当依照民法典第四百五十条的规定处理。

担保财产被分割或者部分转让,担保物权人主张就分割或者转让后的担保财产行使担保物权的,人民法院应予支持,但是法律或者司法解释另有规定的除外。

第三十九条 主债权被分割或者部分转让,各债权人主张就其享有的债权份额行使担保物权的,人民法院应予支持,但是法律另有规定或者当事人另有约定的除外。

主债务被分割或者部分转移,债务人自己提供物的担保,债权人请求以该担保财产担保全部债务履行的,人民法院应予支持;第三人提供物的担保,主张对未经其书面同意转移的债务不再承担担保责任的,人民法院应予支持。

第四十条　从物产生于抵押权依法设立前，抵押权人主张抵押权的效力及于从物的，人民法院应予支持，但是当事人另有约定的除外。

从物产生于抵押权依法设立后，抵押权人主张抵押权的效力及于从物的，人民法院不予支持，但是在抵押权实现时可以一并处分。

第四十一条　抵押权依法设立后，抵押财产被添附，添附物归第三人所有，抵押权人主张抵押权效力及于补偿金的，人民法院应予支持。

抵押权依法设立后，抵押财产被添附，抵押人对添附物享有所有权，抵押权人主张抵押权的效力及于添附物的，人民法院应予支持，但是添附导致抵押财产价值增加的，抵押权的效力不及于增加的价值部分。

抵押权依法设立后，抵押人与第三人因添附成为添附物的共有人，抵押权人主张抵押权的效力及于抵押人对共有物享有的份额的，人民法院应予支持。

本条所称添附，包括附合、混合与加工。

第四十二条　抵押权依法设立后，抵押财产毁损、灭失或者被征收等，抵押权人请求按照原抵押权的顺位就保险金、赔偿金或者补偿金等优先受偿的，人民法院应予支持。

给付义务人已经向抵押人给付了保险金、赔偿金或者补偿金，抵押权人请求给付义务人向其给付保险金、赔偿金或者补偿金的，人民法院不予支持，但是给付义务人接到抵押权人要求向其给付的通知后仍然向抵押人给付的除外。

抵押权人请求给付义务人向其给付保险金、赔偿金或者补偿金的，人民法院可以通知抵押人作为第三人参加诉讼。

第四十三条　当事人约定禁止或者限制转让抵押财产但是未将约定登记，抵押人违反约定转让抵押财产，抵押权人请求确认转让合同无效的，人民法院不予支持；抵押财产已经交付或者登记，抵押权人请求确认转让不发生物权效力的，人民法院不予支持，但是抵押权人有证据证明受让人知道的除外；抵押权人请求抵押人承担违约责任的，人民法院依法予以支持。

当事人约定禁止或者限制转让抵押财产且已经将约定登记，抵押人违反约定转让抵押财产，抵押权人请求确认转让合同无效的，人民法院不予支持；

抵押财产已经交付或者登记，抵押权人主张转让不发生物权效力的，人民法院应予支持，但是因受让人代替债务人清偿债务导致抵押权消灭的除外。

第四十四条　主债权诉讼时效期间届满后，抵押权人主张行使抵押权的，人民法院不予支持；抵押人以主债权诉讼时效期间届满为由，主张不承担担保责任的，人民法院应予支持。主债权诉讼时效期间届满前，债权人仅对债务人提起诉讼，经人民法院判决或者调解后未在民事诉讼法规定的申请执行时效期间内对债务人申请强制执行，其向抵押人主张行使抵押权的，人民法院不予支持。

主债权诉讼时效期间届满后，财产被留置的债务人或者对留置财产享有所有权的第三人请求债权人返还留置财产的，人民法院不予支持；债务人或者第三人请求拍卖、变卖留置财产并以所得价款清偿债务的，人民法院应予支持。

主债权诉讼时效期间届满的法律后果，以登记作为公示方式的权利质权，参照适用第一款的规定；动产质权、以交付权利凭证作为公示方式的权利质权，参照适用第二款的规定。

第四十五条　当事人约定当债务人不履行到期债务或者发生当事人约定的实现担保物权的情形，担保物权人有权将担保财产自行拍卖、变卖并就所得的价款优先受偿的，该约定有效。因担保人的原因导致担保物权人无法自行对担保财产进行拍卖、变卖，担保物权人请求担保人承担因此增加的费用的，人民法院应予支持。

当事人依照民事诉讼法有关"实现担保物权案件"的规定，申请拍卖、变卖担保财产，被申请人以担保合同约定仲裁条款为由主张驳回申请的，人民法院经审查后，应当按照以下情形分别处理：

（一）当事人对担保物权无实质性争议且实现担保物权条件已经成就的，应当裁定准许拍卖、变卖担保财产；

（二）当事人对实现担保物权有部分实质性争议的，可以就无争议的部分裁定准许拍卖、变卖担保财产，并告知可以就有争议的部分申请仲裁；

（三）当事人对实现担保物权有实质性争议的，裁定驳回申请，并告知可以向仲裁机构申请仲裁。

债权人以诉讼方式行使担保物权的，应当以债务人和担保人作为共同被告。

（二）不动产抵押

第四十六条 不动产抵押合同生效后未办理抵押登记手续，债权人请求抵押人办理抵押登记手续的，人民法院应予支持。

抵押财产因不可归责于抵押人自身的原因灭失或者被征收等导致不能办理抵押登记，债权人请求抵押人在约定的担保范围内承担责任的，人民法院不予支持；但是抵押人已经获得保险金、赔偿金或者补偿金等，债权人请求抵押人在其所获金额范围内承担赔偿责任的，人民法院依法予以支持。

因抵押人转让抵押财产或者其他可归责于抵押人自身的原因导致不能办理抵押登记，债权人请求抵押人在约定的担保范围内承担责任的，人民法院依法予以支持，但是不得超过抵押权能够设立时抵押人应当承担的责任范围。

第四十七条 不动产登记簿就抵押财产、被担保的债权范围等所作的记载与抵押合同约定不一致的，人民法院应当根据登记簿的记载确定抵押财产、被担保的债权范围等事项。

第四十八条 当事人申请办理抵押登记手续时，因登记机构的过错致使其不能办理抵押登记，当事人请求登记机构承担赔偿责任的，人民法院依法予以支持。

第四十九条 以违法的建筑物抵押的，抵押合同无效，但是一审法庭辩论终结前已经办理合法手续的除外。抵押合同无效的法律后果，依照本解释第十七条的有关规定处理。

当事人以建设用地使用权依法设立抵押，抵押人以土地上存在违法的建筑物为由主张抵押合同无效的，人民法院不予支持。

第五十条 抵押人以划拨建设用地上的建筑物抵押，当事人以该建设用地使用权不能抵押或者未办理批准手续为由主张抵押合同无效或者不生效的，人民法院不予支持。抵押权依法实现时，拍卖、变卖建筑物所得的价款，应当优先用于补缴建设用地使用权出让金。

当事人以划拨方式取得的建设用地使用权抵押，抵押人以未办理批准手续为由主张抵押合同无效或者不生效的，人民法院不予支持。已经依法办理抵押登记，抵押权人主张行使抵押权的，人民法院应予支持。抵押权依法实现时所得的价款，参照前款有关规定处理。

第五十一条　当事人仅以建设用地使用权抵押，债权人主张抵押权的效力及于土地上已有的建筑物以及正在建造的建筑物已完成部分的，人民法院应予支持。债权人主张抵押权的效力及于正在建造的建筑物的续建部分以及新增建筑物的，人民法院不予支持。

当事人以正在建造的建筑物抵押，抵押权的效力范围限于已办理抵押登记的部分。当事人按照担保合同的约定，主张抵押权的效力及于续建部分、新增建筑物以及规划中尚未建造的建筑物的，人民法院不予支持。

抵押人将建设用地使用权、土地上的建筑物或者正在建造的建筑物分别抵押给不同债权人的，人民法院应当根据抵押登记的时间先后确定清偿顺序。

第五十二条　当事人办理抵押预告登记后，预告登记权利人请求就抵押财产优先受偿，经审查存在尚未办理建筑物所有权首次登记、预告登记的财产与办理建筑物所有权首次登记时的财产不一致、抵押预告登记已经失效等情形，导致不具备办理抵押登记条件的，人民法院不予支持；经审查已经办理建筑物所有权首次登记，且不存在预告登记失效等情形的，人民法院应予支持，并应当认定抵押权自预告登记之日起设立。

当事人办理了抵押预告登记，抵押人破产，经审查抵押财产属于破产财产，预告登记权利人主张就抵押财产优先受偿的，人民法院应当在受理破产申请时抵押财产的价值范围内予以支持，但是在人民法院受理破产申请前一年内，债务人对没有财产担保的债务设立抵押预告登记的除外。

（三）动产与权利担保

第五十三条　当事人在动产和权利担保合同中对担保财产进行概括描述，该描述能够合理识别担保财产的，人民法院应当认定担保成立。

第五十四条　动产抵押合同订立后未办理抵押登记，动产抵押权的效力按照下列情形分别处理：

（一）抵押人转让抵押财产，受让人占有抵押财产后，抵押权人向受让人请求行使抵押权的，人民法院不予支持，但是抵押权人能够举证证明受让人知道或者应当知道已经订立抵押合同的除外；

（二）抵押人将抵押财产出租给他人并移转占有，抵押权人行使抵押权的，租赁关系不受影响，但是抵押权人能够举证证明承租人知道或者应当知道已经订立抵押合同的除外；

（三）抵押人的其他债权人向人民法院申请保全或者执行抵押财产，人民法院已经作出财产保全裁定或者采取执行措施，抵押权人主张对抵押财产优先受偿的，人民法院不予支持；

（四）抵押人破产，抵押权人主张对抵押财产优先受偿的，人民法院不予支持。

第五十五条 债权人、出质人与监管人订立三方协议，出质人以通过一定数量、品种等概括描述能够确定范围的货物为债务的履行提供担保，当事人有证据证明监管人系受债权人的委托监管并实际控制该货物的，人民法院应当认定质权于监管人实际控制货物之日起设立。监管人违反约定向出质人或者其他人放货、因保管不善导致货物毁损灭失，债权人请求监管人承担违约责任的，人民法院依法予以支持。

在前款规定情形下，当事人有证据证明监管人系受出质人委托监管该货物，或者虽然受债权人委托但是未实际履行监管职责，导致货物仍由出质人实际控制的，人民法院应当认定质权未设立。债权人可以基于质押合同的约定请求出质人承担违约责任，但是不得超过质权有效设立时出质人应当承担的责任范围。监管人未履行监管职责，债权人请求监管人承担责任的，人民法院依法予以支持。

第五十六条 买受人在出卖人正常经营活动中通过支付合理对价取得已被设立担保物权的动产，担保物权人请求就该动产优先受偿的，人民法院不予支持，但是有下列情形之一的除外：

（一）购买商品的数量明显超过一般买受人；

（二）购买出卖人的生产设备；

（三）订立买卖合同的目的在于担保出卖人或者第三人履行债务；

（四）买受人与出卖人存在直接或者间接的控制关系；

（五）买受人应当查询抵押登记而未查询的其他情形。

前款所称出卖人正常经营活动，是指出卖人的经营活动属于其营业执照明确记载的经营范围，且出卖人持续销售同类商品。前款所称担保物权人，是指已经办理登记的抵押权人、所有权保留买卖的出卖人、融资租赁合同的出租人。

第五十七条　担保人在设立动产浮动抵押并办理抵押登记后又购入或者以融资租赁方式承租新的动产，下列权利人为担保价款债权或者租金的实现而订立担保合同，并在该动产交付后十日内办理登记，主张其权利优先于在先设立的浮动抵押权的，人民法院应予支持：

（一）在该动产上设立抵押权或者保留所有权的出卖人；

（二）为价款支付提供融资而在该动产上设立抵押权的债权人；

（三）以融资租赁方式出租该动产的出租人。

买受人取得动产但未付清价款或者承租人以融资租赁方式占有租赁物但是未付清全部租金，又以标的物为他人设立担保物权，前款所列权利人为担保价款债权或者租金的实现而订立担保合同，并在该动产交付后十日内办理登记，主张其权利优先于买受人为他人设立的担保物权的，人民法院应予支持。

同一动产上存在多个价款优先权的，人民法院应当按照登记的时间先后确定清偿顺序。

第五十八条　以汇票出质，当事人以背书记载"质押"字样并在汇票上签章，汇票已经交付质权人的，人民法院应当认定质权自汇票交付质权人时设立。

第五十九条　存货人或者仓单持有人在仓单上以背书记载"质押"字样，并经保管人签章，仓单已经交付质权人的，人民法院应当认定质权自仓单交付质权人时设立。没有权利凭证的仓单，依法可以办理出质登记的，仓单质权自办理出质登记时设立。

出质人既以仓单出质，又以仓储物设立担保，按照公示的先后确定清偿顺序；难以确定先后的，按照债权比例清偿。

保管人为同一货物签发多份仓单，出质人在多份仓单上设立多个质权，按照公示的先后确定清偿顺序；难以确定先后的，按照债权比例受偿。

存在第二款、第三款规定的情形，债权人举证证明其损失系由出质人与保管人的共同行为所致，请求出质人与保管人承担连带赔偿责任的，人民法院应予支持。

第六十条 在跟单信用证交易中，开证行与开证申请人之间约定以提单作为担保的，人民法院应当依照民法典关于质权的有关规定处理。

在跟单信用证交易中，开证行依据其与开证申请人之间的约定或者跟单信用证的惯例持有提单，开证申请人未按照约定付款赎单，开证行主张对提单项下货物优先受偿的，人民法院应予支持；开证行主张对提单项下货物享有所有权的，人民法院不予支持。

在跟单信用证交易中，开证行依据其与开证申请人之间的约定或者跟单信用证的惯例，通过转让提单或者提单项下货物取得价款，开证申请人请求返还超出债权部分的，人民法院应予支持。

前三款规定不影响合法持有提单的开证行以提单持有人身份主张运输合同项下的权利。

第六十一条 以现有的应收账款出质，应收账款债务人向质权人确认应收账款的真实性后，又以应收账款不存在或者已经消灭为由主张不承担责任的，人民法院不予支持。

以现有的应收账款出质，应收账款债务人未确认应收账款的真实性，质权人以应收账款债务人为被告，请求就应收账款优先受偿，能够举证证明办理出质登记时应收账款真实存在的，人民法院应予支持；质权人不能举证证明办理出质登记时应收账款真实存在，仅以已经办理出质登记为由，请求就应收账款优先受偿的，人民法院不予支持。

以现有的应收账款出质，应收账款债务人已经向应收账款债权人履行了债务，质权人请求应收账款债务人履行债务的，人民法院不予支持，但是应收账款债务人接到质权人要求向其履行的通知后，仍然向应收账款债权人履行的除外。

以基础设施和公用事业项目收益权、提供服务或者劳务产生的债权以及其他将有的应收账款出质，当事人为应收账款设立特定账户，发生法定或者约定的质权实现事由时，质权人请求就该特定账户内的款项优先受偿的，人民法院应予支持；特定账户内的款项不足以清偿债务或者未设立特定账户，质权人请求折价或者拍卖、变卖项目收益权等将有的应收账款，并以所得的价款优先受偿的，人民法院依法予以支持。

第六十二条 债务人不履行到期债务，债权人因同一法律关系留置合法占有的第三人的动产，并主张就该留置财产优先受偿的，人民法院应予支持。第三人以该留置财产并非债务人的财产为由请求返还的，人民法院不予支持。

企业之间留置的动产与债权并非同一法律关系，债务人以该债权不属于企业持续经营中发生的债权为由请求债权人返还留置财产的，人民法院应予支持。

企业之间留置的动产与债权并非同一法律关系，债权人留置第三人的财产，第三人请求债权人返还留置财产的，人民法院应予支持。

四、关于非典型担保

第六十三条 债权人与担保人订立担保合同，约定以法律、行政法规尚未规定可以担保的财产权利设立担保，当事人主张合同无效的，人民法院不予支持。当事人未在法定的登记机构依法进行登记，主张该担保具有物权效力的，人民法院不予支持。

第六十四条 在所有权保留买卖中，出卖人依法有权取回标的物，但是与买受人协商不成，当事人请求参照民事诉讼法"实现担保物权案件"的有关规定，拍卖、变卖标的物的，人民法院应予准许。

出卖人请求取回标的物，符合民法典第六百四十二条规定的，人民法院应予支持；买受人以抗辩或者反诉的方式主张拍卖、变卖标的物，并在扣除买受人未支付的价款以及必要费用后返还剩余款项的，人民法院应当一并处理。

第六十五条 在融资租赁合同中，承租人未按照约定支付租金，经催告后在合理期限内仍不支付，出租人请求承租人支付全部剩余租金，并以拍卖、变卖租赁物所得的价款受偿的，人民法院应予支持；当事人请求参照民事诉讼法"实现担保物权案件"的有关规定，以拍卖、变卖租赁物所得价款支付租金的，人民法院应予准许。

出租人请求解除融资租赁合同并收回租赁物，承租人以抗辩或者反诉的方式主张返还租赁物价值超过欠付租金以及其他费用的，人民法院应当一并处理。当事人对租赁物的价值有争议的，应当按照下列规则确定租赁物的价值：

（一）融资租赁合同有约定的，按照其约定；

（二）融资租赁合同未约定或者约定不明的，根据约定的租赁物折旧以及合同到期后租赁物的残值来确定；

（三）根据前两项规定的方法仍然难以确定，或者当事人认为根据前两项规定的方法确定的价值严重偏离租赁物实际价值的，根据当事人的申请委托有资质的机构评估。

第六十六条 同一应收账款同时存在保理、应收账款质押和债权转让，当事人主张参照民法典第七百六十八条的规定确定优先顺序的，人民法院应予支持。

在有追索权的保理中，保理人以应收账款债权人或者应收账款债务人为被告提起诉讼，人民法院应予受理；保理人一并起诉应收账款债权人和应收账款债务人的，人民法院可以受理。

应收账款债权人向保理人返还保理融资款本息或者回购应收账款债权后，请求应收账款债务人向其履行应收账款债务的，人民法院应予支持。

第六十七条 在所有权保留买卖、融资租赁等合同中，出卖人、出租人的所有权未经登记不得对抗的"善意第三人"的范围及其效力，参照本解释第五十四条的规定处理。

第六十八条 债务人或者第三人与债权人约定将财产形式上转移至债权人名下，债务人不履行到期债务，债权人有权对财产折价或者以拍卖、变卖该财产所得价款偿还债务的，人民法院应当认定该约定有效。当事人已经完成财产权利变动的公示，债务人不履行到期债务，债权人请求参照民法典关于担保物权的有关规定就该财产优先受偿的，人民法院应予支持。

债务人或者第三人与债权人约定将财产形式上转移至债权人名下,债务人不履行到期债务,财产归债权人所有的,人民法院应当认定该约定无效,但是不影响当事人有关提供担保的意思表示的效力。当事人已经完成财产权利变动的公示,债务人不履行到期债务,债权人请求对该财产享有所有权的,人民法院不予支持;债权人请求参照民法典关于担保物权的规定对财产折价或者以拍卖、变卖该财产所得的价款优先受偿的,人民法院应予支持;债务人履行债务后请求返还财产,或者请求对财产折价或者以拍卖、变卖所得的价款清偿债务的,人民法院应予支持。

债务人与债权人约定将财产转移至债权人名下,在一定期间后再由债务人或者其指定的第三人以交易本金加上溢价款回购,债务人到期不履行回购义务,财产归债权人所有的,人民法院应当参照第二款规定处理。回购对象自始不存在的,人民法院应当依照民法典第一百四十六条第二款的规定,按照其实际构成的法律关系处理。

第六十九条 股东以将其股权转移至债权人名下的方式为债务履行提供担保,公司或者公司的债权人以股东未履行或者未全面履行出资义务、抽逃出资等为由,请求作为名义股东的债权人与股东承担连带责任的,人民法院不予支持。

第七十条 债务人或者第三人为担保债务的履行,设立专门的保证金账户并由债权人实际控制,或者将其资金存入债权人设立的保证金账户,债权人主张就账户内的款项优先受偿的,人民法院应予支持。当事人以保证金账户内的款项浮动为由,主张实际控制该账户的债权人对账户内的款项不享有优先受偿权的,人民法院不予支持。

在银行账户下设立的保证金分户,参照前款规定处理。

当事人约定的保证金并非为担保债务的履行设立,或者不符合前两款规定的情形,债权人主张就保证金优先受偿的,人民法院不予支持,但是不影响当事人依照法律的规定或者按照当事人的约定主张权利。

五、附则

第七十一条 本解释自2021年1月1日起施行。

全国法院民商事审判工作会议纪要（节选）

（2019年9月11日经最高人民法院审判委员会民事行政专业委员会第319次会议原则通过。2019年11月8日发布。）

二、关于公司纠纷案件的审理

会议认为，审理好公司纠纷案件，对于保护交易安全和投资安全，激发经济活力，增强投资创业信心，具有重要意义。要依法协调好公司债权人、股东、公司等各种利益主体之间的关系，处理好公司外部与内部的关系，解决好公司自治与司法介入的关系。

（一）关于"对赌协议"的效力及履行

实践中俗称的"对赌协议"，又称估值调整协议，是指投资方与融资方在达成股权性融资协议时，为解决交易双方对目标公司未来发展的不确定性、信息不对称以及代理成本而设计的包含了股权回购、金钱补偿等对未来目标公司的估值进行调整的协议。从订立"对赌协议"的主体来看，有投资方与目标公司的股东或者实际控制人"对赌"、投资方与目标公司"对赌"、投资方与目标公司的股东、目标公司"对赌"等形式。人民法院在审理"对赌协议"纠纷案件时，不仅应当适用合同法的相关规定，还应当适用公司法的相关规定；既要坚持鼓励投资方对实体企业特别是科技创新企业投资原则，从而在一定程度上缓解企业融资难问题，又要贯彻资本维持原则和保护债权人合法权益原则，依法平衡投资方、公司债权人、公司之间的利益。对于投资方与目标公司的股东或者实际控制人订立的"对赌协议"，如无其他无效事由，认定有效并支持实际履行，实践中并无争议。但投资方与目标公司订立的"对赌协议"是否有效以及能否实际履行，存在争议。对此，应当把握如下处理规则：

5.【与目标公司"对赌"】投资方与目标公司订立的"对赌协议"在不存在法定无效事由的情况下，目标公司仅以存在股权回购或者金钱补偿约定为由，主张"对赌协议"无效的，人民法院不予支持，但投资方主张实际履行的,人民法院应当审查是否符合公司法关于"股东不得抽逃出资"及股份回购的强制性规定,判决是否支持其诉讼请求。

投资方请求目标公司回购股权的,人民法院应当依据《公司法》第35条关于"股东不得抽逃出资"或者第142条关于股份回购的强制性规定进行审查。经审查,目标公司未完成减资程序的,人民法院应当驳回其诉讼请求。

投资方请求目标公司承担金钱补偿义务的,人民法院应当依据《公司法》第35条关于"股东不得抽逃出资"和第166条关于利润分配的强制性规定进行审查。经审查,目标公司没有利润或者虽有利润但不足以补偿投资方的,人民法院应当驳回或者部分支持其诉讼请求。今后目标公司有利润时,投资方还可以依据该事实另行提起诉讼。

(二)关于股东出资加速到期及表决权

6.【股东出资应否加速到期】在注册资本认缴制下,股东依法享有期限利益。债权人以公司不能清偿到期债务为由,请求未届出资期限的股东在未出资范围内对公司不能清偿的债务承担补充赔偿责任的,人民法院不予支持。但是,下列情形除外:

(1)公司作为被执行人的案件,人民法院穷尽执行措施无财产可供执行,已具备破产原因,但不申请破产的;

(2)在公司债务产生后,公司股东(大)会决议或以其他方式延长股东出资期限的。

7.【表决权能否受限】股东认缴的出资未届履行期限,对未缴纳部分的出资是否享有以及如何行使表决权等问题,应当根据公司章程来确定。公司章程没有规定的,应当按照认缴出资的比例确定。如果股东(大)会作出不按认缴出资比例而按实际出资比例或者其他标准确定表决权的决议,股东请求确认决议无效的,人民法院应当审查该决议是否符合修改公司章程所要求的表决程序,即必须经代表三分之二以上表决权的股东通过。符合的,人民法院不予支持;反之,则依法予以支持。

(三)关于股权转让

8.【有限责任公司的股权变动】当事人之间转让有限责任公司股权,受让人以其姓名或者名称已记载于股东名册为由主张其已经取得股权的，人民法院依法予以支持，但法律、行政法规规定应当办理批准手续生效的股权转让除外。未向公司登记机关办理股权变更登记的，不得对抗善意相对人。

9.【侵犯优先购买权的股权转让合同的效力】审判实践中，部分人民法院对公司法司法解释（四）第21条规定的理解存在偏差，往往以保护其他股东的优先购买权为由认定股权转让合同无效。准确理解该条规定，既要注意保护其他股东的优先购买权，也要注意保护股东以外的股权受让人的合法权益，正确认定有限责任公司的股东与股东以外的股权受让人订立的股权转让合同的效力。一方面，其他股东依法享有优先购买权，在其主张按照股权转让合同约定的同等条件购买股权的情况下，应当支持其诉讼请求，除非出现该条第1款规定的情形。另一方面，为保护股东以外的股权受让人的合法权益，股权转让合同如无其他影响合同效力的事由，应当认定有效。其他股东行使优先购买权的，虽然股东以外的股权受让人关于继续履行股权转让合同的请求不能得到支持，但不影响其依约请求转让股东承担相应的违约责任。

（四）关于公司人格否认

公司人格独立和股东有限责任是公司法的基本原则。否认公司独立人格，由滥用公司法人独立地位和股东有限责任的股东对公司债务承担连带责任，是股东有限责任的例外情形，旨在矫正有限责任制度在特定法律事实发生时对债权人保护的失衡现象。在审判实践中，要准确把握《公司法》第20条第3款规定的精神。一是只有在股东实施了滥用公司法人独立地位及股东有限责任的行为，且该行为严重损害了公司债权人利益的情况下，才能适用。损害债权人利益，主要是指股东滥用权利使公司财产不足以清偿公司债权人的债权。二是只有实施了滥用法人独立地位和股东有限责任行为的股东才对公司债务承担连带清偿责任，而其他股东不应承担此责任。三是公司人格否认不是全面、彻底、永久地否定公司的法人资格，而只是在具体案件中依据特定的法律事实、法律关系，突破股东对公司债务不承担责任的一般规则，例外地判令其承担连带责任。人民法院在个案中否认公司人格的判决的既判力仅仅约束该诉讼的各方当事人，不当然适用于涉及该公司的其他诉讼，不影响公司独立法人资格的存续。如果其他债权人提起公司人格否认诉讼，已生效判决认定的事实可以作为证据使用。四是《公司法》第20条第3款规定的滥用行为，实践中常见的情形有人格混同、过度支配与控制、资本显著不足等。在审理案件时，需要根据查明的案件事实进行综合判断，既审慎适用，又当用则用。实践中存在标准把握不严而滥用这一例外制度的现象，同时也存在因法律规定较为原则、抽象，适用难度大，而不善于适用、不敢于适用的现象，均应当引起高度重视。

10.【人格混同】认定公司人格与股东人格是否存在混同，最根本的判断标准是公司是否具有独立意思和独立财产，最主要的表现是公司的财产与股东的财产是否混同且无法区分。在认定是否构成人格混同时，应当综合考虑以下因素：

（1）股东无偿使用公司资金或者财产，不作财务记载的；

（2）股东用公司的资金偿还股东的债务，或者将公司的资金供关联公司无偿使用，不作财务记载的；

（3）公司账簿与股东账簿不分，致使公司财产与股东财产无法区分的；

（4）股东自身收益与公司盈利不加区分，致使双方利益不清的；

（5）公司的财产记载于股东名下，由股东占有、使用的；

（6）人格混同的其他情形。

在出现人格混同的情况下，往往同时出现以下混同：公司业务和股东业务混同；公司员工与股东员工混同，特别是财务人员混同；公司住所与股东住所混同。人民法院在审理案件时，关键要审查是否构成人格混同，而不要求同时具备其他方面的混同，其他方面的混同往往只是人格混同的补强。

11.【过度支配与控制】公司控制股东对公司过度支配与控制，操纵公司的决策过程，使公司完全丧失独立性，沦为控制股东的工具或躯壳，严重损害公司债权人利益，应当否认公司人格，由滥用控制权的股东对公司债务承担连带责任。实践中常见的情形包括：

（1）母子公司之间或者子公司之间进行利益输送的；

（2）母子公司或者子公司之间进行交易，收益归一方，损失却由另一方承担的；

（3）先从原公司抽走资金，然后再成立经营目的相同或者类似的公司，逃避原公司债务的；

（4）先解散公司，再以原公司场所、设备、人员及相同或者相似的经营目的另设公司，逃避原公司债务的；

（5）过度支配与控制的其他情形。

控制股东或实际控制人控制多个子公司或者关联公司，滥用控制权使多个子公司或者关联公司财产边界不清、财务混同，利益相互输送，丧失人格独立性，沦为控制股东逃避债务、非法经营，甚至违法犯罪工具的，可以综合案件事实，否认子公司或者关联公司法人人格，判令承担连带责任。

12.【资本显著不足】资本显著不足指的是，公司设立后在经营过程中，股东实际投入公司的资本数额与公司经营所隐含的风险相比明显不匹配。股东利用较少资本从事力所不及的经营，表明其没有从事公司经营的诚意，实质是恶意利用公司独立人格和股东有限责任把投资风险转嫁给债权人。由于资本显著不足的判断标准有很大的模糊性，特别是要与公司采取"以小博大"的正常经营方式相区分，因此在适用时要十分谨慎，应当与其他因素结合起来综合判断。

13.【诉讼地位】人民法院在审理公司人格否认纠纷案件时，应当根据不同情形确定当事人的诉讼地位：

（1）债权人对债务人公司享有的债权已经由生效裁判确认，其另行提起公司人格否认诉讼，请求股东对公司债务承担连带责任的，列股东为被告，公司为第三人；

（2）债权人对债务人公司享有的债权提起诉讼的同时，一并提起公司人格否认诉讼，请求股东对公司债务承担连带责任的，列公司和股东为共同被告；

（3）债权人对债务人公司享有的债权尚未经生效裁判确认，直接提起公司人格否认诉讼，请求公司股东对公司债务承担连带责任的，人民法院应当向债权人释明，告知其追加公司为共同被告。债权人拒绝追加的，人民法院应当裁定驳回起诉。

(五)关于有限责任公司清算义务人的责任

关于有限责任公司股东清算责任的认定,一些案件的处理结果不适当地扩大了股东的清算责任。特别是实践中出现了一些职业债权人,从其他债权人处大批量超低价收购僵尸企业的"陈年旧账"后,对批量僵尸企业提起强制清算之诉,在获得人民法院对公司主要财产、账册、重要文件等灭失的认定后,根据公司法司法解释(二)第18条第2款的规定,请求有限责任公司的股东对公司债务承担连带清偿责任。有的人民法院没有准确把握上述规定的适用条件,判决没有"怠于履行义务"的小股东或者虽"怠于履行义务"但与公司主要财产、账册、重要文件等灭失没有因果关系的小股东对公司债务承担远远超过其出资数额的责任,导致出现利益明显失衡的现象。需要明确的是,上述司法解释关于有限责任公司股东清算责任的规定,其性质是因股东怠于履行清算义务致使公司无法清算所应当承担的侵权责任。在认定有限责任公司股东是否应当对债权人承担侵权赔偿责任时,应当注意以下问题:

14.【怠于履行清算义务的认定】 公司法司法解释(二)第18条第2款规定的"怠于履行义务",是指有限责任公司的股东在法定清算事由出现后,在能够履行清算义务的情况下,故意拖延、拒绝履行清算义务,或者因过失导致无法进行清算的消极行为。股东举证证明其已经为履行清算义务采取了积极措施,或者小股东举证证明其既不是公司董事会或者监事会成员,也没有选派人员担任该机关成员,且从未参与公司经营管理,以不构成"怠于履行义务"为由,主张其不应当对公司债务承担连带清偿责任的,人民法院依法予以支持。

15.【因果关系抗辩】 有限责任公司的股东举证证明其"怠于履行义务"的消极不作为与"公司主要财产、账册、重要文件等灭失,无法进行清算"的结果之间没有因果关系,主张其不应对公司债务承担连带清偿责任的,人民法院依法予以支持。

16.【诉讼时效期间】 公司债权人请求股东对公司债务承担连带清偿责任,股东以公司债权人对公司的债权已经超过诉讼时效期间为由抗辩,经查证属实的,人民法院依法予以支持。

公司债权人以公司法司法解释（二）第18条第2款为依据，请求有限责任公司的股东对公司债务承担连带清偿责任的，诉讼时效期间自公司债权人知道或者应当知道公司无法进行清算之日起计算。

（六）关于公司为他人提供担保

关于公司为他人提供担保的合同效力问题，审判实践中裁判尺度不统一，严重影响了司法公信力，有必要予以规范。对此，应当把握以下几点：

17.【违反《公司法》第16条构成越权代表】为防止法定代表人随意代表公司为他人提供担保给公司造成损失，损害中小股东利益，《公司法》第16条对法定代表人的代表权进行了限制。根据该条规定，担保行为不是法定代表人所能单独决定的事项，而必须以公司股东（大）会、董事会等公司机关的决议作为授权的基础和来源。法定代表人未经授权擅自为他人提供担保的，构成越权代表，人民法院应当根据《合同法》第50条关于法定代表人越权代表的规定，区分订立合同时债权人是否善意分别认定合同效力：债权人善意的，合同有效；反之，合同无效。

18.【善意的认定】前条所称的善意，是指债权人不知道或者不应当知道法定代表人超越权限订立担保合同。《公司法》第16条对关联担保和非关联担保的决议机关作出了区别规定，相应地，在善意的判断标准上也应当有所区别。一种情形是，为公司股东或者实际控制人提供关联担保，《公司法》第16条明确规定必须由股东（大）会决议，未经股东（大）会决议，构成越权代表。在此情况下，债权人主张担保合同有效，应当提供证据证明其在订立合同时对股东（大）会决议进行了审查，决议的表决程序符合《公司法》第16条的规定，即在排除被担保股东表决权的情况下，该项表决由出席会议的其他股东所持表决权的过半数通过，签字人员也符合公司章程的规定。另一种情形是，公司为公司股东或者实际控制人以外的人提供非关联担保，根据《公司法》第16条的规定，此时由公司章程规定是由董事会决议还是股东（大）会决议。无论章程是否对决议机关作出规定，也无论章程规定决议机关为董事会还是股东（大）会，根据《民法总则》第61条第3款关于"法人章程或者法人权力机构对法定代表人代表权的限制，不得对抗善意相对人"的规定，只要债权人能够证明其在订立担保合同时对董事会决议或者股东（大）会决议进行了审查，同意决议的人数及签字人员符合公司章程的规定，就应当认定其构成善意，但公司能够证明债权人明知公司章程对决议机关有明确规定的除外。

债权人对公司机关决议内容的审查一般限于形式审查，只要求尽到必要的注意义务即可，标准不宜太过严苛。公司以机关决议系法定代表人伪造或者变造、决议程序违法、签章（名）不实、担保金额超过法定限额等事由抗辩债权人非善意的，人民法院一般不予支持。但是，公司有证据证明债权人明知决议系伪造或者变造的除外。

19.【无须机关决议的例外情况】存在下列情形的，即便债权人知道或者应当知道没有公司机关决议，也应当认定担保合同符合公司的真实意思表示，合同有效：

（1）公司是以为他人提供担保为主营业务的担保公司，或者是开展保函业务的银行或者非银行金融机构；

（2）公司为其直接或者间接控制的公司开展经营活动向债权人提供担保；

（3）公司与主债务人之间存在相互担保等商业合作关系；

（4）担保合同系由单独或者共同持有公司三分之二以上有表决权的股东签字同意。

20.【越权担保的民事责任】依据前述3条规定，担保合同有效，债权人请求公司承担担保责任的，人民法院依法予以支持；担保合同无效，债权人请求公司承担担保责任的，人民法院不予支持，但可以按照担保法及有关司法解释关于担保无效的规定处理。公司举证证明债权人明知法定代表人超越权限或者机关决议系伪造或者变造，债权人请求公司承担合同无效后的民事责任的，人民法院不予支持。

21.【权利救济】法定代表人的越权担保行为给公司造成损失，公司请求法定代表人承担赔偿责任的，人民法院依法予以支持。公司没有提起诉讼，股东依据《公司法》第151条的规定请求法定代表人承担赔偿责任的，人民法院依法予以支持。

22.【上市公司为他人提供担保】债权人根据上市公司公开披露的关于担

保事项已经董事会或者股东大会决议通过的信息订立的担保合同，人民法院应当认定有效。

23.【债务加入准用担保规则】法定代表人以公司名义与债务人约定加入债务并通知债权人或者向债权人表示愿意加入债务，该约定的效力问题，参照本纪要关于公司为他人提供担保的有关规则处理。

（七）关于股东代表诉讼

24.【何时成为股东不影响起诉】股东提起股东代表诉讼，被告以行为发生时原告尚未成为公司股东为由抗辩该股东不是适格原告的，人民法院不予支持。

25.【正确适用前置程序】根据《公司法》第151条的规定，股东提起代表诉讼的前置程序之一是，股东必须先书面请求公司有关机关向人民法院提起诉讼。一般情况下，股东没有履行该前置程序的，应当驳回起诉。但是，该项前置程序针对的是公司治理的一般情况，即在股东向公司有关机关提出书面申请之时，存在公司有关机关提起诉讼的可能性。如果查明的相关事实表明，根本不存在该种可能性的，人民法院不应当以原告未履行前置程序为由驳回起诉。

26.【股东代表诉讼的反诉】股东依据《公司法》第151条第3款的规定提起股东代表诉讼后，被告以原告股东恶意起诉侵犯其合法权益为由提起反诉的，人民法院应予受理。被告以公司在案涉纠纷中应当承担侵权或者违约等责任为由对公司提出的反诉，因不符合反诉的要件，人民法院应当裁定不予受理；已经受理的，裁定驳回起诉。

27.【股东代表诉讼的调解】公司是股东代表诉讼的最终受益人，为避免因原告股东与被告通过调解损害公司利益，人民法院应当审查调解协议是否为公司的意思。只有在调解协议经公司股东（大）会、董事会决议通过后，人民法院才能出具调解书予以确认。至于具体决议机关，取决于公司章程的规定。公司章程没有规定的，人民法院应当认定公司股东（大）会为决议机关。

（八）其他问题

28.【实际出资人显名的条件】实际出资人能够提供证据证明有限责任公

司过半数的其他股东知道其实际出资的事实，且对其实际行使股东权利未曾提出异议的，对实际出资人提出的登记为公司股东的请求，人民法院依法予以支持。公司以实际出资人的请求不符合公司法司法解释（三）第24条的规定为由抗辩的，人民法院不予支持。

29.【请求召开股东（大）会不可诉】公司召开股东（大）会本质上属于公司内部治理范围。股东请求判令公司召开股东（大）会的，人民法院应当告知其按照《公司法》第40条或者第101条规定的程序自行召开。股东坚持起诉的，人民法院应当裁定不予受理；已经受理的，裁定驳回起诉。

三、关于合同纠纷案件的审理

（三）关于借款合同

人民法院在审理借款合同纠纷案件过程中，要根据防范化解重大金融风险、金融服务实体经济、降低融资成本的精神，区别对待金融借贷与民间借贷，并适用不同规则与利率标准。要依法否定高利转贷行为、职业放贷行为的效力，充分发挥司法的示范、引导作用，促进金融服务实体经济。要注意到，为深化利率市场化改革，推动降低实体利率水平，自2019年8月20日起，中国人民银行已经授权全国银行间同业拆借中心于每月20日（遇节假日顺延）9时30分公布贷款市场报价利率（LPR），中国人民银行贷款基准利率这一标准已经取消。因此，自此之后人民法院裁判贷款利息的基本标准应改为全国银行间同业拆借中心公布的贷款市场报价利率。应予注意的是，贷款利率标准尽管发生了变化，但存款基准利率并未发生相应变化，相关标准仍可适用。

51.【变相利息的认定】金融借款合同纠纷中，借款人认为金融机构以服务费、咨询费、顾问费、管理费等为名变相收取利息，金融机构或者由其指定的人收取的相关费用不合理的，人民法院可以根据提供服务的实际情况确定借款人应否支付或者酌减相关费用。

52.【高利转贷】民间借贷中，出借人的资金必须是自有资金。出借人套取金融机构信贷资金又高利转贷给借款人的民间借贷行为，既增加了融资成本，又扰乱了信贷秩序，根据民间借贷司法解释第14条第1项的规定，应当认定此类民间借贷行为无效。人民法院在适用该条规定时，应当注意把握以下几点：一是要审查出借人的资金来源。借款人能够举证证明在签订借款合同时出借人尚欠银行贷款未还的，一般可以推定为出借人套取信贷资金，但出借人能够举反证予以推翻的除外。二是从宽认定"高利"转贷行为的标准，只要出借人通过转贷行为牟利的，就可以认定为是"高利"转贷行为。三是对该条规定的"借款人事先知道或者应当知道的"要件，不宜把握过苛。实践中，只要出借人在签订借款合同时存在尚欠银行贷款未还事实的，一般可以认为满足了该条规定的"借款人事先知道或者应当知道"这一要件。

53.【职业放贷人】未依法取得放贷资格的以民间借贷为业的法人，以及以民间借贷为业的非法人组织或者自然人从事的民间借贷行为，应当依法认定无效。同一出借人在一定期间内多次反复从事有偿民间借贷行为的，一般可以认定为是职业放贷人。民间借贷比较活跃的地方的高级人民法院或者经其授权的中级人民法院，可以根据本地区的实际情况制定具体的认定标准。

六、关于证券纠纷案件的审理

（二）关于场外配资

会议认为，将证券市场的信用交易纳入国家统一监管的范围，是维护金融市场透明度和金融稳定的重要内容。不受监管的场外配资业务，不仅盲目扩张了资本市场信用交易的规模，也容易冲击资本市场的交易秩序。融资融券作为证券市场的主要信用交易方式和证券经营机构的核心业务之一，依法属于国家特许经营的金融业务，未经依法批准，任何单位和个人不得非法从事配资业务。

86.【场外配资合同的效力】从审判实践看，场外配资业务主要是指一些P2P公司或者私募类配资公司利用互联网信息技术，搭建起游离于监管体系之外的融资业务平台，将资金融出方、资金融入方即用资人和券商营业部三方连接起来，配资公司利用计算机软件系统的二级分仓功能将其自有资金或者以较低成本融入的资金出借给用资人，赚取利息收入的行为。这些场外配资公司所开展的经营活动，本质上属于只有证券公司才能依法开展的融资活动，不仅规避了监管部门对融资融券业务中资金来源、投资标的、杠杆比例等诸多方面的限制，也加剧了市场的非理性波动。在案件审理过程中，除依法取得融资融券资格的证券公司与客户开展的融资融券业务外,对其他任何单位或者个人与用资人的场外配资合同,人民法院应当根据《证券法》第142条、合同法司法解释(一)第10条的规定,认定为无效。

87.【合同无效的责任承担】场外配资合同被确认无效后,配资方依场外配资合同的约定,请求用资人向其支付约定的利息和费用的,人民法院不予支持。

配资方依场外配资合同的约定,请求分享用资人因使用配资所产生的收益的,人民法院不予支持。

用资人以其因使用配资导致投资损失为由请求配资方予以赔偿的,人民法院不予支持。用资人能够证明因配资方采取更改密码等方式控制账户使得用资人无法及时平仓止损,并据此请求配资方赔偿其因此遭受的损失的,人民法院依法予以支持。

用资人能够证明配资合同是因配资方招揽、劝诱而订立,请求配资方赔偿其全部或者部分损失的,人民法院应当综合考虑配资方招揽、劝诱行为的方式、对用资人的实际影响、用资人自身的投资经历、风险判断和承受能力等因素,判决配资方承担与其过错相适应的赔偿责任。

七、关于营业信托纠纷案件的审理

会议认为,从审判实践看,营业信托纠纷主要表现为事务管理信托纠纷和主动管理信托纠纷两种类型。在事务管理信托纠纷案件中,对信托公司开展和参与的多层嵌套、通道业务、回购承诺等融资活动,要以其实际构成的法律关系确定其效力,并在此基础上依法确定各方的权利义务。在主动管理信托纠纷案件中,应当重点审查受托人在"受人之托,忠人之事"的财产管理过程中,是否恪尽职守,履行了谨慎、有效管理等法定或者约定义务。

88.【营业信托纠纷的认定】信托公司根据法律法规以及金融监督管理部门的监管规定,以取得信托报酬为目的接受委托人的委托,以受托人身份处理信托事务的经营行为,属于营业信托。由此产生的信托当事人之间的纠纷,为营业信托纠纷。

根据《关于规范金融机构资产管理业务的指导意见》的规定,其他金融机构开展的资产管理业务构成信托关系的,当事人之间的纠纷适用信托法及其他有关规定处理。

89.【资产或者资产收益权转让及回购】信托公司在资金信托成立后,以募集的信托资金受让特定资产或者特定资产收益权,属于信托公司在资金依法募集后的资金运用行为,由此引发的纠纷不应当认定为营业信托纠纷。如果合同中约定由转让方或者其指定的第三方在一定期间后以交易本金加上溢价款等固定价款无条件回购的,无论转让方所转让的标的物是否真实存在、是否实际交付或者过户,只要合同不存在法定无效事由,对信托公司提出的由转让方或者其指定的第三方按约定承担责任的诉讼请求,人民法院依法予以支持。

当事人在相关合同中同时约定采用信托公司受让目标公司股权、向目标公司增资方式并以相应股权担保债权实现的,应当认定在当事人之间成立让与担保法律关系。当事人之间的具体权利义务,根据本纪要第71条的规定加以确定。

90.【劣后级受益人的责任承担】信托文件及相关合同将受益人区分为优先级受益人和劣后级受益人等不同类别,约定优先级受益人以其财产认购信托计划份额,在信托到期后,劣后级受益人负有对优先级受益人从信托财产获得利益与其投资本金及约定收益之间的差额承担补足义务,优先级受益人请求劣后级受益人按照约定承担责任的,人民法院依法予以支持。

信托文件中关于不同类型受益人权利义务关系的约定,不影响受益人与受托人之间信托法律关系的认定。

91.【增信文件的性质】信托合同之外的当事人提供第三方差额补足、代为履行到期回购义务、流动性支持等类似承诺文件作为增信措施,其内容符合法律关于保证的规定的,人民法院应当认定当事人之间成立保证合同关系。其内容不符合法律关于保证的规定的,依据承诺文件的具体内容确定相应的权利义务关系,并根据案件事实情况确定相应的民事责任。

92.【保底或者刚兑条款无效】信托公司、商业银行等金融机构作为资产管理产品的受托人与受益人订立的含有保证本息固定回报、保证本金不受损失等保底或者刚兑条款的合同,人民法院应当认定该条款无效。受益人请求受托人对其损失承担与其过错相适应的赔偿责任的,人民法院依法予以支持。

实践中,保底或者刚兑条款通常不在资产管理产品合同中明确约定,而是以"抽屉协议"或者其他方式约定,不管形式如何,均应认定无效。

93.【通道业务的效力】当事人在信托文件中约定,委托人自主决定信托设立、信托财产运用对象、信托财产管理运用处分方式等事宜,自行承担信托资产的风险管理责任和相应风险损失,受托人仅提供必要的事务协助或者服务,不承担主动管理职责的,应当认定为通道业务。《中国人民银行、中国银行保险监督管理委员会、中国证券监督管理委员会、国家外汇管理局关于规范金融机构资产管理业务的指导意见》第22条在规定"金融机构不得为其他金融机构的资产管理产品提供规避投资范围、杠杆约束等监管要求的通道服务"的同时,也在第29条明确按照"新老划断"原则,将过渡期设置为截至2020年底,确保平稳过渡。在过渡期内,对通道业务中存在的利用信托通道掩盖风险,规避资金投向、资产分类、拨备计提和资本占用等监管规定,或者通过信托通道将表内资产虚假出表等信托业务,如果不存在其他无效事由,一方以信托目的违法违规为由请求确认无效的,人民法院不予支持。至于委托人和受托人之间的权利义务关系,应当依据信托文件的约定加以确定。

94.【受托人的举证责任】资产管理产品的委托人以受托人未履行勤勉尽责、公平对待客户等义务损害其合法权益为由,请求受托人承担损害赔偿责任的,应当由受托人举证证明其已经履行了义务。受托人不能举证证明,委托人请求其承担相应赔偿责任的,人民法院依法予以支持。

95.【信托财产的诉讼保全】信托财产在信托存续期间独立于委托人、受托人、受益人各自的固有财产。委托人将其财产委托给受托人进行管理,在信托依法设立后,该信托财产即独立于委托人未设立信托的其他固有财产。受托人因承诺信托而取得的信托财产,以及通过对信托财产的管理、运用、处分等方式取得的财产,均独立于受托人的固有财产。受益人对信托财产享有的权利表现为信托受益权,信托财产并非受益人的责任财产。因此,当事人因其与委托人、受托人或者受益人之间的纠纷申请对存管银行或者信托公司专门账户中的信托资金采取保全措施的,除符合《信托法》第17条规定的情形外,人民法院不应当准许。已经采取保全措施的，存管银行或者信托公司能够提供证据证明该账户为信托账户的，应当立即解除保全措施。对信托公司管理的其他信托财产的保全，也应当根据前述规则办理。

当事人申请对受益人的受益权采取保全措施的，人民法院应当根据《信托法》第47条的规定进行审查，决定是否采取保全措施。决定采取保全措施的，应当将保全裁定送达受托人和受益人。

96.【信托公司固有财产的诉讼保全】除信托公司作为被告外，原告申请对信托公司固有资金账户的资金采取保全措施的，人民法院不应准许。信托公司作为被告，确有必要对其固有财产采取诉讼保全措施的，必须强化善意执行理念，防范发生金融风险。要严格遵守相应的适用条件与法定程序，坚决杜绝超标的执行。在采取具体保全措施时，要尽量寻求依法平等保护各方利益的平衡点，优先采取方便执行且对信托公司正常经营影响最小的执行措施，能采取"活封""活扣"措施的，尽量不进行"死封""死扣"。在条件允许的情况下，可以为信托公司预留必要的流动资金和往来账户，最大限度降低对信托公司正常经营活动的不利影响。信托公司申请解除财产保全符合法律、司法解释规定情形的，应当在法定期限内及时解除保全措施。

最高人民法院关于审理民间借贷案件适用法律若干问题的规定（2020第二次修正）

法释〔2020〕17号

（2015年6月23日最高人民法院审判委员会第1655次会议通过，根据2020年8月18日最高人民法院审判委员会第1809次会议通过的《最高人民法院关于修改〈关于审理民间借贷案件适用法律若干问题的规定〉的决定》第一次修正，根据2020年12月23日最高人民法院审判委员会第1823次会议通过的《最高人民法院关于修改〈最高人民法院关于在民事审判工作中适用《中

华人民共和国工会法〉若干问题的解释》等二十七件民事类司法解释的决定》第二次修正）

为正确审理民间借贷纠纷案件，根据《中华人民共和国民法典》《中华人民共和国民事诉讼法》《中华人民共和国刑事诉讼法》等相关法律之规定，结合审判实践，制定本规定。

第一条 本规定所称的民间借贷，是指自然人、法人和非法人组织之间进行资金融通的行为。

经金融监管部门批准设立的从事贷款业务的金融机构及其分支机构，因发放贷款等相关金融业务引发的纠纷，不适用本规定。

第二条 出借人向人民法院提起民间借贷诉讼时，应当提供借据、收据、欠条等债权凭证以及其他能够证明借贷法律关系存在的证据。

当事人持有的借据、收据、欠条等债权凭证没有载明债权人，持有债权凭证的当事人提起民间借贷诉讼的，人民法院应予受理。被告对原告的债权人资格提出有事实依据的抗辩，人民法院经审查认为原告不具有债权人资格的，裁定驳回起诉。

第三条 借贷双方就合同履行地未约定或者约定不明确，事后未达成补充协议，按照合同相关条款或者交易习惯仍不能确定的，以接受货币一方所在地为合同履行地。

第四条 保证人为借款人提供连带责任保证，出借人仅起诉借款人的，人民法院可以不追加保证人为共同被告；出借人仅起诉保证人的，人民法院可以追加借款人为共同被告。

保证人为借款人提供一般保证，出借人仅起诉保证人的，人民法院应当追加借款人为共同被告；出借人仅起诉借款人的，人民法院可以不追加保证人为共同被告。

第五条 人民法院立案后，发现民间借贷行为本身涉嫌非法集资等犯罪的，应当裁定驳回起诉，并将涉嫌非法集资等犯罪的线索、材料移送公安或者检察机关。

公安或者检察机关不予立案，或者立案侦查后撤销案件，或者检察机关作出不起诉决定，或者经人民法院生效判决认定不构成非法集资等犯罪，当事人又以同一事实向人民法院提起诉讼的，人民法院应予受理。

第六条　人民法院立案后，发现与民间借贷纠纷案件虽有关联但不是同一事实的涉嫌非法集资等犯罪的线索、材料的，人民法院应当继续审理民间借贷纠纷案件，并将涉嫌非法集资等犯罪的线索、材料移送公安或者检察机关。

第七条　民间借贷纠纷的基本案件事实必须以刑事案件的审理结果为依据，而该刑事案件尚未审结的，人民法院应当裁定中止诉讼。

第八条　借款人涉嫌犯罪或者生效判决认定其有罪，出借人起诉请求担保人承担民事责任的，人民法院应予受理。

第九条　自然人之间的借款合同具有下列情形之一的，可以视为合同成立：

（一）以现金支付的，自借款人收到借款时；

（二）以银行转账、网上电子汇款等形式支付的，自资金到达借款人账户时；

（三）以票据交付的，自借款人依法取得票据权利时；

（四）出借人将特定资金账户支配权授权给借款人的，自借款人取得对该账户实际支配权时；

（五）出借人以与借款人约定的其他方式提供借款并实际履行完成时。

第十条　法人之间、非法人组织之间以及它们相互之间为生产、经营需要订立的民间借贷合同，除存在民法典第一百四十六条、第一百五十三条、第一百五十四条以及本规定第十三条规定的情形外，当事人主张民间借贷合同有效的，人民法院应予支持。

第十一条　法人或者非法人组织在本单位内部通过借款形式向职工筹集资金，用于本单位生产、经营，且不存在民法典第一百四十四条、第一百四十六条、第一百五十三条、第一百五十四条以及本规定第十三条规定的情形，当事人主张民间借贷合同有效的，人民法院应予支持。

第十二条　借款人或者出借人的借贷行为涉嫌犯罪，或者已经生效的裁判认定构成犯罪，当事人提起民事诉讼的，民间借贷合同并不当然无效。人民法院应当依据民法典第一百四十四条、第一百四十六条、第一百五十三条、第一百五十四条以及本规定第十三条之规定，认定民间借贷合同的效力。

担保人以借款人或者出借人的借贷行为涉嫌犯罪或者已经生效的裁判认定构成犯罪为由，主张不承担民事责任的，人民法院应当依据民间借贷合同与担保合同的效力、当事人的过错程度，依法确定担保人的民事责任。

第十三条　具有下列情形之一的，人民法院应当认定民间借贷合同无效：

（一）套取金融机构贷款转贷的；

（二）以向其他营利法人借贷、向本单位职工集资，或者以向公众非法吸收存款等方式取得的资金转贷的；

（三）未依法取得放贷资格的出借人，以营利为目的向社会不特定对象提供借款的；

（四）出借人事先知道或者应当知道借款人借款用于违法犯罪活动仍然提供借款的；

（五）违反法律、行政法规强制性规定的；

（六）违背公序良俗的。

第十四条　原告以借据、收据、欠条等债权凭证为依据提起民间借贷诉讼，被告依据基础法律关系提出抗辩或者反诉，并提供证据证明债权纠纷非民间借贷行为引起的，人民法院应当依据查明的案件事实，按照基础法律关系审理。

当事人通过调解、和解或者清算达成的债权债务协议，不适用前款规定。

第十五条　原告仅依据借据、收据、欠条等债权凭证提起民间借贷诉讼，被告抗辩已经偿还借款的，被告应当对其主张提供证据证明。被告提供相应证据证明其主张后，原告仍应就借贷关系的存续承担举证责任。

被告抗辩借贷行为尚未实际发生并能作出合理说明的，人民法院应当结合借贷金额、款项交付、当事人的经济能力、当地或者当事人之间的交易方式、交易习惯、当事人财产变动情况以及证人证言等事实和因素，综合判断查证借贷事实是否发生。

第十六条　原告仅依据金融机构的转账凭证提起民间借贷诉讼，被告抗辩转账系偿还双方之前借款或者其他债务的，被告应当对其主张提供证据证明。

被告提供相应证据证明其主张后，原告仍应就借贷关系的成立承担举证责任。

第十七条　依据《最高人民法院关于适用〈中华人民共和国民事诉讼法〉的解释》第一百七十四条第二款之规定，负有举证责任的原告无正当理由拒不到庭，经审查现有证据无法确认借贷行为、借贷金额、支付方式等案件主要事实的，人民法院对原告主张的事实不予认定。

第十八条　人民法院审理民间借贷纠纷案件时发现有下列情形之一的，应当严格审查借贷发生的原因、时间、地点、款项来源、交付方式、款项流向以及借贷双方的关系、经济状况等事实，综合判断是否属于虚假民事诉讼：

（一）出借人明显不具备出借能力；

（二）出借人起诉所依据的事实和理由明显不符合常理；

（三）出借人不能提交债权凭证或者提交的债权凭证存在伪造的可能；

（四）当事人双方在一定期限内多次参加民间借贷诉讼；

（五）当事人无正当理由拒不到庭参加诉讼，委托代理人对借贷事实陈述不清或者陈述前后矛盾；

（六）当事人双方对借贷事实的发生没有任何争议或者诉辩明显不符合常理；

（七）借款人的配偶或者合伙人、案外人的其他债权人提出有事实依据的异议；

（八）当事人在其他纠纷中存在低价转让财产的情形；

（九）当事人不正当放弃权利；

（十）其他可能存在虚假民间借贷诉讼的情形。

第十九条　经查明属于虚假民间借贷诉讼，原告申请撤诉的，人民法院不予准许，并应当依据民事诉讼法第一百一十二条之规定，判决驳回其请求。

诉讼参与人或者其他人恶意制造、参与虚假诉讼，人民法院应当依据民事诉讼法第一百一十一条、第一百一十二条和第一百一十三条之规定，依法予以罚款、拘留；构成犯罪的，应当移送有管辖权的司法机关追究刑事责任。

单位恶意制造、参与虚假诉讼的，人民法院应当对该单位进行罚款，并可以对其主要负责人或者直接责任人员予以罚款、拘留；构成犯罪的，应当移送有管辖权的司法机关追究刑事责任。

第二十条 他人在借据、收据、欠条等债权凭证或者借款合同上签名或者盖章，但是未表明其保证人身份或者承担保证责任，或者通过其他事实不能推定其为保证人，出借人请求其承担保证责任的，人民法院不予支持。

第二十一条 借贷双方通过网络贷款平台形成借贷关系，网络贷款平台的提供者仅提供媒介服务，当事人请求其承担担保责任的，人民法院不予支持。

网络贷款平台的提供者通过网页、广告或者其他媒介明示或者有其他证据证明其为借贷提供担保，出借人请求网络贷款平台的提供者承担担保责任的，人民法院应予支持。

第二十二条 法人的法定代表人或者非法人组织的负责人以单位名义与出借人签订民间借贷合同，有证据证明所借款项系法定代表人或者负责人个人使用，出借人请求将法定代表人或者负责人列为共同被告或者第三人的，人民法院应予准许。

法人的法定代表人或者非法人组织的负责人以个人名义与出借人订立民间借贷合同，所借款项用于单位生产经营，出借人请求单位与个人共同承担责任的，人民法院应予支持。

第二十三条 当事人以订立买卖合同作为民间借贷合同的担保，借款到期后借款人不能还款，出借人请求履行买卖合同的，人民法院应当按照民间借贷法律关系审理。当事人根据法庭审理情况变更诉讼请求的，人民法院应当准许。

按照民间借贷法律关系审理作出的判决生效后，借款人不履行生效判决确定的金钱债务，出借人可以申请拍卖买卖合同标的物，以偿还债务。就拍卖所得的价款与应偿还借款本息之间的差额，借款人或者出借人有权主张返还或者补偿。

第二十四条 借贷双方没有约定利息，出借人主张支付利息的，人民法院不予支持。

自然人之间借贷对利息约定不明，出借人主张支付利息的，人民法院不予支持。除自然人之间借贷的外，借贷双方对借贷利息约定不明，出借人主张利息的，人民法院应当结合民间借贷合同的内容，并根据当地或者当事人的交易方式、交易习惯、市场报价利率等因素确定利息。

第二十五条　出借人请求借款人按照合同约定利率支付利息的，人民法院应予支持，但是双方约定的利率超过合同成立时一年期贷款市场报价利率四倍的除外。

前款所称"一年期贷款市场报价利率"，是指中国人民银行授权全国银行间同业拆借中心自2019年8月20日起每月发布的一年期贷款市场报价利率。

第二十六条　借据、收据、欠条等债权凭证载明的借款金额，一般认定为本金。预先在本金中扣除利息的，人民法院应当将实际出借的金额认定为本金。

第二十七条　借贷双方对前期借款本息结算后将利息计入后期借款本金并重新出具债权凭证，如果前期利率没有超过合同成立时一年期贷款市场报价利率四倍，重新出具的债权凭证载明的金额可认定为后期借款本金。超过部分的利息，不应认定为后期借款本金。

按前款计算，借款人在借款期间届满后应当支付的本息之和，超过以最初借款本金与以最初借款本金为基数、以合同成立时一年期贷款市场报价利率四倍计算的整个借款期间的利息之和的，人民法院不予支持。

第二十八条　借贷双方对逾期利率有约定的，从其约定，但是以不超过合同成立时一年期贷款市场报价利率四倍为限。

未约定逾期利率或者约定不明的，人民法院可以区分不同情况处理：

（一）既未约定借期内利率，也未约定逾期利率，出借人主张借款人自逾期还款之日起参照当时一年期贷款市场报价利率标准计算的利息承担逾期还款违约责任的，人民法院应予支持；

（二）约定了借期内利率但是未约定逾期利率，出借人主张借款人自逾期还款之日起按照借期内利率支付资金占用期间利息的，人民法院应予支持。

第二十九条　出借人与借款人既约定了逾期利率，又约定了违约金或者其他费用，出借人可以选择主张逾期利息、违约金或者其他费用，也可以一并主张，但是总计超过合同成立时一年期贷款市场报价利率四倍的部分，人民法院不予支持。

第三十条 借款人可以提前偿还借款，但是当事人另有约定的除外。

借款人提前偿还借款并主张按照实际借款期限计算利息的，人民法院应予支持。

第三十一条 本规定施行后，人民法院新受理的一审民间借贷纠纷案件，适用本规定。

2020年8月20日之后新受理的一审民间借贷案件，借贷合同成立于2020年8月20日之前，当事人请求适用当时的司法解释计算自合同成立到2020年8月19日的利息部分的，人民法院应予支持；对于自2020年8月20日到借款返还之日的利息部分，适用起诉时本规定的利率保护标准计算。

本规定施行后，最高人民法院以前作出的相关司法解释与本规定不一致的，以本规定为准。

中华人民共和国证券投资基金法（2015修正）（节选）

（2003年10月28日第十届全国人民代表大会常务委员会第五次会议通过 2012年12月28日第十一届全国人民代表大会常务委员会第三十次会议修订 根据2015年4月24日第十二届全国人民代表大会常务委员会第十四次会议《关于修改〈中华人民共和国港口法〉等七部法律的决定》修正）

第一章 总则

第一条 为了规范证券投资基金活动，保护投资人及相关当事人的合法权益，促进证券投资基金和资本市场的健康发展，制定本法。

第二条 在中华人民共和国境内，公开或者非公开募集资金设立证券投资基金（以下简称基金），由基金管理人管理，基金托管人托管，为基金份额持有人的利益，进行证券投资活动，适用本法；本法未规定的，适用《中华人民共和国信托法》《中华人民共和国证券法》和其他有关法律、行政法规的规定。

第三条 基金管理人、基金托管人和基金份额持有人的权利、义务，依照本法在基金合同中约定。

基金管理人、基金托管人依照本法和基金合同的约定，履行受托职责。

通过公开募集方式设立的基金（以下简称公开募集基金）的基金份额持有人按其所持基金份额享受收益和承担风险，通过非公开募集方式设立的基金（以下简称非公开募集基金）的收益分配和风险承担由基金合同约定。

第四条　从事证券投资基金活动，应当遵循自愿、公平、诚实信用的原则，不得损害国家利益和社会公共利益。

第五条　基金财产的债务由基金财产本身承担，基金份额持有人以其出资为限对基金财产的债务承担责任。但基金合同依照本法另有约定的，从其约定。

基金财产独立于基金管理人、基金托管人的固有财产。基金管理人、基金托管人不得将基金财产归入其固有财产。

基金管理人、基金托管人因基金财产的管理、运用或者其他情形而取得的财产和收益，归入基金财产。

基金管理人、基金托管人因依法解散、被依法撤销或者被依法宣告破产等原因进行清算的，基金财产不属于其清算财产。

第六条　基金财产的债权，不得与基金管理人、基金托管人固有财产的债务相抵销；不同基金财产的债权债务，不得相互抵销。

第七条　非因基金财产本身承担的债务，不得对基金财产强制执行。

第八条　基金财产投资的相关税收，由基金份额持有人承担，基金管理人或者其他扣缴义务人按照国家有关税收征收的规定代扣代缴。

第九条　基金管理人、基金托管人管理、运用基金财产，基金服务机构从事基金服务活动，应当恪尽职守，履行诚实信用、谨慎勤勉的义务。

基金管理人运用基金财产进行证券投资，应当遵守审慎经营规则，制定科学合理的投资策略和风险管理制度，有效防范和控制风险。

基金从业人员应当具备基金从业资格，遵守法律、行政法规，恪守职业道德和行为规范。

第十条　基金管理人、基金托管人和基金服务机构，应当依照本法成立证券投资基金行业协会（以下简称基金行业协会），进行行业自律，协调行业关系，提供行业服务，促进行业发展。

第十一条　国务院证券监督管理机构依法对证券投资基金活动实施监督管理；其派出机构依照授权履行职责。

第二章　基金管理人

第十二条　基金管理人由依法设立的公司或者合伙企业担任。

公开募集基金的基金管理人，由基金管理公司或者经国务院证券监督管理机构按照规定核准的其他机构担任。

第十三条　设立管理公开募集基金的基金管理公司，应当具备下列条件，并经国务院证券监督管理机构批准：

（一）有符合本法和《中华人民共和国公司法》规定的章程；

（二）注册资本不低于一亿元人民币，且必须为实缴货币资本；

（三）主要股东应当具有经营金融业务或者管理金融机构的良好业绩、良好的财务状况和社会信誉，资产规模达到国务院规定的标准，最近三年没有违法记录；

（四）取得基金从业资格的人员达到法定人数；

（五）董事、监事、高级管理人员具备相应的任职条件；

（六）有符合要求的营业场所、安全防范设施和与基金管理业务有关的其他设施；

（七）有良好的内部治理结构、完善的内部稽核监控制度、风险控制制度；

（八）法律、行政法规规定的和经国务院批准的国务院证券监督管理机构规定的其他条件。

第十四条　国务院证券监督管理机构应当自受理基金管理公司设立申请之日起六个月内依照本法第十三条规定的条件和审慎监管原则进行审查，作出批准或者不予批准的决定，并通知申请人；不予批准的，应当说明理由。

基金管理公司变更持有百分之五以上股权的股东，变更公司的实际控制人，或者变更其他重大事项，应当报经国务院证券监督管理机构批准。国务院证券监督管理机构应当自受理申请之日起六十日内作出批准或者不予批准的决定,并通知申请人;不予批准的,应当说明理由。

第十五条 有下列情形之一的,不得担任公开募集基金的基金管理人的董事、监事、高级管理人员和其他从业人员:

(一)因犯有贪污贿赂、渎职、侵犯财产罪或者破坏社会主义市场经济秩序罪,被判处刑罚的;

(二)对所任职的公司、企业因经营不善破产清算或者因违法被吊销营业执照负有个人责任的董事、监事、厂长、高级管理人员,自该公司、企业破产清算终结或者被吊销营业执照之日起未逾五年的;

(三)个人所负债务数额较大,到期未清偿的;

(四)因违法行为被开除的基金管理人、基金托管人、证券交易所、证券公司、证券登记结算机构、期货交易所、期货公司及其他机构的从业人员和国家机关工作人员;

(五)因违法行为被吊销执业证书或者被取消资格的律师、注册会计师和资产评估机构、验证机构的从业人员、投资咨询从业人员;

(六)法律、行政法规规定不得从事基金业务的其他人员。

第十六条 公开募集基金的基金管理人的董事、监事和高级管理人员,应当熟悉证券投资方面的法律、行政法规,具有三年以上与其所任职务相关的工作经历;高级管理人员还应当具备基金从业资格。

第十七条 公开募集基金的基金管理人的法定代表人、经营管理主要负责人和从事合规监管的负责人的选任或者改任,应当报经国务院证券监督管理机构依照本法和其他有关法律、行政法规规定的任职条件进行审核。

第十八条 公开募集基金的基金管理人的董事、监事、高级管理人员和其他从业人员,其本人、配偶、利害关系人进行证券投资,应当事先向基金管理人申报,并不得与基金份额持有人发生利益冲突。

公开募集基金的基金管理人应当建立前款规定人员进行证券投资的申报、登记、审查、处置等管理制度,并报国务院证券监督管理机构备案。

第十九条 公开募集基金的基金管理人的董事、监事、高级管理人员和其他从业人员,不得担任基金托管人或者其他基金管理人的任何职务,不得从事损害基金财产和基金份额持有人利益的证券交易及其他活动。

第二十条 公开募集基金的基金管理人应当履行下列职责：

（一）依法募集资金，办理基金份额的发售和登记事宜；

（二）办理基金备案手续；

（三）对所管理的不同基金财产分别管理、分别记账，进行证券投资；

（四）按照基金合同的约定确定基金收益分配方案，及时向基金份额持有人分配收益；

（五）进行基金会计核算并编制基金财务会计报告；

（六）编制中期和年度基金报告；

（七）计算并公告基金资产净值，确定基金份额申购、赎回价格；

（八）办理与基金财产管理业务活动有关的信息披露事项；

（九）按照规定召集基金份额持有人大会；

（十）保存基金财产管理业务活动的记录、账册、报表和其他相关资料；

（十一）以基金管理人名义，代表基金份额持有人利益行使诉讼权利或者实施其他法律行为；

（十二）国务院证券监督管理机构规定的其他职责。

第二十一条 公开募集基金的基金管理人及其董事、监事、高级管理人员和其他从业人员不得有下列行为：

（一）将其固有财产或者他人财产混同于基金财产从事证券投资；

（二）不公平地对待其管理的不同基金财产；

（三）利用基金财产或者职务之便为基金份额持有人以外的人牟取利益；

（四）向基金份额持有人违规承诺收益或者承担损失；

（五）侵占、挪用基金财产；

（六）泄露因职务便利获取的未公开信息、利用该信息从事或者明示、暗示他人从事相关的交易活动；

（七）玩忽职守，不按照规定履行职责；

（八）法律、行政法规和国务院证券监督管理机构规定禁止的其他行为。

第二十二条 公开募集基金的基金管理人应当建立良好的内部治理结构，

明确股东会、董事会、监事会和高级管理人员的职责权限，确保基金管理人独立运作。

公开募集基金的基金管理人可以实行专业人士持股计划，建立长效激励约束机制。

公开募集基金的基金管理人的股东、董事、监事和高级管理人员在行使权利或者履行职责时，应当遵循基金份额持有人利益优先的原则。

第二十三条　公开募集基金的基金管理人应当从管理基金的报酬中计提风险准备金。

公开募集基金的基金管理人因违法违规、违反基金合同等原因给基金财产或者基金份额持有人合法权益造成损失，应当承担赔偿责任的，可以优先使用风险准备金予以赔偿。

第二十四条　公开募集基金的基金管理人的股东、实际控制人应当按照国务院证券监督管理机构的规定及时履行重大事项报告义务，并不得有下列行为：

（一）虚假出资或者抽逃出资；

（二）未依法经股东会或者董事会决议擅自干预基金管理人的基金经营活动；

（三）要求基金管理人利用基金财产为自己或者他人牟取利益，损害基金份额持有人利益；

（四）国务院证券监督管理机构规定禁止的其他行为。

公开募集基金的基金管理人的股东、实际控制人有前款行为或者股东不再符合法定条件的，国务院证券监督管理机构应当责令其限期改正，并可视情节责令其转让所持有或者控制的基金管理人的股权。

在前款规定的股东、实际控制人按照要求改正违法行为、转让所持有或者控制的基金管理人的股权前，国务院证券监督管理机构可以限制有关股东行使股东权利。

第二十五条　公开募集基金的基金管理人违法违规，或者其内部治理结构、稽核监控和风险控制管理不符合规定的，国务院证券监督管理机构应当责令其限期改正；逾期未改正，或者其行为严重危及该基金管理人的稳健运行、损害基金份额持有人合法权益的，国务院证券监督管理机构可以区别情形，对其采取下列措施：

（一）限制业务活动，责令暂停部分或者全部业务；

（二）限制分配红利，限制向董事、监事、高级管理人员支付报酬、提供福利；

（三）限制转让固有财产或者在固有财产上设定其他权利；

（四）责令更换董事、监事、高级管理人员或者限制其权利；

（五）责令有关股东转让股权或者限制有关股东行使股东权利。

公开募集基金的基金管理人整改后，应当向国务院证券监督管理机构提交报告。国务院证券监督管理机构经验收，符合有关要求的，应当自验收完毕之日起三日内解除对其采取的有关措施。

第二十六条 公开募集基金的基金管理人的董事、监事、高级管理人员未能勤勉尽责，致使基金管理人存在重大违法违规行为或者重大风险的，国务院证券监督管理机构可以责令更换。

第二十七条 公开募集基金的基金管理人违法经营或者出现重大风险，严重危害证券市场秩序、损害基金份额持有人利益的，国务院证券监督管理机构可以对该基金管理人采取责令停业整顿、指定其他机构托管、接管、取消基金管理资格或者撤销等监管措施。

第二十八条 在公开募集基金的基金管理人被责令停业整顿、被依法指定托管、接管或者清算期间，或者出现重大风险时，经国务院证券监督管理机构批准，可以对该基金管理人直接负责的董事、监事、高级管理人员和其他直接责任人员采取下列措施：

（一）通知出境管理机关依法阻止其出境；

（二）申请司法机关禁止其转移、转让或者以其他方式处分财产，或者在财产上设定其他权利。

第二十九条 有下列情形之一的，公开募集基金的基金管理人职责终止：

（一）被依法取消基金管理资格；

（二）被基金份额持有人大会解任；

（三）依法解散、被依法撤销或者被依法宣告破产；

（四）基金合同约定的其他情形。

第三十条 公开募集基金的基金管理人职责终止的，基金份额持有人大会应当在六个月内选任新基金管理人；新基金管理人产生前，由国务院证券监督管理机构指定临时基金管理人。

公开募集基金的基金管理人职责终止的，应当妥善保管基金管理业务资料，及时办理基金管理业务的移交手续，新基金管理人或者临时基金管理人应当及时接收。

第三十一条 公开募集基金的基金管理人职责终止的，应当按照规定聘请会计师事务所对基金财产进行审计，并将审计结果予以公告，同时报国务院证券监督管理机构备案。

第三十二条 对非公开募集基金的基金管理人进行规范的具体办法，由国务院金融监督管理机构依照本章的原则制定。

第三章 基金托管人

第三十三条 基金托管人由依法设立的商业银行或者其他金融机构担任。

商业银行担任基金托管人的，由国务院证券监督管理机构会同国务院银行业监督管理机构核准；其他金融机构担任基金托管人的，由国务院证券监督管理机构核准。

第三十四条 担任基金托管人，应当具备下列条件：

（一）净资产和风险控制指标符合有关规定；

（二）设有专门的基金托管部门；

（三）取得基金从业资格的专职人员达到法定人数；

（四）有安全保管基金财产的条件；

（五）有安全高效的清算、交割系统；

（六）有符合要求的营业场所、安全防范设施和与基金托管业务有关的其他设施；

（七）有完善的内部稽核监控制度和风险控制制度；

（八）法律、行政法规规定的和经国务院批准的国务院证券监督管理机构、国务院银行业监督管理机构规定的其他条件。

第三十五条 本法第十五条、第十七条、第十八条的规定，适用于基金托管人的专门基金托管部门的高级管理人员和其他从业人员。

本法第十六条的规定，适用于基金托管人的专门基金托管部门的高级管理人员。

第三十六条 基金托管人与基金管理人不得为同一机构，不得相互出资或者持有股份。

第三十七条 基金托管人应当履行下列职责：

（一）安全保管基金财产；

（二）按照规定开设基金财产的资金账户和证券账户；

（三）对所托管的不同基金财产分别设置账户，确保基金财产的完整与独立；

（四）保存基金托管业务活动的记录、账册、报表和其他相关资料；

（五）按照基金合同的约定，根据基金管理人的投资指令，及时办理清算、交割事宜；

（六）办理与基金托管业务活动有关的信息披露事项；

（七）对基金财务会计报告、中期和年度基金报告出具意见；

（八）复核、审查基金管理人计算的基金资产净值和基金份额申购、赎回价格；

（九）按照规定召集基金份额持有人大会；

（十）按照规定监督基金管理人的投资运作；

（十一）国务院证券监督管理机构规定的其他职责。

第三十八条 基金托管人发现基金管理人的投资指令违反法律、行政法规和其他有关规定，或者违反基金合同约定的，应当拒绝执行，立即通知基金管理人，并及时向国务院证券监督管理机构报告。

基金托管人发现基金管理人依据交易程序已经生效的投资指令违反法律、行政法规和其他有关规定，或者违反基金合同约定的，应当立即通知基金管理人，并及时向国务院证券监督管理机构报告。

第三十九条 本法第二十条、第二十二条的规定，适用于基金托管人。

第四十条 基金托管人不再具备本法规定的条件，或者未能勤勉尽责，在履行本法规定的职责时存在重大失误的，国务院证券监督管理机构、国务院银行业监督管理机构应当责令其改正；逾期未改正，或者其行为严重影响所托管基金的稳健运行、损害基金份额持有人利益的，国务院证券监督管理机构、国务院银行业监督管理机构可以区别情形，对其采取下列措施：

（一）限制业务活动，责令暂停办理新的基金托管业务；

（二）责令更换负有责任的专门基金托管部门的高级管理人员。

基金托管人整改后，应当向国务院证券监督管理机构、国务院银行业监督管理机构提交报告；经验收，符合有关要求的，应当自验收完毕之日起三日内解除对其采取的有关措施。

第四十一条 国务院证券监督管理机构、国务院银行业监督管理机构对有下列情形之一的基金托管人，可以取消其基金托管资格：

（一）连续三年没有开展基金托管业务的；

（二）违反本法规定，情节严重的；

（三）法律、行政法规规定的其他情形。

第四十二条 有下列情形之一的，基金托管人职责终止：

（一）被依法取消基金托管资格；

（二）被基金份额持有人大会解任；

（三）依法解散、被依法撤销或者被依法宣告破产；

（四）基金合同约定的其他情形。

第四十三条 基金托管人职责终止的，基金份额持有人大会应当在六个月内选任新基金托管人；新基金托管人产生前，由国务院证券监督管理机构指定临时基金托管人。

基金托管人职责终止的，应当妥善保管基金财产和基金托管业务资料，及时办理基金财产和基金托管业务的移交手续，新基金托管人或者临时基金托管人应当及时接收。

第四十四条　基金托管人职责终止的,应当按照规定聘请会计师事务所对基金财产进行审计,并将审计结果予以公告,同时报国务院证券监督管理机构备案。

第四章　基金的运作方式和组织

第四十五条　基金合同应当约定基金的运作方式。

第四十六条　基金的运作方式可以采用封闭式、开放式或者其他方式。

采用封闭式运作方式的基金(以下简称封闭式基金),是指基金份额总额在基金合同期限内固定不变,基金份额持有人不得申请赎回的基金;采用开放式运作方式的基金(以下简称开放式基金),是指基金份额总额不固定,基金份额可以在基金合同约定的时间和场所申购或者赎回的基金。

采用其他运作方式的基金的基金份额发售、交易、申购、赎回的办法,由国务院证券监督管理机构另行规定。

第四十七条　基金份额持有人享有下列权利:

(一)分享基金财产收益;

(二)参与分配清算后的剩余基金财产;

(三)依法转让或者申请赎回其持有的基金份额;

(四)按照规定要求召开基金份额持有人大会或者召集基金份额持有人大会;

(五)对基金份额持有人大会审议事项行使表决权;

(六)对基金管理人、基金托管人、基金服务机构损害其合法权益的行为依法提起诉讼;

(七)基金合同约定的其他权利。

公开募集基金的基金份额持有人有权查阅或者复制公开披露的基金信息资料;非公开募集基金的基金份额持有人对涉及自身利益的情况,有权查阅基金的财务会计账簿等财务资料。

第四十八条　基金份额持有人大会由全体基金份额持有人组成,行使下列职权:

(一)决定基金扩募或者延长基金合同期限;

（二）决定修改基金合同的重要内容或者提前终止基金合同；

（三）决定更换基金管理人、基金托管人；

（四）决定调整基金管理人、基金托管人的报酬标准；

（五）基金合同约定的其他职权。

第四十九条　按照基金合同约定，基金份额持有人大会可以设立日常机构，行使下列职权：

（一）召集基金份额持有人大会；

（二）提请更换基金管理人、基金托管人；

（三）监督基金管理人的投资运作、基金托管人的托管活动；

（四）提请调整基金管理人、基金托管人的报酬标准；

（五）基金合同约定的其他职权。

前款规定的日常机构，由基金份额持有人大会选举产生的人员组成；其议事规则，由基金合同约定。

第五十条　基金份额持有人大会及其日常机构不得直接参与或者干涉基金的投资管理活动。

第五章　基金的公开募集

第五十一条　公开募集基金，应当经国务院证券监督管理机构注册。未经注册，不得公开或者变相公开募集基金。

前款所称公开募集基金，包括向不特定对象募集资金、向特定对象募集资金累计超过二百人，以及法律、行政法规规定的其他情形。

公开募集基金应当由基金管理人管理，基金托管人托管。

第五十二条　注册公开募集基金，由拟任基金管理人向国务院证券监督管理机构提交下列文件：

（一）申请报告；

（二）基金合同草案；

（三）基金托管协议草案；

（四）招募说明书草案；

（五）律师事务所出具的法律意见书；

（六）国务院证券监督管理机构规定提交的其他文件。

第五十三条 公开募集基金的基金合同应当包括下列内容：

（一）募集基金的目的和基金名称；

（二）基金管理人、基金托管人的名称和住所；

（三）基金的运作方式；

（四）封闭式基金的基金份额总额和基金合同期限，或者开放式基金的最低募集份额总额；

（五）确定基金份额发售日期、价格和费用的原则；

（六）基金份额持有人、基金管理人和基金托管人的权利、义务；

（七）基金份额持有人大会召集、议事及表决的程序和规则；

（八）基金份额发售、交易、申购、赎回的程序、时间、地点、费用计算方式，以及给付赎回款项的时间和方式；

（九）基金收益分配原则、执行方式；

（十）基金管理人、基金托管人报酬的提取、支付方式与比例；

（十一）与基金财产管理、运用有关的其他费用的提取、支付方式；

（十二）基金财产的投资方向和投资限制；

（十三）基金资产净值的计算方法和公告方式；

（十四）基金募集未达到法定要求的处理方式；

（十五）基金合同解除和终止的事由、程序以及基金财产清算方式；

（十六）争议解决方式；

（十七）当事人约定的其他事项。

第五十四条 公开募集基金的基金招募说明书应当包括下列内容：

（一）基金募集申请的准予注册文件名称和注册日期；

（二）基金管理人、基金托管人的基本情况；

（三）基金合同和基金托管协议的内容摘要；

（四）基金份额的发售日期、价格、费用和期限；

（五）基金份额的发售方式、发售机构及登记机构名称；

（六）出具法律意见书的律师事务所和审计基金财产的会计师事务所的名

称和住所；

（七）基金管理人、基金托管人报酬及其他有关费用的提取、支付方式与比例；

（八）风险警示内容；

（九）国务院证券监督管理机构规定的其他内容。

第五十五条 国务院证券监督管理机构应当自受理公开募集基金的募集注册申请之日起六个月内依照法律、行政法规及国务院证券监督管理机构的规定进行审查，作出注册或者不予注册的决定，并通知申请人；不予注册的，应当说明理由。

第五十六条 基金募集申请经注册后，方可发售基金份额。

基金份额的发售，由基金管理人或者其委托的基金销售机构办理。

第五十七条 基金管理人应当在基金份额发售的三日前公布招募说明书、基金合同及其他有关文件。

前款规定的文件应当真实、准确、完整。

对基金募集所进行的宣传推介活动，应当符合有关法律、行政法规的规定，不得有本法第七十七条所列行为。

第五十八条 基金管理人应当自收到准予注册文件之日起六个月内进行基金募集。超过六个月开始募集，原注册的事项未发生实质性变化的，应当报国务院证券监督管理机构备案；发生实质性变化的，应当向国务院证券监督管理机构重新提交注册申请。

基金募集不得超过国务院证券监督管理机构准予注册的基金募集期限。基金募集期限自基金份额发售之日起计算。

第五十九条 基金募集期限届满，封闭式基金募集的基金份额总额达到准予注册规模的百分之八十以上，开放式基金募集的基金份额总额超过准予注册的最低募集份额总额，并且基金份额持有人人数符合国务院证券监督管理机构规定的，基金管理人应当自募集期限届满之日起十日内聘请法定验资机构验资，自收到验资报告之日起十日内，向国务院证券监督管理机构提交验资报告，办理基金备案手续，并予以公告。

第六十条　基金募集期间募集的资金应当存入专门账户，在基金募集行为结束前，任何人不得动用。

第六十一条　投资人交纳认购的基金份额的款项时，基金合同成立；基金管理人依照本法第五十八条的规定向国务院证券监督管理机构办理基金备案手续，基金合同生效。

基金募集期限届满，不能满足本法第五十八条规定的条件的，基金管理人应当承担下列责任：

（一）以其固有财产承担因募集行为而产生的债务和费用；

（二）在基金募集期限届满后三十日内返还投资人已交纳的款项，并加计银行同期存款利息。

第六章　公开募集基金的基金份额的交易、申购与赎回

第六十二条　申请基金份额上市交易，基金管理人应当向证券交易所提出申请，证券交易所依法审核同意的，双方应当签订上市协议。

第六十三条　基金份额上市交易，应当符合下列条件：

（一）基金的募集符合本法规定；

（二）基金合同期限为五年以上；

（三）基金募集金额不低于二亿元人民币；

（四）基金份额持有人不少于一千人；

（五）基金份额上市交易规则规定的其他条件。

第六十四条　基金份额上市交易规则由证券交易所制定，报国务院证券监督管理机构批准。

第六十五条　基金份额上市交易后，有下列情形之一的，由证券交易所终止其上市交易，并报国务院证券监督管理机构备案：

（一）不再具备本法第六十二条规定的上市交易条件；

（二）基金合同期限届满；

（三）基金份额持有人大会决定提前终止上市交易；

（四）基金合同约定的或者基金份额上市交易规则规定的终止上市交易的其他情形。

第六十六条　开放式基金的基金份额的申购、赎回、登记，由基金管理人或者其委托的基金服务机构办理。

第六十七条　基金管理人应当在每个工作日办理基金份额的申购、赎回业务；基金合同另有约定的，从其约定。

投资人交付申购款项，申购成立；基金份额登记机构确认基金份额时，申购生效。

基金份额持有人递交赎回申请，赎回成立；基金份额登记机构确认赎回时，赎回生效。

第六十八条　基金管理人应当按时支付赎回款项，但是下列情形除外：

（一）因不可抗力导致基金管理人不能支付赎回款项；

（二）证券交易场所依法决定临时停市，导致基金管理人无法计算当日基金资产净值；

（三）基金合同约定的其他特殊情形。

发生上述情形之一的，基金管理人应当在当日报国务院证券监督管理机构备案。

本条第一款规定的情形消失后，基金管理人应当及时支付赎回款项。

第六十九条　开放式基金应当保持足够的现金或者政府债券，以备支付基金份额持有人的赎回款项。基金财产中应当保持的现金或者政府债券的具体比例，由国务院证券监督管理机构规定。

第七十条　基金份额的申购、赎回价格，依据申购、赎回日基金份额净值加、减有关费用计算。

第七十一条　基金份额净值计价出现错误时，基金管理人应当立即纠正，并采取合理的措施防止损失进一步扩大。计价错误达到基金份额净值百分之零点五时，基金管理人应当公告，并报国务院证券监督管理机构备案。

因基金份额净值计价错误造成基金份额持有人损失的，基金份额持有人有权要求基金管理人、基金托管人予以赔偿。

第七章　公开募集基金的投资与信息披露

第七十二条　基金管理人运用基金财产进行证券投资，除国务院证券监督管理机构另有规定外，应当采用资产组合的方式。

资产组合的具体方式和投资比例，依照本法和国务院证券监督管理机构的规定在基金合同中约定。

第七十三条　基金财产应当用于下列投资：

（一）上市交易的股票、债券；

（二）国务院证券监督管理机构规定的其他证券及其衍生品种。

第七十四条　基金财产不得用于下列投资或者活动：

（一）承销证券；

（二）违反规定向他人贷款或者提供担保；

（三）从事承担无限责任的投资；

（四）买卖其他基金份额，但是国务院证券监督管理机构另有规定的除外；

（五）向基金管理人、基金托管人出资；

（六）从事内幕交易、操纵证券交易价格及其他不正当的证券交易活动；

（七）法律、行政法规和国务院证券监督管理机构规定禁止的其他活动。

运用基金财产买卖基金管理人、基金托管人及其控股股东、实际控制人或者与其有其他重大利害关系的公司发行的证券或承销期内承销的证券，或者从事其他重大关联交易的，应当遵循基金份额持有人利益优先的原则，防范利益冲突，符合国务院证券监督管理机构的规定，并履行信息披露义务。

第七十五条　基金管理人、基金托管人和其他基金信息披露义务人应当依法披露基金信息，并保证所披露信息的真实性、准确性和完整性。

第七十六条　基金信息披露义务人应当确保应予披露的基金信息在国务院证券监督管理机构规定时间内披露，并保证投资人能够按照基金合同约定的时间和方式查阅或者复制公开披露的信息资料。

第七十七条　公开披露的基金信息包括：

（一）基金招募说明书、基金合同、基金托管协议；

（二）基金募集情况；

（三）基金份额上市交易公告书；

（四）基金资产净值、基金份额净值；

（五）基金份额申购、赎回价格；

（六）基金财产的资产组合季度报告、财务会计报告及中期和年度基金报告；

（七）临时报告；

（八）基金份额持有人大会决议；

（九）基金管理人、基金托管人的专门基金托管部门的重大人事变动；

（十）涉及基金财产、基金管理业务、基金托管业务的诉讼或者仲裁；

（十一）国务院证券监督管理机构规定应予披露的其他信息。

第七十八条 公开披露基金信息，不得有下列行为：

（一）虚假记载、误导性陈述或者重大遗漏；

（二）对证券投资业绩进行预测；

（三）违规承诺收益或者承担损失；

（四）诋毁其他基金管理人、基金托管人或者基金销售机构；

（五）法律、行政法规和国务院证券监督管理机构规定禁止的其他行为。

第八章 公开募集基金的基金合同的变更、终止与基金财产清算

第七十九条 按照基金合同的约定或者基金份额持有人大会的决议，基金可以转换运作方式或者与其他基金合并。

第八十条 封闭式基金扩募或者延长基金合同期限，应当符合下列条件，并报国务院证券监督管理机构备案：

（一）基金运营业绩良好；

（二）基金管理人最近二年内没有因违法违规行为受到行政处罚或者刑事处罚；

（三）基金份额持有人大会决议通过；

（四）本法规定的其他条件。

第八十一条 有下列情形之一的，基金合同终止：

（一）基金合同期限届满而未延期；

（二）基金份额持有人大会决定终止；

（三）基金管理人、基金托管人职责终止，在六个月内没有新基金管理

人、新基金托管人承接；

（四）基金合同约定的其他情形。

第八十二条　基金合同终止时，基金管理人应当组织清算组对基金财产进行清算。

清算组由基金管理人、基金托管人以及相关的中介服务机构组成。

清算组作出的清算报告经会计师事务所审计，律师事务所出具法律意见书后，报国务院证券监督管理机构备案并公告。

第八十三条　清算后的剩余基金财产，应当按照基金份额持有人所持份额比例进行分配。

第九章　公开募集基金的基金份额持有人权利行使

第八十四条　基金份额持有人大会由基金管理人召集。基金份额持有人大会设立日常机构的，由该日常机构召集；该日常机构未召集的，由基金管理人召集。基金管理人未按规定召集或者不能召集的，由基金托管人召集。

代表基金份额百分之十以上的基金份额持有人就同一事项要求召开基金份额持有人大会，而基金份额持有人大会的日常机构、基金管理人、基金托管人都不召集的，代表基金份额百分之十以上的基金份额持有人有权自行召集，并报国务院证券监督管理机构备案。

第八十五条　召开基金份额持有人大会，召集人应当至少提前三十日公告基金份额持有人大会的召开时间、会议形式、审议事项、议事程序和表决方式等事项。

基金份额持有人大会不得就未经公告的事项进行表决。

第八十六条　基金份额持有人大会可以采取现场方式召开，也可以采取通讯等方式召开。

每一基金份额具有一票表决权，基金份额持有人可以委托代理人出席基金份额持有人大会并行使表决权。

第八十七条　基金份额持有人大会应当有代表二分之一以上基金份额的持有人参加，方可召开。

参加基金份额持有人大会的持有人的基金份额低于前款规定比例的，召集人可以在原公告的基金份额持有人大会召开时间的三个月以后、六个月以内，就原定审议事项重新召集基金份额持有人大会。重新召集的基金份额持有人大会应当有代表三分之一以上基金份额的持有人参加，方可召开。

基金份额持有人大会就审议事项作出决定，应当经参加大会的基金份额持有人所持表决权的二分之一以上通过；但是，转换基金的运作方式、更换基金管理人或者基金托管人、提前终止基金合同、与其他基金合并，应当经参加大会的基金份额持有人所持表决权的三分之二以上通过。

基金份额持有人大会决定的事项，应当依法报国务院证券监督管理机构备案，并予以公告。

第十章　非公开募集基金

第八十八条　非公开募集基金应当向合格投资者募集，合格投资者累计不得超过二百人。

前款所称合格投资者，是指达到规定资产规模或者收入水平，并且具备相应的风险识别能力和风险承担能力、其基金份额认购金额不低于规定限额的单位和个人。

合格投资者的具体标准由国务院证券监督管理机构规定。

第八十九条　除基金合同另有约定外，非公开募集基金应当由基金托管人托管。

第九十条　担任非公开募集基金的基金管理人，应当按照规定向基金行业协会履行登记手续，报送基本情况。

第九十一条　未经登记，任何单位或者个人不得使用"基金"或者"基金管理"字样或者近似名称进行证券投资活动；但是，法律、行政法规另有规定的除外。

第九十二条　非公开募集基金，不得向合格投资者之外的单位和个人募集资金，不得通过报刊、电台、电视台、互联网等公众传播媒体或者讲座、报告会、分析会等方式向不特定对象宣传推介。

第九十三条　非公开募集基金，应当制定并签订基金合同。基金合同应当包括下列内容：

（一）基金份额持有人、基金管理人、基金托管人的权利、义务；

（二）基金的运作方式；

（三）基金的出资方式、数额和认缴期限；

（四）基金的投资范围、投资策略和投资限制；

（五）基金收益分配原则、执行方式；

（六）基金承担的有关费用；

（七）基金信息提供的内容、方式；

（八）基金份额的认购、赎回或者转让的程序和方式；

（九）基金合同变更、解除和终止的事由、程序；

（十）基金财产清算方式；

（十一）当事人约定的其他事项。

基金份额持有人转让基金份额的，应当符合本法第八十七条、第九十一条的规定。

第九十四条　按照基金合同约定，非公开募集基金可以由部分基金份额持有人作为基金管理人负责基金的投资管理活动，并在基金财产不足以清偿其债务时对基金财产的债务承担无限连带责任。

前款规定的非公开募集基金，其基金合同还应载明：

（一）承担无限连带责任的基金份额持有人和其他基金份额持有人的姓名或者名称、住所；

（二）承担无限连带责任的基金份额持有人的除名条件和更换程序；

（三）基金份额持有人增加、退出的条件、程序以及相关责任；

（四）承担无限连带责任的基金份额持有人和其他基金份额持有人的转换程序。

第九十五条　非公开募集基金募集完毕，基金管理人应当向基金行业协会备案。对募集的资金总额或者基金份额持有人的人数达到规定标准的基金，基金行业协会应当向国务院证券监督管理机构报告。

非公开募集基金财产的证券投资，包括买卖公开发行的股份有限公司股票、债券、基金份额，以及国务院证券监督管理机构规定的其他证券及其衍生品种。

第九十六条　基金管理人、基金托管人应当按照基金合同的约定,向基金份额持有人提供基金信息。

第九十七条　专门从事非公开募集基金管理业务的基金管理人,其股东、高级管理人员、经营期限、管理的基金资产规模等符合规定条件的,经国务院证券监督管理机构核准,可以从事公开募集基金管理业务。

第十一章　基金服务机构

第九十八条　从事公开募集基金的销售、销售支付、份额登记、估值、投资顾问、评价、信息技术系统服务等基金服务业务的机构,应当按照国务院证券监督管理机构的规定进行注册或者备案。

第九十九条　基金销售机构应当向投资人充分揭示投资风险,并根据投资人的风险承担能力销售不同风险等级的基金产品。

第一百条　基金销售支付机构应当按照规定办理基金销售结算资金的划付,确保基金销售结算资金安全、及时划付。

第一百零一条　基金销售结算资金、基金份额独立于基金销售机构、基金销售支付机构或者基金份额登记机构的自有财产。基金销售机构、基金销售支付机构或者基金份额登记机构破产或者清算时,基金销售结算资金、基金份额不属于其破产财产或者清算财产。非因投资人本身的债务或者法律规定的其他情形,不得查封、冻结、扣划或者强制执行基金销售结算资金、基金份额。

基金销售机构、基金销售支付机构、基金份额登记机构应当确保基金销售结算资金、基金份额的安全、独立,禁止任何单位或者个人以任何形式挪用基金销售结算资金、基金份额。

第一百零二条　基金管理人可以委托基金服务机构代为办理基金的份额登记、核算、估值、投资顾问等事项,基金托管人可以委托基金服务机构代为办理基金的核算、估值、复核等事项,但基金管理人、基金托管人依法应当承担的责任不因委托而免除。

第一百零三条　基金份额登记机构以电子介质登记的数据,是基金份额持有人权利归属的根据。基金份额持有人以基金份额出质的,质权自基金份额登记机构办理出质登记时设立。

基金份额登记机构应当妥善保存登记数据，并将基金份额持有人名称、身份信息及基金份额明细等数据备份至国务院证券监督管理机构认定的机构。其保存期限自基金账户销户之日起不得少于二十年。

基金份额登记机构应当保证登记数据的真实、准确、完整，不得隐匿、伪造、篡改或者毁损。

第一百零四条　基金投资顾问机构及其从业人员提供基金投资顾问服务，应当具有合理的依据，对其服务能力和经营业绩进行如实陈述，不得以任何方式承诺或者保证投资收益，不得损害服务对象的合法权益。

第一百零五条　基金评价机构及其从业人员应当客观公正，按照依法制定的业务规则开展基金评价业务，禁止误导投资人，防范可能发生的利益冲突。

第一百零六条　基金管理人、基金托管人、基金服务机构的信息技术系统，应当符合规定的要求。国务院证券监督管理机构可以要求信息技术系统服务机构提供该信息技术系统的相关资料。

第一百零七条　律师事务所、会计师事务所接受基金管理人、基金托管人的委托，为有关基金业务活动出具法律意见书、审计报告、内部控制评价报告等文件，应当勤勉尽责，对所依据的文件资料内容的真实性、准确性、完整性进行核查和验证。其制作、出具的文件有虚假记载、误导性陈述或者重大遗漏，给他人财产造成损失的，应当与委托人承担连带赔偿责任。

第一百零八条　基金服务机构应当勤勉尽责、恪尽职守，建立应急等风险管理制度和灾难备份系统，不得泄露与基金份额持有人、基金投资运作相关的非公开信息。

第十二章　基金行业协会

第一百零九条　基金行业协会是证券投资基金行业的自律性组织，是社会团体法人。

基金管理人、基金托管人应当加入基金行业协会，基金服务机构可以加入基金行业协会。

第一百一十条　基金行业协会的权力机构为全体会员组成的会员大会。

基金行业协会设理事会。理事会成员依章程的规定由选举产生。

第一百一十一条　基金行业协会章程由会员大会制定，并报国务院证券监督管理机构备案。

第一百一十二条　基金行业协会履行下列职责：

（一）教育和组织会员遵守有关证券投资的法律、行政法规，维护投资人合法权益；

（二）依法维护会员的合法权益，反映会员的建议和要求；

（三）制定和实施行业自律规则，监督、检查会员及其从业人员的执业行为，对违反自律规则和协会章程的，按照规定给予纪律处分；

（四）制定行业执业标准和业务规范，组织基金从业人员的从业考试、资质管理和业务培训；

（五）提供会员服务，组织行业交流，推动行业创新，开展行业宣传和投资人教育活动；

（六）对会员之间、会员与客户之间发生的基金业务纠纷进行调解；

（七）依法办理非公开募集基金的登记、备案；

（八）协会章程规定的其他职责。

第十三章　监督管理

第一百一十九条　国务院证券监督管理机构工作人员在任职期间，或者离职后在《中华人民共和国公务员法》规定的期限内，不得在被监管的机构中担任职务。

第十五章　附则

第一百五十五条　本法自2013年6月1日起施行。

中华人民共和国信托法

《中华人民共和国信托法》已由中华人民共和国第九届全国人民代表大会常务委员会第二十一次会议于2001年4月28日通过，现予公布，自2001年10月1日起施行。

第一章　总则

第一条　为了调整信托关系，规范信托行为，保护信托当事人的合法权益，促进信托事业的健康发展，制定本法。

第二条　本法所称信托，是指委托人基于对受托人的信任，将其财产权委托给受托人，由受托人按委托人的意愿以自己的名义，为受益人的利益或者特定目的，进行管理或者处分的行为。

第三条　委托人、受托人、受益人（以下统称信托当事人）在中华人民共和国境内进行民事、营业、公益信托活动，适用本法。

第四条　受托人采取信托机构形式从事信托活动，其组织和管理由国务院制定具体办法。

第五条　信托当事人进行信托活动，必须遵守法律、行政法规，遵循自愿、公平和诚实信用原则，不得损害国家利益和社会公共利益。

第二章　信托的设立

第六条　设立信托，必须有合法的信托目的。

第七条　设立信托，必须有确定的信托财产，并且该信托财产必须是委托人合法所有的财产。

本法所称财产包括合法的财产权利。

第八条　设立信托，应当采取书面形式。

书面形式包括信托合同、遗嘱或者法律、行政法规规定的其他书面文件等。

采取信托合同形式设立信托的，信托合同签订时，信托成立。采取其他书面形式设立信托的，受托人承诺信托时，信托成立。

第九条　设立信托，其书面文件应当载明下列事项：

（一）信托目的；

（二）委托人、受托人的姓名或者名称、住所；

（三）受益人或者受益人范围；

（四）信托财产的范围、种类及状况；

（五）受益人取得信托利益的形式、方法。

除前款所列事项外，可以载明信托期限、信托财产的管理方法、受托人的报酬、新受托人的选任方式、信托终止事由等事项。

第十条　设立信托，对于信托财产，有关法律、行政法规规定应当办理登记手续的，应当依法办理信托登记。

未依照前款规定办理信托登记的，应当补办登记手续；不补办的，该信托不产生效力。

第十一条　有下列情形之一的，信托无效：

（一）信托目的违反法律、行政法规或者损害社会公共利益；

（二）信托财产不能确定；

（三）委托人以非法财产或者本法规定不得设立信托的财产设立信托；

（四）专以诉讼或者讨债为目的设立信托；

（五）受益人或者受益人范围不能确定；

（六）法律、行政法规规定的其他情形。

第十二条　委托人设立信托损害其债权人利益的，债权人有权申请人民法院撤销该信托。

人民法院依照前款规定撤销信托的，不影响善意受益人已经取得的信托利益。

本条第一款规定的申请权，自债权人知道或者应当知道撤销原因之日起一年内不行使的，归于消灭。

第十三条　设立遗嘱信托，应当遵守继承法关于遗嘱的规定。

遗嘱指定的人拒绝或者无能力担任受托人的，由受益人另行选任受托人；受益人为无民事行为能力人或者限制民事行为能力人的，依法由其监护人代行选任。遗嘱对选任受托人另有规定的，从其规定。

第三章　信托财产

第十四条　受托人因承诺信托而取得的财产是信托财产。

受托人因信托财产的管理运用、处分或者其他情形而取得的财产，也归入信托财产。

法律、行政法规禁止流通的财产，不得作为信托财产。

法律、行政法规限制流通的财产，依法经有关主管部门批准后，可以作为信托财产。

第十五条　信托财产与委托人未设立信托的其他财产相区别。设立信托后，委托人死亡或者依法解散、被依法撤销、被宣告破产时，委托人是唯一受益人的，信托终止，信托财产作为其遗产或者清算财产；委托人不是唯一受益人的，信托存续，信托财产不作为其遗产或者清算财产；但作为共同受益人的委托人死亡或者依法解散、被依法撤销、被宣告破产时，其信托受益权作为其遗产或者清算财产。

第十六条　信托财产与属于受托人所有的财产（以下简称固有财产）相区别，不得归入受托人的固有财产或者成为固有财产的一部分。

受托人死亡或者依法解散、被依法撤销、被宣告破产而终止，信托财产不属于其遗产或者清算财产。

第十七条　除因下列情形之一外，对信托财产不得强制执行：

（一）设立信托前债权人已对该信托财产享有优先受偿的权利，并依法行使该权利的；

（二）受托人处理信托事务所产生债务，债权人要求清偿该债务的；

（三）信托财产本身应担负的税款；

（四）法律规定的其他情形。

对于违反前款规定而强制执行信托财产，委托人、受托人或者受益人有权向人民法院提出异议。

第十八条　受托人管理运用、处分信托财产所产生的债权，不得与其固有财产产生的债务相抵销。

受托人管理运用、处分不同委托人的信托财产所产生的债权债务，不得相互抵销。

第四章　信托当事人

第一节　委托人

第十九条　委托人应当是具有完全民事行为能力的自然人、法人或者依法成立的其他组织。

第二十条 委托人有权了解其信托财产的管理运用、处分及收支情况，并有权要求受托人作出说明。

委托人有权查阅、抄录或者复制与其信托财产有关的信托账目以及处理信托事务的其他文件。

第二十一条 因设立信托时未能预见的特别事由，致使信托财产的管理方法不利于实现信托目的或者不符合受益人的利益时，委托人有权要求受托人调整该信托财产的管理方法。

第二十二条 受托人违反信托目的处分信托财产或者因违背管理职责、处理信托事务不当致使信托财产受到损失的，委托人有权申请人民法院撤销该处分行为，并有权要求受托人恢复信托财产的原状或者予以赔偿；该信托财产的受让人明知是违反信托目的而接受该财产的，应当予以返还或者予以赔偿。

前款规定的申请权，自委托人知道或者应当知道撤销原因之日起一年内不行使的，归于消灭。

第二十三条 受托人违反信托目的处分信托财产或者管理运用、处分信托财产有重大过失的，委托人有权依照信托文件的规定解任受托人，或者申请人民法院解任受托人。

第二节 受托人

第二十四条 受托人应当是具有完全民事行为能力的自然人、法人。

法律、行政法规对受托人的条件另有规定的，从其规定。

第二十五条 受托人应当遵守信托文件的规定，为受益人的最大利益处理信托事务。

受托人管理信托财产，必须恪尽职守，履行诚实、信用、谨慎、有效管理的义务。

第二十六条 受托人除依照本法规定取得报酬外，不得利用信托财产为自己谋取利益。

受托人违反前款规定，利用信托财产为自己谋取利益的，所得利益归入信托财产。

第二十七条 受托人不得将信托财产转为其固有财产。受托人将信托财产转为其固有财产的，必须恢复该信托财产的原状；造成信托财产损失的，应当承担赔偿责任。

第二十八条　受托人不得将其固有财产与信托财产进行交易或者将不同委托人的信托财产进行相互交易，但信托文件另有规定或者经委托人或者受益人同意，并以公平的市场价格进行交易的除外。

受托人违反前款规定，造成信托财产损失的，应当承担赔偿责任。

第二十九条　受托人必须将信托财产与其固有财产分别管理、分别记账，并将不同委托人的信托财产分别管理、分别记账。

第三十条　受托人应当自己处理信托事务，但信托文件另有规定或者有不得已事由的，可以委托他人代为处理。

受托人依法将信托事务委托他人代理的，应当对他人处理信托事务的行为承担责任。

第三十一条　同一信托的受托人有两个以上的，为共同受托人。

共同受托人应当共同处理信托事务，但信托文件规定对某些具体事务由受托人分别处理的，从其规定。

共同受托人共同处理信托事务，意见不一致时，按信托文件规定处理；信托文件未规定的，由委托人、受益人或者其利害关系人决定。

第三十二条　共同受托人处理信托事务对第三人所负债务，应当承担连带清偿责任。第三人对共同受托人之一所作的意思表示，对其他受托人同样有效。

共同受托人之一违反信托目的处分信托财产或者因违背管理职责、处理信托事务不当致使信托财产受到损失的，其他受托人应当承担连带赔偿责任。

第三十三条　受托人必须保存处理信托事务的完整记录。

受托人应当每年定期将信托财产的管理运用、处分及收支情况，报告委托人和受益人。

受托人对委托人、受益人以及处理信托事务的情况和资料负有依法保密的义务。

第三十四条　受托人以信托财产为限向受益人承担支付信托利益的义务。

第三十五条　受托人有权依照信托文件的约定取得报酬。信托文件未作事先约定的，经信托当事人协商同意，可以作出补充约定；未作事先约定和补充约定的，不得收取报酬。

约定的报酬经信托当事人协商同意，可以增减其数额。

第三十六条　受托人违反信托目的处分信托财产或者因违背管理职责、处理信托事务不当致使信托财产受到损失的，在未恢复信托财产的原状或者未予赔偿前，不得请求给付报酬。

第三十七条　受托人因处理信托事务所支出的费用、对第三人所负债务，以信托财产承担。受托人以其固有财产先行支付的，对信托财产享有优先受偿的权利。

受托人违背管理职责或者处理信托事务不当对第三人所负债务或者自己所受到的损失，以其固有财产承担。

第三十八条　设立信托后，经委托人和受益人同意，受托人可以辞任。本法对公益信托的受托人辞任另有规定的，从其规定。

受托人辞任的，在新受托人选出前仍应履行管理信托事务的职责。

第三十九条　受托人有下列情形之一的，其职责终止：

（一）死亡或者被依法宣告死亡；

（二）被依法宣告为无民事行为能力人或者限制民事行为能力人；

（三）被依法撤销或者被宣告破产；

（四）依法解散或者法定资格丧失；

（五）辞任或者被解任；

（六）法律、行政法规规定的其他情形。

受托人职责终止时，其继承人或者遗产管理人、监护人、清算人应当妥善保管信托财产，协助新受托人接管信托事务。

第四十条　受托人职责终止的，依照信托文件规定选任新受托人；信托文件未规定的，由委托人选任；委托人不指定或者无能力指定的，由受益人选任；受益人为无民事行为能力人或者限制民事行为能力人的，依法由其监护人代行选任。

原受托人处理信托事务的权利和义务，由新受托人承继。

第四十一条 受托人有本法第三十九条第一款第（三）项至第（六）项所列情形之一，职责终止的，应当作出处理信托事务的报告，并向新受托人办理信托财产和信托事务的移交手续。

前款报告经委托人或者受益人认可，原受托人就报告中所列事项解除责任。但原受托人有不正当行为的除外。

第四十二条 共同受托人之一职责终止的，信托财产由其他受托人管理和处分。

第三节 受益人

第四十三条 受益人是在信托中享有信托受益权的人。受益人可以是自然人、法人或者依法成立的其他组织。

委托人可以是受益人，也可以是同一信托的唯一受益人。

受托人可以是受益人，但不得是同一信托的唯一受益人。

第四十四条 受益人自信托生效之日起享有信托受益权。信托文件另有规定的，从其规定。

第四十五条 共同受益人按照信托文件的规定享受信托利益。信托文件对信托利益的分配比例或者分配方法未作规定的，各受益人按照均等的比例享受信托利益。

第四十六条 受益人可以放弃信托受益权。

全体受益人放弃信托受益权的，信托终止。

部分受益人放弃信托受益权的，被放弃的信托受益权按下列顺序确定归属：

（一）信托文件规定的人；

（二）其他受益人；

（三）委托人或者其继承人。

第四十七条 受益人不能清偿到期债务的，其信托受益权可以用于清偿债务，但法律、行政法规以及信托文件有限制性规定的除外。

第四十八条 受益人的信托受益权可以依法转让和继承，但信托文件有限制性规定的除外。

第四十九条 受益人可以行使本法第二十条至第二十三条规定的委托人享有的权利。受益人行使上述权利，与委托人意见不一致时，可以申请人民法院作出裁定。

受托人有本法第二十二条第一款所列行为，共同受益人之一申请人民法院撤销该处分行为的，人民法院所作出的撤销裁定，对全体共同受益人有效。

第五章 信托的变更与终止

第五十条 委托人是唯一受益人的，委托人或者其继承人可以解除信托。信托文件另有规定的，从其规定。

第五十一条 设立信托后，有下列情形之一的，委托人可以变更受益人或者处分受益人的信托受益权：

（一）受益人对委托人有重大侵权行为；

（二）受益人对其他共同受益人有重大侵权行为；

（三）经受益人同意；

（四）信托文件规定的其他情形。

有前款第（一）项、第（三）项、第（四）项所列情形之一的，委托人可以解除信托。

第五十二条 信托不因委托人或者受托人的死亡、丧失民事行为能力、依法解散、被依法撤销或者被宣告破产而终止，也不因受托人的辞任而终止。但本法或者信托文件另有规定的除外。

第五十三条 有下列情形之一的，信托终止：

（一）信托文件规定的终止事由发生；

（二）信托的存续违反信托目的；

（三）信托目的已经实现或者不能实现；

（四）信托当事人协商同意；

（五）信托被撤销；

（六）信托被解除。

第五十四条 信托终止的，信托财产归属于信托文件规定的人；信托文件未规定的，按下列顺序确定归属：

（一）受益人或者其继承人；

（二）委托人或者其继承人。

第五十五条　依照前条规定，信托财产的归属确定后，在该信托财产转移给权利归属人的过程中，信托视为存续，权利归属人视为受益人。

第五十六条　信托终止后，人民法院依据本法第十七条的规定对原信托财产进行强制执行的，以权利归属人为被执行人。

第五十七条　信托终止后，受托人依照本法规定行使请求给付报酬、从信托财产中获得补偿的权利时，可以留置信托财产或者对信托财产的权利归属人提出请求。

第五十八条　信托终止的，受托人应当作出处理信托事务的清算报告。受益人或者信托财产的权利归属人对清算报告无异议的，受托人就清算报告所列事项解除责任。但受托人有不正当行为的除外。

第六章　公益信托

第五十九条　公益信托适用本章规定。本章未规定的，适用本法及其他相关法律的规定。

第六十条　为了下列公共利益目的之一而设立的信托，属于公益信托：

（一）救济贫困；

（二）救助灾民；

（三）扶助残疾人；

（四）发展教育、科技、文化、艺术、体育事业；

（五）发展医疗卫生事业；

（六）发展环境保护事业，维护生态环境；

（七）发展其他社会公益事业。

第六十一条　国家鼓励发展公益信托。

第六十二条　公益信托的设立和确定其受托人，应当经有关公益事业的管理机构（以下简称公益事业管理机构）批准。

未经公益事业管理机构的批准，不得以公益信托的名义进行活动。

公益事业管理机构对于公益信托活动应当给予支持。

第六十三条 公益信托的信托财产及其收益,不得用于非公益目的。

第六十四条 公益信托应当设置信托监察人。

信托监察人由信托文件规定。信托文件未规定的,由公益事业管理机构指定。

第六十五条 信托监察人有权以自己的名义,为维护受益人的利益,提起诉讼或者实施其他法律行为。

第六十六条 公益信托的受托人未经公益事业管理机构批准,不得辞任。

第六十七条 公益事业管理机构应当检查受托人处理公益信托事务的情况及财产状况。

受托人应当至少每年一次作出信托事务处理情况及财产状况报告,经信托监察人认可后,报公益事业管理机构核准,并由受托人予以公告。

第六十八条 公益信托的受托人违反信托义务或者无能力履行其职责的,由公益事业管理机构变更受托人。

第六十九条 公益信托成立后,发生设立信托时不能预见的情形,公益事业管理机构可以根据信托目的,变更信托文件中的有关条款。

第七十条 公益信托终止的,受托人应当于终止事由发生之日起十五日内,将终止事由和终止日期报告公益事业管理机构。

第七十一条 公益信托终止的,受托人作出的处理信托事务的清算报告,应当经信托监察人认可后,报公益事业管理机构核准,并由受托人予以公告。

第七十二条 公益信托终止,没有信托财产权利归属人或者信托财产权利归属人是不特定的社会公众的,经公益事业管理机构批准,受托人应当将信托财产用于与原公益目的相近似的目的,或者将信托财产转移给具有近似目的的公益组织或者其他公益信托。

第七十三条 公益事业管理机构违反本法规定的,委托人、受托人或者受益人有权向人民法院起诉。

第七章 附则

第七十四条 本法自2001年10月1日起施行。